暴利拐点

股价上涨的 77 个经典加速信号

屠龙刀 ◎ 编著

中国宇航出版社
·北京·

版权所有　侵权必究

图书在版编目（CIP）数据

暴利拐点：股价上涨的77个经典加速信号 / 屠龙刀编著. -- 北京：中国宇航出版社，2023.6
ISBN 978-7-5159-2235-5

Ⅰ. ①暴… Ⅱ. ①屠… Ⅲ. ①股票交易－基本知识 Ⅳ. ①F830.91

中国国家版本馆CIP数据核字(2023)第079249号

策划编辑	卢　册	封面设计	王晓武
责任编辑	卢　册	责任校对	吴媛媛

出版发行　**中国宇航出版社**

社　址　北京市阜成路8号　　　邮　编　100830
　　　　（010）68768548
网　址　www.caphbook.com
经　销　新华书店
发行部　（010）68767386　　　（010）68371900
　　　　（010）68767382　　　（010）88100613（传真）
零售店　读者服务部
　　　　（010）68371105
承　印　北京天恒嘉业印刷有限公司
版　次　2023年6月第1版　　　2023年6月第1次印刷
规　格　710×1000　　　　　　开　本　1/16
印　张　14.5　　　　　　　　　字　数　184千字
书　号　ISBN 978-7-5159-2235-5
定　价　59.00元

本书如有印装质量问题，可与发行部联系调换

PREFACE 序

  拐点是股价波动方向或速度改变的点位。股价出现大幅上攻前，往往都会出现一个明显的拐点位，要么是股价从下行趋势或横向趋势改为上行趋势的拐点，要么是股价由缓慢上升转为加速上攻的拐点。总之，抓住了股价上行的拐点位，就等同于抓住了股价上涨带来的收益。

  股价上行拐点的出现能够带来暴利，但并不意味着股价会告诉所有人拐点何时出现。从拐点出现后的走势可以非常容易且准确地发现拐点位置，但这属于典型的"事后诸葛亮"。事实上，拐点出现时，投资者识别起来是非常困难的。一来，这些拐点信号与其他K线本质上并没有区别，大部分都属于股价的正常波动；二来，主力为了隐藏自己的真实目的，也会刻意在K线图上制造一些"陷阱"，这些都会给投资者识别拐点造成相当大的困扰。不过，无论主力如何隐藏，只要股价出现拐点走势，势必会在盘面上露出"蛛丝马迹"，因此，投资者从K线、成交量、技术指标等角度，也能够发现一些线索。

  为了帮助投资者更准确、更及时地识别这些拐点，本书从价格形态、K线组合、量价形态、涨停板以及技术指标等5个维度提炼了77个经典的暴利拐点形态，以便于读者学习和使用。

  尽管这些拐点形态都是经过实战检验的、准确性较高的形态，但投资者在实战中仍不可机械地套用，而要学会"活学活用"，并结合个人实际情况、股票本身的特性以及市场盘面情况等综合判断，进而做出交易决策。

在具体交易过程中，还要注意以下几点。

第一，倾向于选用熟悉的方法或技巧。对于本书列出的 77 个暴利拐点形态，投资者可根据个人实际情况有所选择性地使用。选择的方法或技巧越少，就越容易应用得炉火纯青，也就更容易盈利。

第二，合理控制仓位与止损位、止盈位。对于实战经验并不丰富的散户而言，多次通过小资金来试错，检验操作方法，也是不错的选择。当交易成功率增加时，再适当地增加仓位。不要将所有的鸡蛋放在同一个篮子里。任何时候，都要把单只股票的仓位控制在合理范围内。尽管很多投资牛人都在宣传集中资金投资于单只股票的方法，但对于普通散户而言并不适用，毕竟散户所获得的信息太少、太片面了。

第三，不断总结并提炼出自己的独门秘籍。任何公开的方法和技巧，都是难以机械地照抄照搬的。毕竟投资者所掌握的技巧与方法，主力庄家同样掌握，而且主力庄家应用得更加纯熟。因此，投资者要想在市场中生存下来，就需要通过在借鉴别人经验、方法的基础上，根据个人的操作经验、性格特点，提炼自己的交易策略与技巧，形成独一无二的方法。这才是在市场上立足的不二选择。

目录

第一章 暴利拐点是盈利的关键

第一节 拐点形成的基本逻辑／3

一、新盈利逻辑的产生／3

二、政策驱动投资逻辑／5

三、内部盈利逻辑的改变／7

四、外围环境逻辑的改变／9

第二节 三类经典拐点模式／11

一、加速拐点／11

二、横向拐点／13

三、反向拐点／14

第三节 如何寻找暴利拐点／17

一、突破形态辨识拐点／17

二、K线形态辨识拐点／19

三、成交量异动辨识拐点／20

四、技术指标异动辨识拐点／21

五、涨停板异动辨识拐点／23

第二章　价格趋势辨识暴利拐点

第一节　加速价格拐点的交易信号 / 26

暴利拐点1：小幅慢涨到加速上攻 / 26

暴利拐点2：突破阻力线加速上攻 / 28

暴利拐点3：突破中期均线加速上行 / 30

暴利拐点4：突破前期高点加速上行 / 32

暴利拐点5：跌破再突破加速上攻 / 35

第二节　横向价格拐点的交易信号 / 37

暴利拐点6：突破盘整再加速上攻 / 37

暴利拐点7：突破矩形整理区域加速上攻 / 39

暴利拐点8：突破旗形整理区域加速上攻 / 41

暴利拐点9：突破楔形整理区域加速上攻 / 44

暴利拐点10：突破平行振荡区域加速上攻 / 46

暴利拐点11：突破上升三角形加速上攻 / 48

暴利拐点12：突破收敛三角形加速上攻 / 51

暴利拐点13：突破下降趋势线上攻 / 53

第三节　反向价格拐点的交易信号 / 56

暴利拐点14：深度下跌再加速上攻 / 56

暴利拐点15：横向突然下跌再加速上攻 / 58

暴利拐点16：回调遇均线支撑加速上攻 / 60

暴利拐点17：回调遇前高支撑加速上攻 / 63

暴利拐点18：回调遇前低支撑加速上攻 / 65

暴利拐点19：回调遇缺口支撑加速上攻 / 67

第三章　K线组合、底部形态辨识暴利拐点

第一节　K线组合拐点的交易信号 / 71

暴利拐点 20：早晨之星 / 71

暴利拐点 21：鱼跃龙门 / 73

暴利拐点 22：底部长阳 / 76

暴利拐点 23：蛤蟆跳空 / 78

暴利拐点 24：金针探海 / 80

暴利拐点 25：回眸一笑 / 82

暴利拐点 26：多方尖兵 / 85

暴利拐点 27：仙人指路 / 87

暴利拐点 28：徐徐上升形 / 89

第二节　反转型底部拐点的交易信号 / 91

暴利拐点 29：V 形反转暴利拐点 / 91

暴利拐点 30：双底起涨暴利拐点 / 94

暴利拐点 31：头肩底起涨暴利拐点 / 96

暴利拐点 32：弧形底上升暴利拐点 / 99

暴利拐点 33：塔形底起涨暴利拐点 / 101

暴利拐点 34：底部岛形起涨暴利拐点 / 103

第四章　量价形态辨识暴利拐点

第一节　基础量价拐点的交易信号 / 108

暴利拐点 35：地量见地价暴利拐点 / 108

暴利拐点 36：量价双包暴利拐点 / 111

暴利拐点 37：量价开弓暴利拐点 / 113

暴利拐点 38：日出红海暴利拐点 / 115

暴利拐点 39：持续放量后突然缩量 / 117

暴利拐点 40：底部缩量倒锤头线 / 119

暴利拐点 41：底部缩量大阴线 / 122

第二节　量价异动过左锋拐点的交易信号 / 125

暴利拐点 42：倍量伸缩临左锋 / 125

暴利拐点 43：缩量触及趋势线 / 127

暴利拐点 44：倍量过峰后缩量回调 / 129

第五章　涨停板引领暴利拐点

第一节　涨停板拐点的交易信号 / 134

暴利拐点 45：涨停板引领股价上升 / 134

暴利拐点 46：涨停过顶暴利拐点 / 136

暴利拐点 47：涨停回落再出发暴利拐点 / 139

第二节　K 线涨停异动拐点信号 / 141

暴利拐点 48：增强版上升三法 / 141

暴利拐点 49：空中加油 / 144

暴利拐点 50：涨停多方炮 / 146

第六章　技术指标提示暴利拐点

第一节　均线拐点的交易信号 / 150

暴利拐点 51：出水芙蓉 / 153

暴利拐点 52：金凤还巢 / 155

暴利拐点 53：蜻蜓点水 / 157

暴利拐点 54：均线"老鸭头" / 159

暴利拐点 55：均线"金蜘蛛" / 161

暴利拐点 56：均线"价托"形态 / 163

暴利拐点 57：低位黏合，多头发散 / 166

第二节　MACD 指标拐点的交易信号 / 168

暴利拐点 58：MACD 指标 0 轴金叉 / 171

暴利拐点 59：天鹅展翅 / 173

暴利拐点 60：佛手向上 / 176

暴利拐点 61：小鸭出水 / 178

暴利拐点 62：空中缆车 / 180

暴利拐点 63：海底电缆 / 182

暴利拐点 64：鳄鱼嘴 / 184

暴利拐点 65：空中加油 / 186

暴利拐点 66：二度金叉 / 188

第三节　布林线指标拐点的交易信号 / 190

暴利拐点 67：股价放量突破中轨线 / 193

暴利拐点 68：回调中轨遇支撑 / 195

暴利拐点 69：触下轨反弹后过中轨 / 198

暴利拐点 70：股价翻身沿上轨运行 / 200

暴利拐点 71：股价脚踩上轨线 / 202

暴利拐点 72：潜龙出水战法 / 205

暴利拐点 73：上轨线突破前高 / 208

第四节　KDJ 指标组合拐点的交易信号 / 210

暴利拐点 74：多头风洞 / 213

暴利拐点75：低位三线开花／215

暴利拐点76：KDJ超跌反弹／217

暴利拐点77：KDJ强势追涨与涨停过顶／219

第一章
暴利拐点是盈利的关键

股市一直处于波动与振荡之中。股价有时会呈现上行趋势，有时会呈现下行趋势，有时会呈现横向振荡趋势。从投资者的角度来看，大部分时间内，股价的波动都是没有意义（横向振荡）或者负面意义的（下跌趋势）。即使在上升趋势，也会因为股价的慢涨快跌，常常让人感到特别沮丧。

下面来看一下华能国际的股价K线走势图，如图1-1所示。

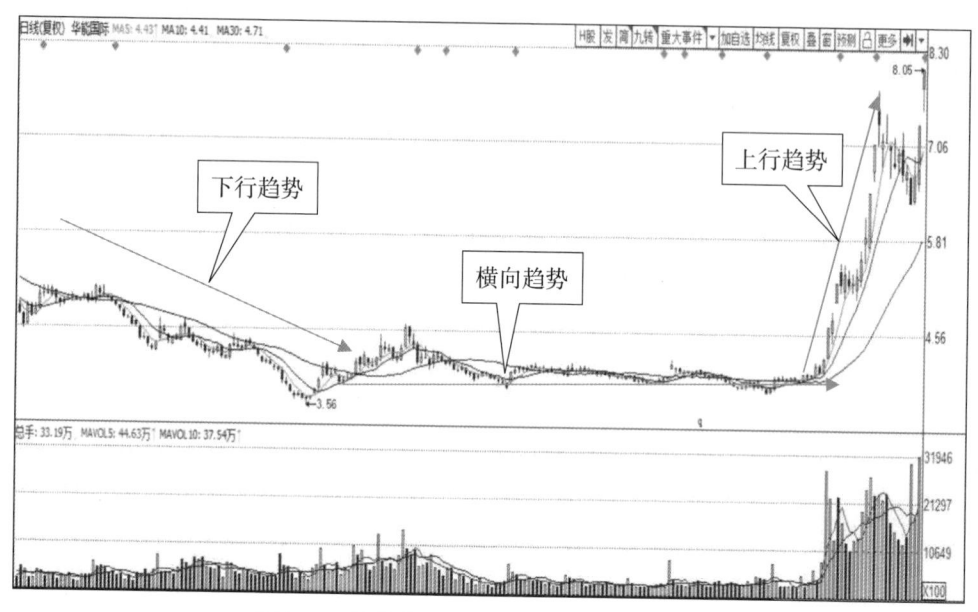

图1-1　华能国际（600011）日K线走势图

图1-1为华能国际2020年到2021年上半年的股价走势图。从图中可以看出，该股股价走势大致可以分为三个阶段，即下行阶段、横向振荡阶段和上攻阶段。对于投资者来说，上攻阶段持续时间最短，但获利却是最大的。也就是说，与其长时间地持有股票，不如在股价启动上涨时再入场买入股票。

当然，股价运行趋势的改变并不是那么容易识别的，特别是股价运行趋势变化的临界点，即拐点的判断更是困难。本书所讲述的内容，从本质上来说都是围绕这一内容展开的。

第一节　拐点形成的基本逻辑

凡事都有缘由。拐点的出现，必然也有其原因。比如，盈利的改变、政策环境的改变等，概括起来说，不外乎以下几类基本逻辑的改变，如图1-2所示。

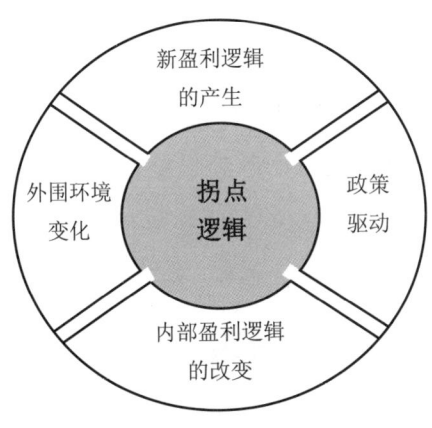

图1-2　拐点形成的基本逻辑

一、新盈利逻辑的产生

新盈利逻辑的产生，是推动股价拐点形成最核心的要素，也是最重要的要素。一旦股票本身的盈利逻辑发生了彻底的改变，就意味着股价需要重新估值，这就是股价产生上攻拐点的基础。

通常来说，一只股票新盈利逻辑的产生多是由以下几类因素促成的。

第一，新产品上市并取得超预期的成功，特别是那些能够改变人们生活习惯或消费方式的新产品，对企业盈利的推动力量更强。

第二，企业涉足新的业务领域，尤其是进入一些热门概念领域，则很容易引发市场投资者的追捧。当然，企业涉足新的领域，本身并不意味着业绩就一定会得到改善，但在市场上，投资者炒作的是预期，也就是说，大家预期企业因为涉足新的业务领域，而愿意提升对该只股票的估值。

第三，企业业务重组，包括合并、收购等方式，促使企业业务范围获得延伸，本质上与涉足新的业务领域相似，因此也具备相同的投资逻辑。

📈【实战案例】

大豪科技本是一家从事纺织机械设备研发与生产的企业。长期以来，该公司的业绩一般，股价也基本维持在较低的水平。2020年11月25日，该公司的一纸公告，将股价直接送至涨停板的位置。

当日，该公司宣布，"该公司筹划以发行股份的方式购买控股股东北京一轻控股有限责任公司持有的北京一轻资产经营管理有限公司100%股权，并向北京京泰投资管理中心以发行股份的方式购买其持有的北京红星股份有限公司45%股份。"而北京红星股份旗下最知名的产品，莫过于红星二锅头。北京红星二锅头在白酒产业里知名度非常高，而且拥有极佳的口碑。大豪科技收购红星二锅头，意味着该公司将从纺织机械设备生产跨界至白酒行业。

下面来看一下大豪科技的股价走势情况，如图1-3所示。

大豪科技的股价经过一段时间的振荡调整后，于2020年11月23日强势放量涨停，迎来了该股的暴利拐点。

当日收盘后，该股宣布停牌，并谋划重组事宜。从当日的股价走势情况来看，市场已经有一部分资金先知先觉地入场买入了该股。

此后，该股复牌后又连续拉出十多个涨停板，由此可见这次收购行为对股价的提振作用。

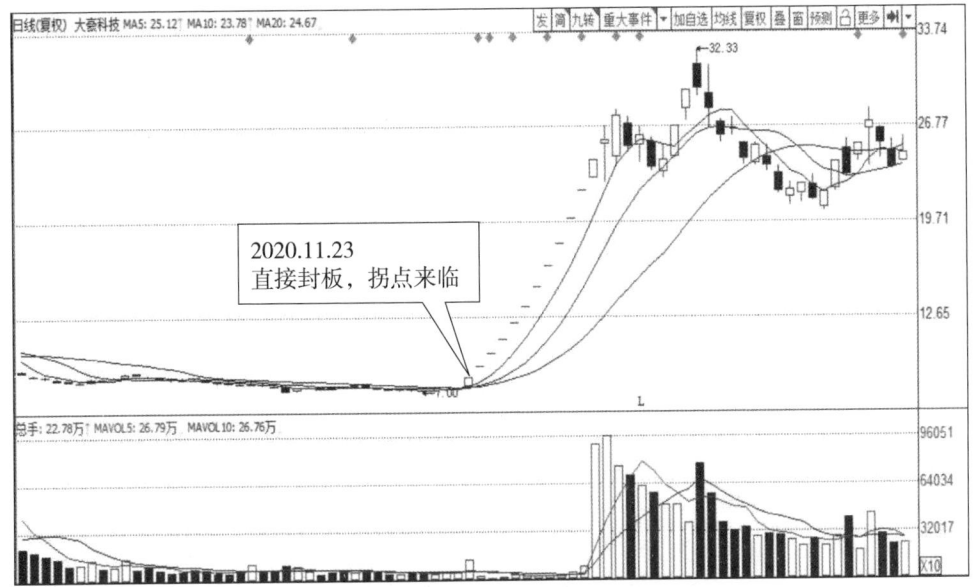

图1-3 大豪科技（603025）日K线走势图

二、政策驱动投资逻辑

国家政策对股市的影响从来都是不可忽视的。国家会从全局出发，将资源、政策有所侧重地向某些区域、行业倾斜，以促进这些地区、行业的快速发展。因此，当国家出台的政策、规划涉及某些具体的行业或区域时，这些行业或地区板块内的股票就会成为获益的对象。因此，市场上的投资者也会对这些股票的估值进行重新调整，并促成了这些股票价格的快速上攻。

一般来说，政策层面的因素包括但不限于以下几类。

第一，国家层面推动的区域发展规划，包括各类国家级新区、自贸区建设等。如雄安新区、上海自贸区、海南自由贸易港等。

第二，国家或中央政府发布的各类产业或行业规划，如新能源产业规划、新能源汽车产业规划等。

第三，国家为了刺激经济而发布的各类经济刺激措施等，如地摊经济、乡村振兴计划等。

从本质上来说，国家政策的影响所覆盖的对象多是整个行业或地区，很少会直接作用于个别企业。但市场总会对个别企业产生较高的期待，从而促成这类企业的股价产生了暴利拐点。

📈【实战案例】

海南自由贸易港是按照中央部署，在海南全岛建设自由贸易试验区和中国特色自由贸易港，是党中央着眼于国际国内发展大局，深入研究、统筹考虑、科学谋划做出的重大决策。

2020年6月1日，中共中央、国务院印发了《海南自由贸易港建设总体方案》，并发出通知，要求各地区各部门结合实际认真贯彻落实。一时间，海南自贸港概念板块出现了热炒浪潮。

海德股份属于典型的海南本地股，其所处的行业为房地产开发、酒店以及制药等行业，同时还有不良资产管理等业务。海南自贸港的建设将会对该股有直接利好效应，因而，在《海南自由贸易港建设总体方案》印发前后，海德股份的股价出现了一波暴涨行情。

如图1-4所示，海德股份的股价在2020年5月初开始了横向筑底走势，股价波动较小，可能是股价正在选择突破方向。其后，到了5月下旬，股价突然下挫，给人一种即将向下突破的感觉。当主力将要拉升股价时，往往可能先向下打压，此时投资者要密切关注股价的变化。

2020年5月27日，市场有传闻海南自贸港相关规划文件将要出台。该股股价突然放量拉升至涨停板，标志着该股暴利拐点的来临。此后几个交易日，该股股价连续拉出涨停板。到了6月1日，相关规划文件正式出台，该股股价又连续拉出两个涨停板。由此可见，国家层面的政策对股价的影响。

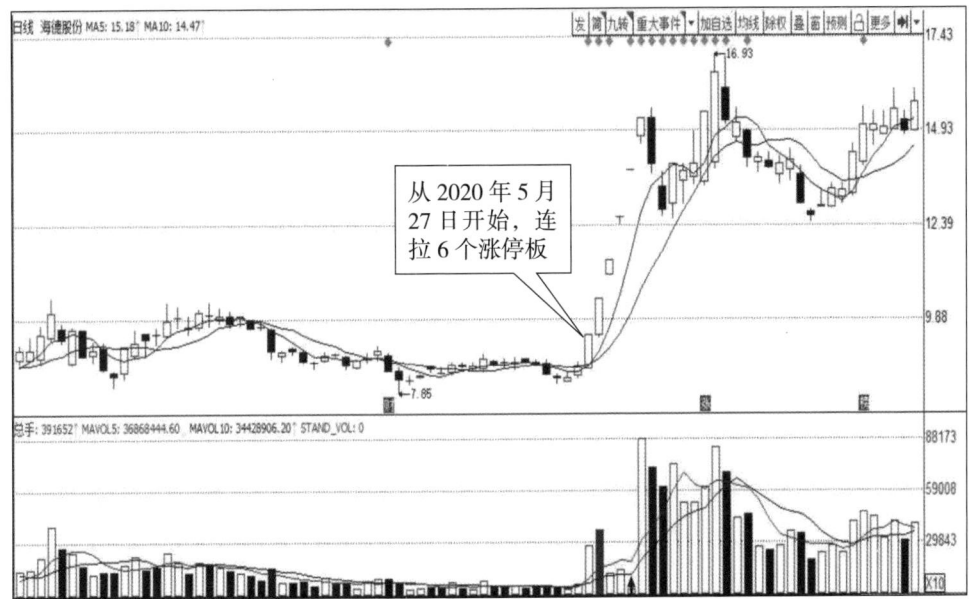

图1-4 海德股份（000567）日K线走势图

三、内部盈利逻辑的改变

企业在运行过程中，因某些原因产生了足以推动企业盈利逻辑发生较大改变的行为，也可能会推动股价暴利拐点的出现。这些内部盈利逻辑改善因素，需要具有一定的持续性或者足够大到对企业的盈利产生根本性的影响。

具体说来，包括但不限于以下几类。

第一，因技术革新带来企业成本的大幅下降或产能、产量的大幅提升。

第二，企业与某些大客户签订的超级大合同，能够确保企业未来数年内保持较佳的业绩。

第三，企业进入某些超级巨头企业的生态产业链，比如华为产业链、苹果产业链等。

第四，剥离某些亏损业务。某些企业的亏损业务已经持续多年拖累企业的盈利数据，此时若企业将这部分亏损业务剥离，无疑将提升企业的整体获利能力。

📈【实战案例】

2022年6月26日晚，亚玛顿发布一则公告：该公司与天合光能签订了大额光伏玻璃销售合同。该公司将在未来的三年半时间里，向天合光能销售超薄光伏玻璃，预估金额达到74.25亿元。大家要知道，亚玛顿2021年的年度总营收才20亿元左右，市值也没有达到74亿元。这份合同无疑会将企业带到一个新的发展高度。

下面看一下该股的股价走势情况，如图1-5所示。

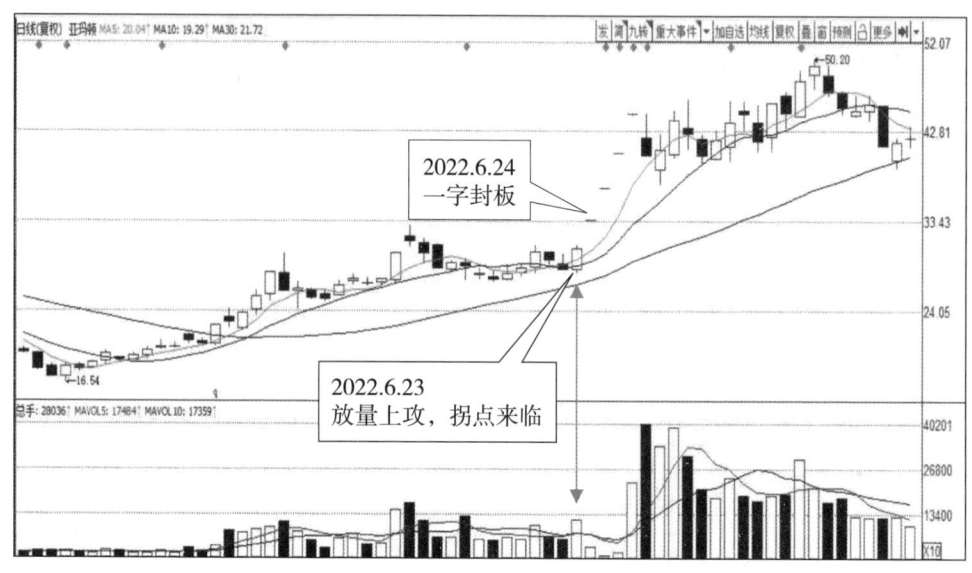

图1-5 亚玛顿（002623）日K线走势图

从图1-5中可以看出，亚玛顿的股价自2022年6月24日（周五）开始强势一字封板，6月26日晚，该公司公告签订大额合同后，6月27日（周一）再度涨停。一方面可以看出签订的这个大合同确实带给股价巨大的推动力，另一方面也能够看出，该消息存在提前泄露的可能，否则股价不可能在周四出现放量上涨，周五出现一字板情况。这是典型的暴利拐点到来的信号。

其实这也是投资者需要防范的一点，有些股票的利好消息出现前，股价已经提前透支了涨幅，那么，当利好消息出现后，可能就会有资金利用这个利好兑现盈利出局。

四、外围环境逻辑的改变

外部政治与经济环境的变化，也会对企业的盈利能力产生较大的影响，进而推动股价暴利拐点的来临。

这些外围环境的变化包括但不限于以下几类。

第一，因地缘政治环境的变化、冲突的发生，直接推动了军工类股票的走高。

第二，因外部国际贸易形势的转暖，推动了外贸企业业绩的向好。

第三，突发性黑天鹅事件，给社会经济带来较大影响的同时，也可能会推动某些行业的发展，比如疫情推动医药行业的发展等。

第四，大国博弈对某些行业产生了较为深远的影响，比如中美科技竞争，直接推动了拥有核心技术的高科技企业的发展。

【实战案例】

自新冠疫情出现后，各大医疗器械公司相继推出了各类病毒检测工具，其中抗原家用自测试剂盒类产品在国外受到了较高的关注和欢迎。很多医疗器械生产企业的产品相继获得了欧美国家药监管理机构的批准，进而大量供货。因此，这些企业的业绩迎来了跨越式的发展，有些企业一个季度挣的钱甚至超过了过去10年的总和。正因如此，抗原检测概念也成为市场上炒作的热点概念。九安医疗就是其中最具代表性一只，如图1-6所示。

从图1-6中可以看出，九安医疗的股价在2021年11月之前一直处于下行趋势。11月8日，该股股价跳空高开低走，收出一根放量上升的假阴线，成为股价启动上涨的暴利拐点。

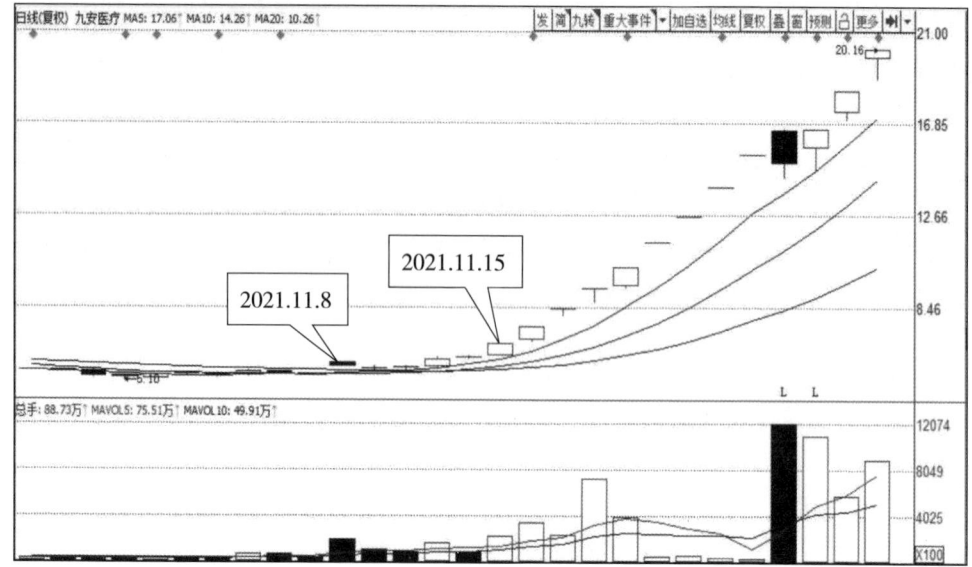

图1-6　九安医疗（002432）日K线走势图

此后，该股股价又经历了几个交易日的横向盘整后，自11月15日开始连续出现涨停板。尽管该股拉出涨停板时市场就已经了解到该公司的抗原检测试剂盒已经在美国市场销售，但可以非常明显地看出，很多炒作资金是从11月8日开始介入该股的。

该股与其他被炒作的股票还有一个明显的区别，即这只股票后来的业绩非常漂亮，这就支撑了市场对其后面的持续炒作。该股股价最终翻了十几倍之多。

第二节 三类经典拐点模式

暴利拐点的出现，意味着股价将进入一个加速上升的行情。因为股价加速上扬前，其走势运行与振荡模式有所不同，暴利拐点的运行模式也有所不同。

一、加速拐点

拐点出现前，股价已经处于小幅上升趋势中。随着股价的持续走高，成交量也同步出现了温和放大态势。在某一交易日，该股股价突然出现大幅上攻态势，标志着该股进入快速上攻区间。那么，股价出现大幅上攻当日就是该股加速拐点出现时，如图1-7所示。

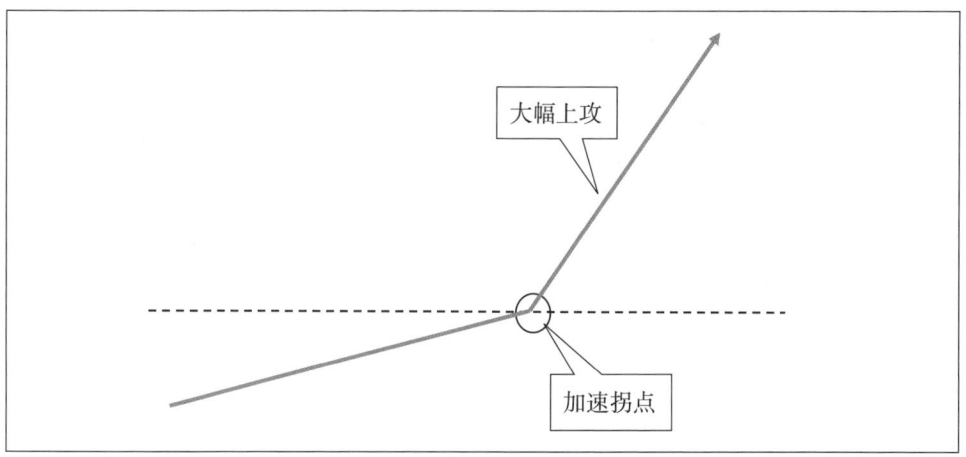

图1-7　加速拐点带动股价大幅上攻

从本质上来说，加速拐点并没有改变股价的运行趋势，只是做了一次加速运动。暴利拐点形成过程中，一般具有如下几个典型特征。

第一，股价在拐点形成前经历了一波缓慢的上涨，说明多方已经在与空方的争夺中占据了明显的优势。

第二，拐点出现前，股价可能会出现某些异动形态，比如，股价拉升前先反向下行；股价来到某一前一阻力位附近明显感受到了某些阻力，并出现振荡态势等。

第三，股价进入加速拐点前，若先出现反向下跌态势，很可能会在某些重要的支撑位获得支撑并就此启动上攻。

第四，股价进入加速上攻期后，成交量会呈现明显的放大态势，这是股价能够加速上升的基础。

第五，股价加速拐点的来临一般也与外界环境的配合相关，比如大盘环境的转暖、个股基本面的好转或者个股利好消息出现等。

📈【实战案例】

下面来看一下五矿发展的案例，如图1-8所示。

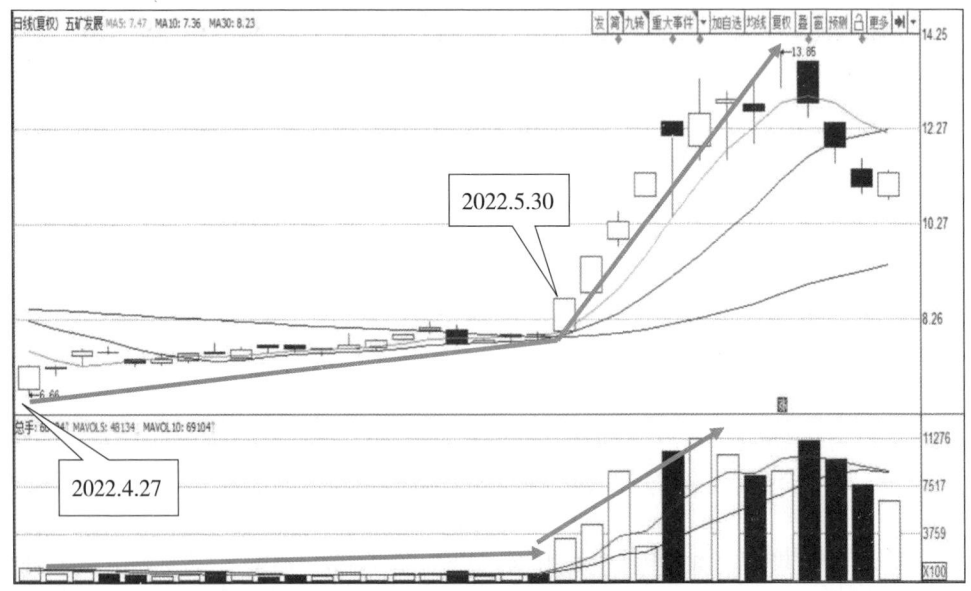

图1-8　五矿发展（600058）日K线走势图

从图1-8中可以看出，五矿发展的股价自2022年4月27日触底反弹后，进入缓慢上升区间。该股股价缓慢上行，成交量一直呈低位温和波动态势。到了5月末，该股股价出现小幅回调，不过股价在回调至10日均线位置时，因受均线支撑而在5月30日突然拔地而起，股价当日大幅放量上攻，并以涨停报收。

5月30日就是该股股价上攻的加速拐点，此后股价结束了缓慢上行态势，进入加速上攻区间。该股股价短期内就出现了较大幅度的上涨。

二、横向拐点

拐点出现前，股价已经处于横向振荡趋势中。股价在振荡运行过程中，并没有表现出明显的上升或下跌趋势，此时股价出现大幅上攻就会给人带来较大的震撼，很多人还没有反应过来，股价就已经上涨一段时间了，如图1-9所示。

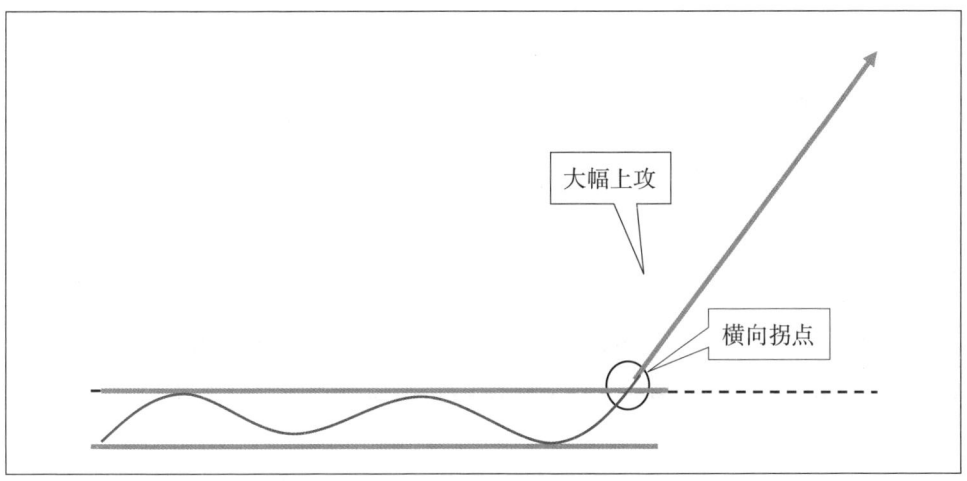

图1-9　横向拐点带动股价大幅上攻

从本质上来说，横向拐点属于改变股价运行方向的一次运动。暴利拐点形成过程中，一般具有如下几个典型特征。

第一，股价在拐点形成前经历了一波横向振荡，说明多空双方的实力进入均衡状态，未来走向具有很大的不确定性。

第二，通常来说，股价在横向振荡过程中，成交量会逐渐呈萎缩态势，越是到横向盘整的末期，成交量的萎缩程度越深。

第三，股价进入加速拐点前，若先出现反向下跌态势，很可能会在某些重要的支撑位获得支撑，并就此启动上攻。

第四，股价在横向振荡过程中，有时会形成一些经典的振荡形态，如矩形、楔形等。当股价向上突破整体形态上边线时，就意味着拐点的来临。

第五，股价进入加速上攻期后，成交量会呈现明显的放大态势，这是股价能够加速上升的基础。

第六，股价启动拐点的来临一般也与外界环境的配合相关，比如大盘环境的转暖、个股基本面的好转或者个股利好消息出现等。

📈【实战案例】

下面来看一下中国化学的案例，如图1-10所示。

中国化学的股价经过一波振荡上升后，自2021年3月17日开始出现振荡回调。该股股价在振荡回调过程中，股价反弹所创出的高点逐渐走低，回调反弹的低点也同步走低。不过，二者之间的距离却逐渐拉近，这就使得股价K线图上形成了典型的下降楔形形态。

2021年6月7日，该股股价放量上攻，并突破了下降楔形的上边线，这就意味着典型的横向拐点出现了，投资者可积极入场买入股票。

三、反向拐点

相对而言，反向拐点是最难把握的一种形态。股价经过一波大幅下跌之后，已经严重超卖，此时在内部与外部环境转暖的影响下，股价反向大幅上攻，意味着股价反转的拐点来临。如图1-11所示。

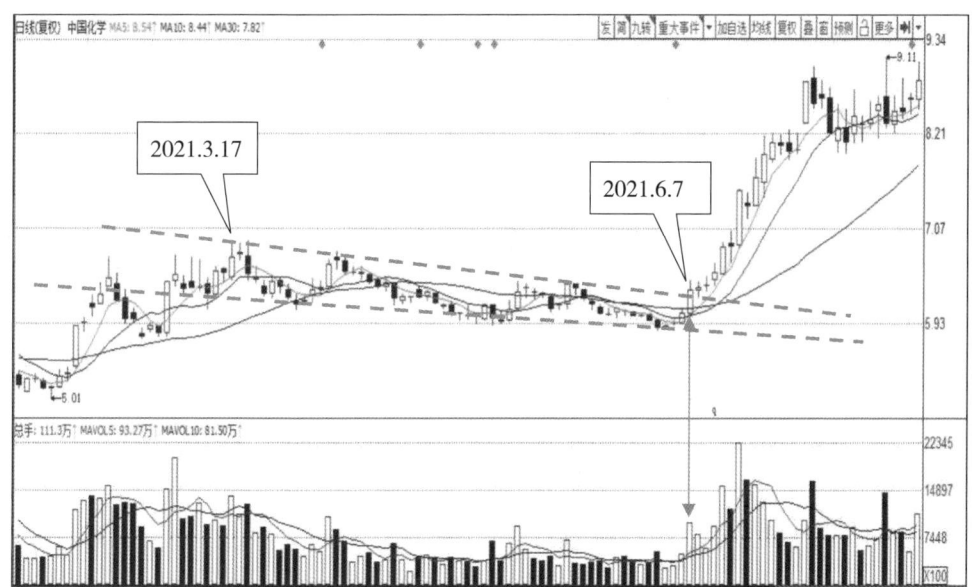

图1-10 中国化学（601117）日K线走势图

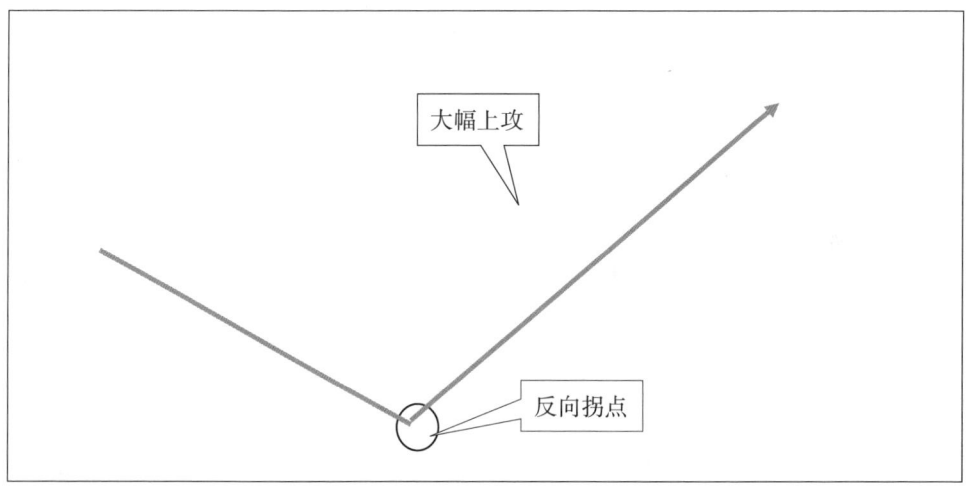

图1-11 反向拐点带动股价大幅上攻

反向拐点是一个真正意义上的股价运行趋势反转的转折点，也是真正意义上的拐点。暴利拐点形成过程中，一般具有如下几个典型特征。

第一，股价在拐点形成前经历了一波较长时间的下跌，整个市场都迷漫在恐慌的氛围中，因此，底部未明时，投资者还是要慎重入场。

第二，通常来说，股价在拐点出现前，还可能会出现一波加速下跌走势，就是逼迫最后一波散户交出带血的筹码，而后股价就可能直接转入上攻趋势。

第三，V形底是这个反向拐点最为典型的特征。

第四，股价转入上攻期后，成交量会呈现明显的放大态势，这是股价能够加速上升的基础。

第五，股价启动拐点的来临一般也与外界环境的配合相关，比如大盘环境的转暖、个股基本面的好转或者个股利好消息出现等。

📈【实战案例】

下面来看一下阳光城的案例，如图1-12所示。

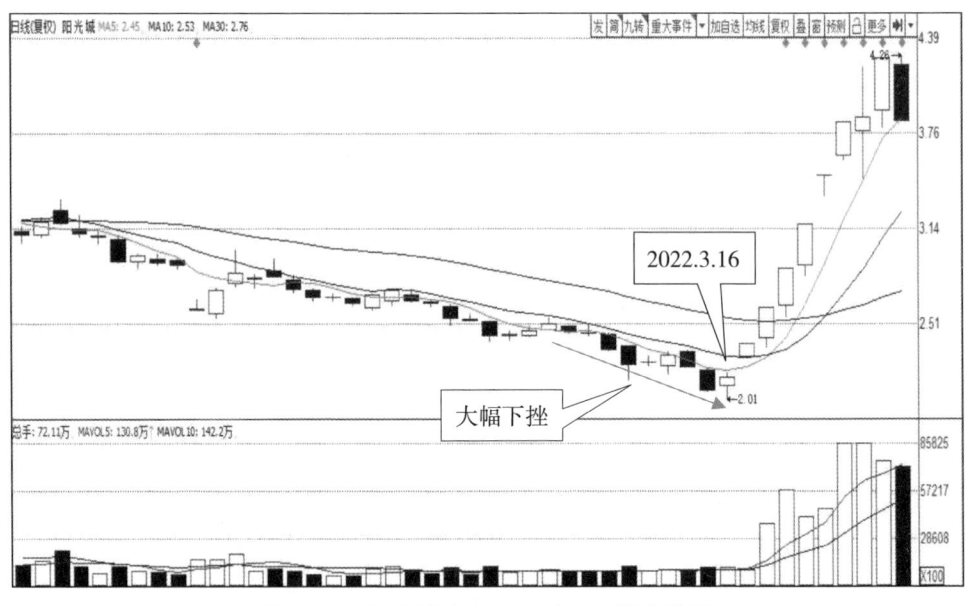

图1-12　阳光城（600058）日K线走势图

受房地产调控政策的影响，2020年下半年到2022年年初的这段时间里，房地产板块的股票价格多处于下行趋势，而阳光城就是一只典型的地产股。

阳光城的股价在2022年3月初出现了加速下跌态势。由于此前该股股价已经经历了一波较大幅度的下跌，此时再加大下跌幅度，就说明该股的底部区域即将来临了。

2022年3月16日，该股股价小幅收涨，成交量出现萎缩。次日，该股股价强势涨停，并同步突破多条均线，标志着股价的反向拐点出现。此后，该股股价出现了一波快速上升走势。

第三节　如何寻找暴利拐点

暴利拐点一旦出现，意味着股价将会进入强势上攻区间，对于投资者来说，这无疑是极具吸引力的。不过，暴利拐点的识别并不是一件容易的事，通常来说，可以从以下几个维度寻找合适的交易机会。

一、突破形态辨识拐点

突破形态是识别趋势变化最有效的方法。暴利拐点出现前，股价无论处于缓慢上升趋势、横向振荡趋势还是下降趋势，都会沿着原有的运行趋势进行波动。当股价向上突破原有的运行趋势后，就可以判断股价短线的暴利拐点来临。

📈【实战案例】

下面来看一下杨电科技的案例，如图1–13所示。

从图1–13中可以看出，杨电科技的股价自2021年10月中旬开始进入缓慢上升区间。该股股价缓慢上行，成交量一直呈低位温和波动态势。

从股价K线走势来看，该股股价一直被一根向上倾向的趋势线所压制。

股价每次上升至趋势线附近时，都会因趋势线的阻力而重新下跌。

2021年11月17日，该股股价在前日回调的基础上平开后突然放量拉升，并一举突破了之前的趋势线。这意味着该股股价的走势将不再受趋势线的压制，将会进入新的上升趋势，也意味着该股股价暴利拐点的来临。

此后，该股股价正式进入快速上升趋势。

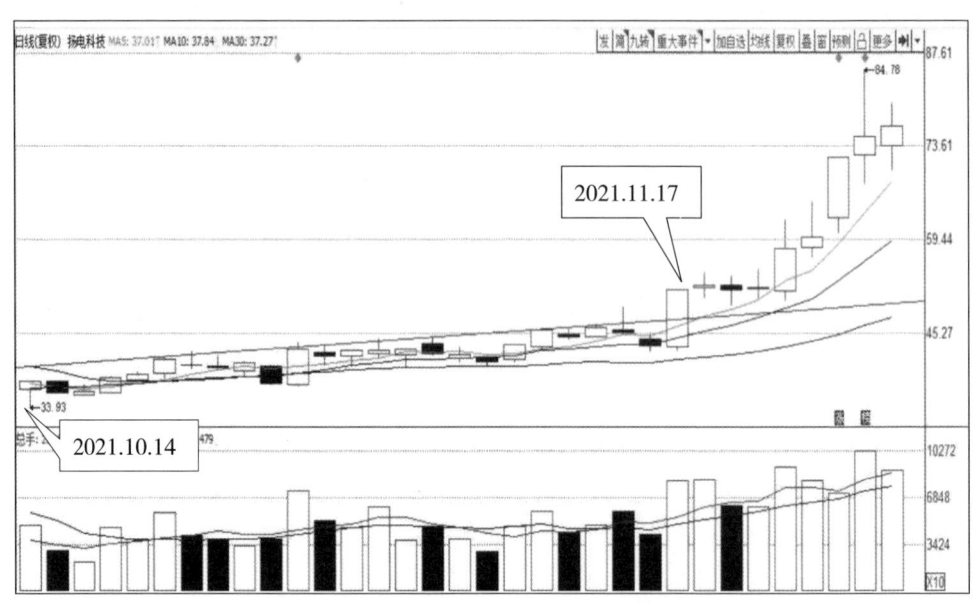

图1-13　杨电科技（301012）日K线走势图

借助突破形态来识别拐点时，需要注意以下几点。

第一，有效突破与非有效突破。主力在运作股票时，常常采用虚晃战术，明明要拉升股票却先进行打压；想要打压出货却先拉升股票。因此，当股价构成突破形态时，投资者需要识别这种突破到底是有效突破还是主力的"假动作"。一般来说，股价若能突破某一阻力位后，连续三个交易日站在该位置之上，就可以认定该突破为有效突破。

第二，成交量方面也是识别突破有效性的重要辅助指标。通常来说，股价形成向上突破时，必然要求成交量放大相配合。毕竟这些阻力位意味着大量的套牢盘或等待兑现的获利盘，只有将这些卖盘全部消化掉，股价才能真正意义上出现上涨行情。

二、K线形态辨识拐点

借助K线形态来识别暴利拐点是一种较为理想的选择。很多时候，当股价K线完成某种经典形态时，就可以非常清晰地识别出暴利拐点的来临。比较经典的K线形态包括这样几类。

其一，经典的K线组合，如早晨之星形态、旭日东升形态等。

其二，一些K线组合形态，如V形底形态、矩形形态、楔形形态、旗形形态、三角形形态等。当股价完成对这些形态上边线的突破，就意味着股价暴利拐点的到来。

📈【实战案例】

下面来看一下科林电气的案例，如图1-14所示。

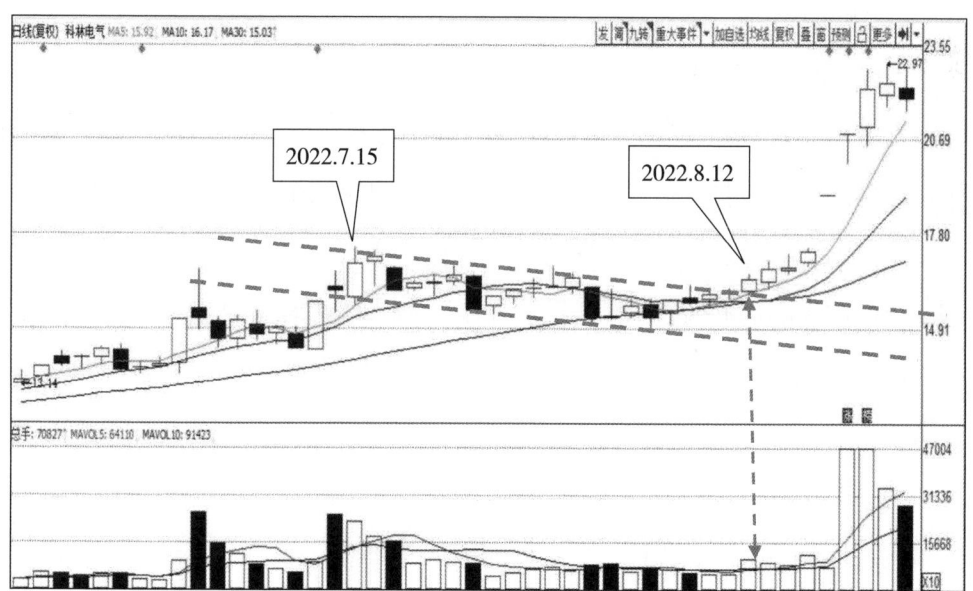

图1-14　科林电气（603050）日K线走势图

从图1-14中可以看出，科林电气的股价自2022年4月底开始进入振荡上升区间。该股股价缓慢上行，成交量一直呈低位温和波动态势。

自2022年7月15日开始，该股股价开启了振荡回调区间。股价振荡的高点和低点同步走低，并形成了上升旗形形态。

2022年8月12日，该股股价小幅放量上攻，并突破了上升旗形的上边线，意味着股价已经进入了上升趋势，同时也意味着该股股价暴利拐点的来临。此后，股价结束了振荡趋势，正式进入快速上升区间。

三、成交量异动辨识拐点

成交量出现异常的缩量与放量，是股价暴利拐点出现的一个典型特征。通常来说，暴利拐点来临前，成交量都可能出现一波缩量走势，若出现极度缩量，则更可印证暴利拐点的到来。此后，随着股价反攻，成交量也必然出现放大态势。

📈【实战案例】

下面来看一下翠微股份的案例，如图1-15所示。

从图1-15中可以看出，翠微股份的股价在整个2021年12月份都处于横向振荡区间。该股股价呈横向振荡态势，成交量也同步逐渐萎缩。

到了2021年12月30日，该股股价收出一根小十字星线，成交量也萎缩至一段时间内的最低值，这就意味着股价将会重新选择突破方向。

2021年12月31日，该股股价小幅走高，成交量同步放大。这意味着股价运行趋势已经开始转变，投资者应做好入场准备。

下一个交易日，即2022年1月4日，该股股价高开高走，放量涨停，暴利拐点出现。此后，该股股价正式进入大幅上升行情。

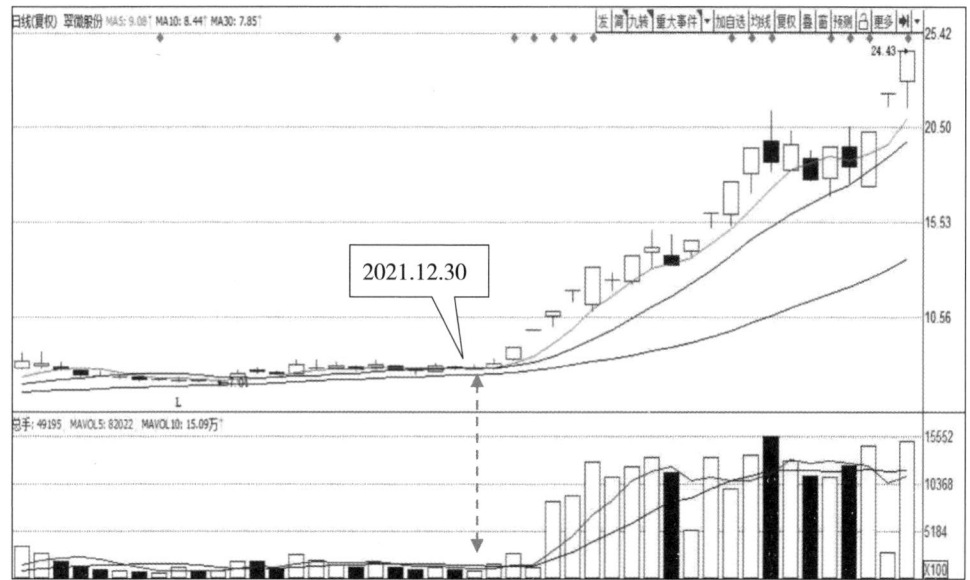

图1-15　翠微股份（603123）日K线走势图

四、技术指标异动辨识拐点

股价出现暴利拐点的同时，技术指标系统也可能会同步提示股价进入快速上攻区间。技术指标系统能够发出的典型信号包括以下几类。

第一，均线系统。

均线系统本身就是股价K线的伴生指标系统。若股价在暴力拐点来临前处于小幅上升状态，则暴利拐点一旦形成，均线有望立即转入多头发散排列；而股价从下降趋势转为上升趋势时，股价势必先要完成对均线系统的突破，而后带动均线系统形成多头发散排列。

第二，KDJ指标系统。

KDJ指标被称为信号最为灵敏的指标，也是短线交易者最喜欢的技术指标之一。当股价出现暴利拐点形态时，KDJ指标往往会第一时间到达超买区域，曲线J更是会快速触及100线。这也是股价走势较强的一种体现。

第三，MACD指标系统。

MACD指标系统也会在股价出现上攻拐点时，同步出现黄金交叉或拐头上扬的形态。这都是典型的股价上升信号。

📈【实战案例】

下面来看一下皖维高新的案例，如图1-16所示。

从图1-16中可以看出，皖维高新的股价自2022年3月中旬开始进入振荡上升区间。到了6月份后，该股股价开始进入横向盘整区间，股价波动的幅度越来越小。

自2022年8月5日开始，该股股价放量向上突破多条均线，说明此时股价具有典型的启动迹象。与此同时，KDJ指标已经快速进入超买区域，曲线J更是到达了100线，这是股价短线走强的显著特征。这也意味着该股股价暴利拐点的来临。此后，股价结束了振荡趋势，正式进入快速上升区间。

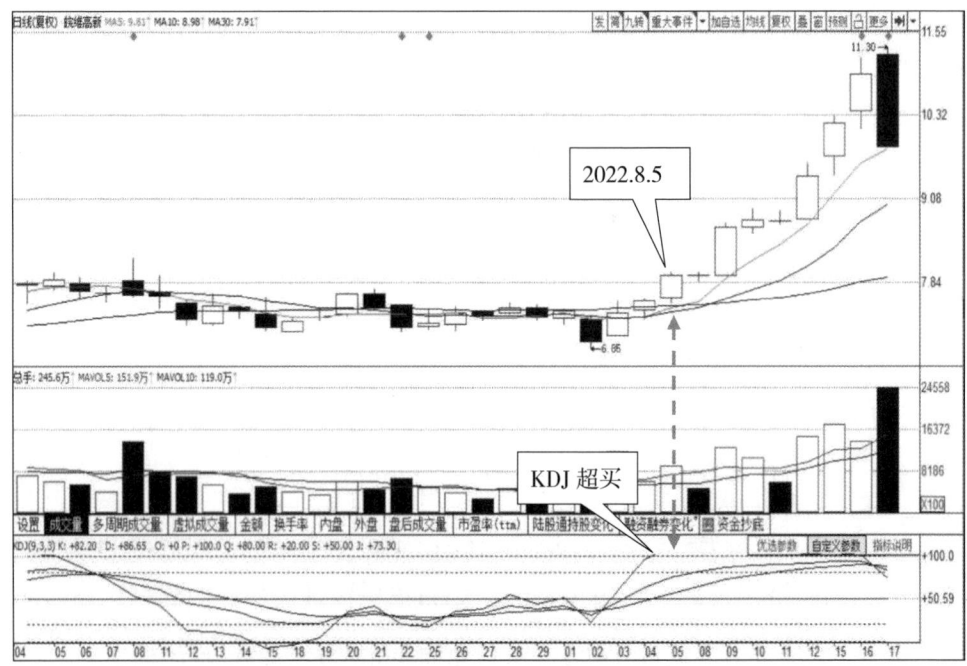

图1-16　皖维高新（600063）日K线走势图

五、涨停板异动辨识拐点

股市中，涨停板从来都是可遇而不可求的。涨停板的出现，本身就是动能聚集并爆发的一种体现。与此同时，K线与技术指标系统发出的典型信号包括以下几类。

第一，K线系统。

涨停板会在K线系统留下最直接的一个信号，就是最高价与收盘价一致。该位置也将成为股价后面走势的一个重要参照位。股价脚踩该点位上攻或者回调后重新突破该位置，就是暴利拐点形成的一个明确信号。

第二，均线系统。

均线系统本身就是股价K线的伴生指标系统。若股价突然走出涨停板，可能会对均线系统形成突破或者越过均线，此后，均线就会对股价形成一定的支撑作用。

第三，KDJ指标系统。

KDJ指标被称为信号最为灵敏的指标，涨停板出现后，KDJ指标很可能会同步进入超买区域，甚至100线位置，并一直处于高位，这是股价短线走强的明确信号。

第四，MACD指标系统。

MACD指标系统在涨停板出现时也会出现清晰的买入信号。MACD柱线会呈现快速拉升状态，DIFF快线同步加速上扬。这是股价加速的一个明确迹象。

📈【实战案例】

下面来看一下思美传媒的案例。

如图1-17所示，思美传媒的股价自2023年1月中旬开始进入横向振荡上升区间。到了4月上旬，该股股价出现调整态势，且股价波动的幅度越来越小。

2023年4月10日,该股股价跳空放量上攻,并一举突破多条均线,此时股价具有典型的启动迹象。与此同时,KDJ指标已经快速进入超买区域,曲线J更是接近了100线,MACD指标在0轴上方形成金叉后拐头上扬,这是股价短线走强的显著特征。这也意味着该股股价暴利拐点的来临。此后,股价结束了振荡趋势,正式进入快速上升区间。

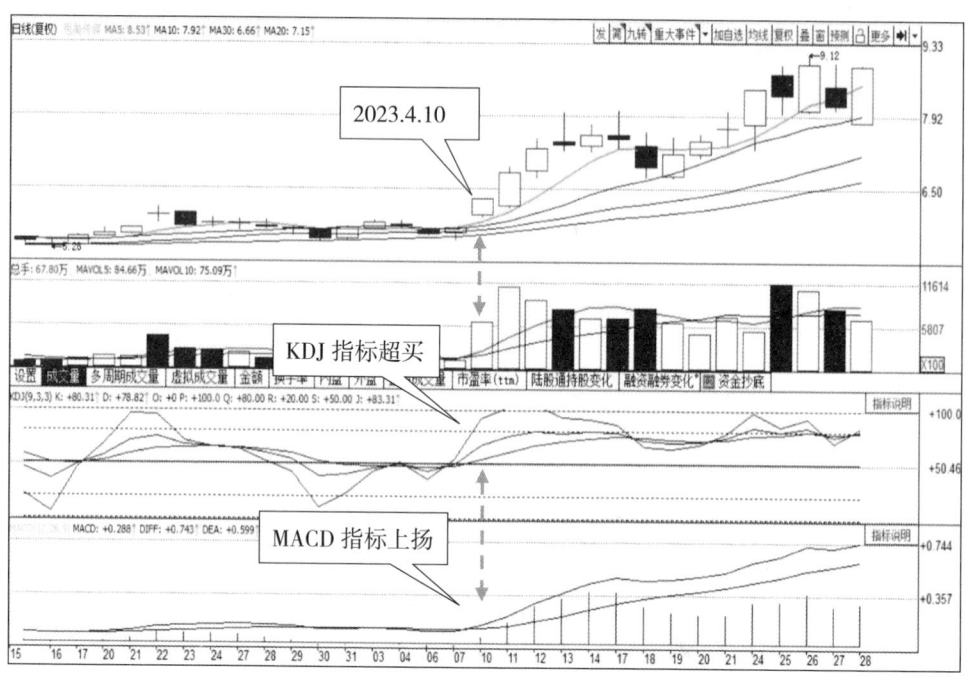

图1-17 思美传媒(002712)日K线走势图

第二章
价格趋势辨识暴利拐点

由多根K线共同构成的价格趋势，同样涵盖了全部的三类经典拐点模式，包括加速价格拐点、横向价格拐点和反向价格拐点等。

第一节　加速价格拐点的交易信号

加速拐点并没有改变股价的运行趋势，只是做了一次加速运动。不过，价格出现加速运动，必然需要成交量的放大相配合。

暴利拐点1：小幅慢涨到加速上攻

很多股票的上涨都经历过由小幅缓慢上涨到大幅上攻的过程。股价的上涨由慢到快的变盘点，就是我们要找的暴利拐点。如图2-1所示。

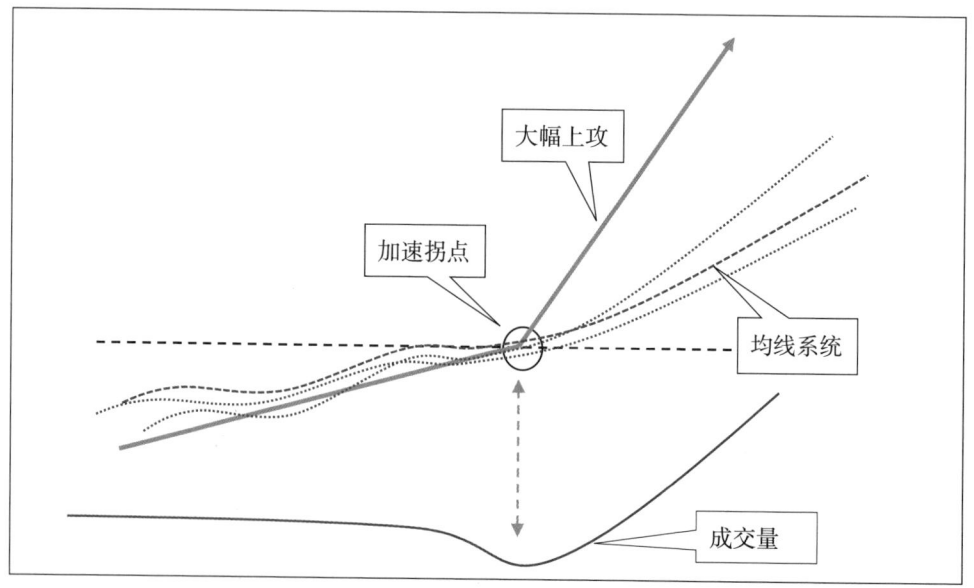

图2-1　加速上攻图示

【战术解读】

这类暴利拐点的形成具有如下几个典型特征。

第一,股价小幅上升过程中,股价K线多会沿着均线小幅振荡上行,各条均线也会呈现明显的黏合状。

第二,随着股价的小幅上升,成交量会呈现小幅放大迹象,但放量并不明显。

第三,股价临近启动前,成交量常常会出现明显的萎缩情况,这是典型的启动前兆。

第四,某一交易日股价突然出现放量上攻迹象,就是典型的拐点来临信号,投资者可考虑入场建仓。

【实战案例】

下面来看一下中国医药的案例,如图2-2所示。

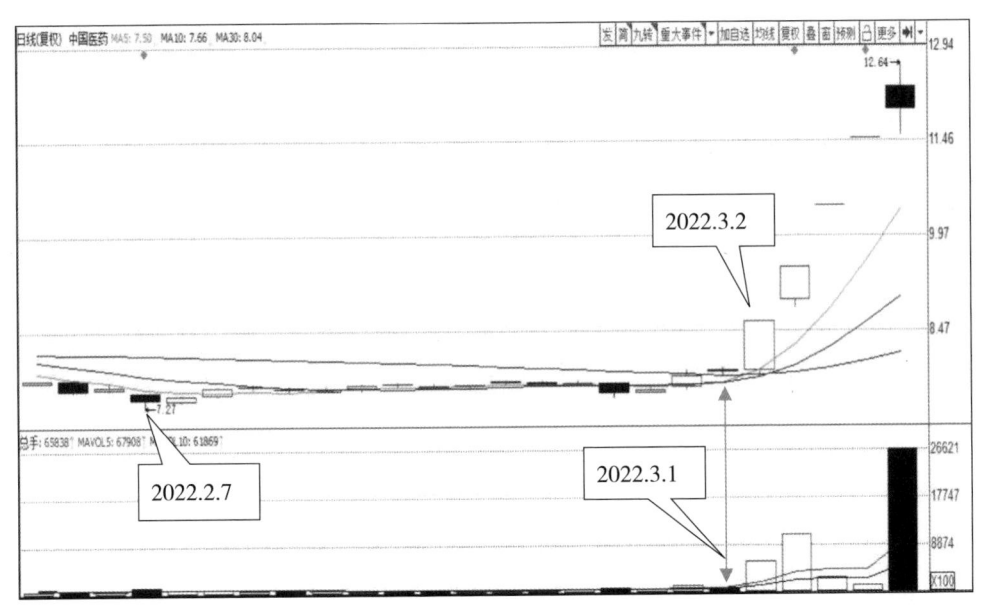

图2-2 中国医药(600056)日K线走势图

从图2-2中可以看出,中国医药的股价自2022年2月7日开始自底部启动小幅振荡上扬走势。该股股价上涨的幅度较小，但从整体上维持了上升的格局，各条均线开始呈现出明显的黏合状态。

到了2022年3月1日，该股股价收出一根小十字星线，成交量也萎缩至一段时间内的最低值，这就意味着股价将会重新选择突破方向。观察该股K线的位置可以发现，尽管当日成交萎缩，但股价仍旧成功站到了30日均线上方，这是明显的股价行情好转的信号。

2022年3月2日，该股股价大幅放量上攻，成交量放大了若干倍，各条均线开始呈现黄金交叉形态，且开始多头发散排列，股价进入强势上攻区间，也意味着该股股价暴利拐点的来临。

暴利拐点2：突破阻力线加速上攻

股价自底部开始小幅上升走势后，呈现出明显的振荡上升态势。与此同时，股价的上升始终被一根趋势线所压制。

某一交易日，当股价完成了对该阻力线的突破，就意味着股价正式进入加速上升行情。如图2-3所示。

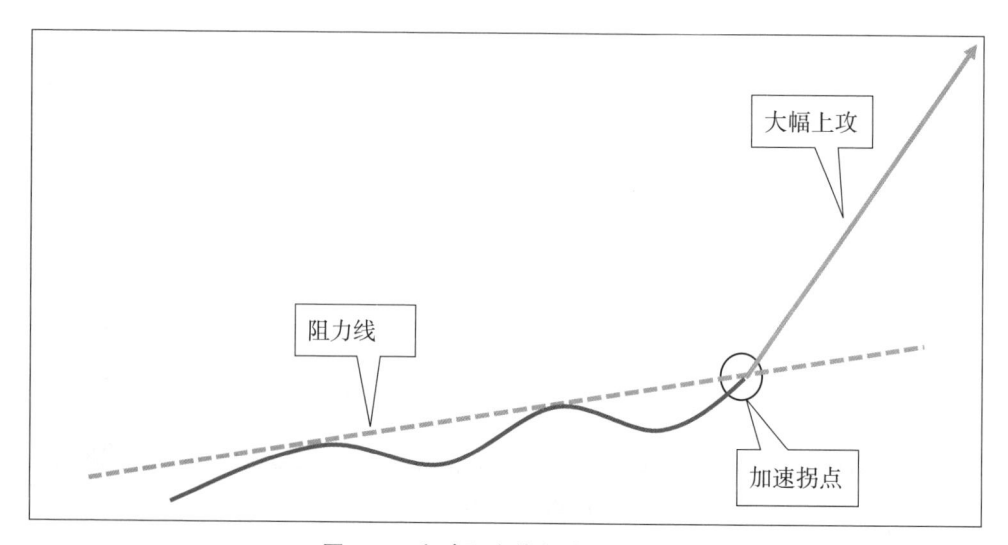

图2-3　突破阻力线加速上攻图示

📈【战术解读】

这类暴利拐点的形成具有如下几个典型特征。

第一，股价在小幅上升过程中也会陆陆续续地出现几个明显的高点，将其中两个较为明显的高点连线，就构成了股价上升的压力线。

第二，该压力线对股价形成较大的阻力，每当股价上升至该线位置时，都会因为该线的阻力作用而重新回落。

第三，因该线对股价造成了一定的阻力，使得很多投资者将其看成较佳的出货位置，也就是说，当股价上升至该线附近时，投资者就可能主动选择卖出手中的股票，这就在一定程度上强化了该线的作用。

第四，股价经过一波振荡后，突然放量向上突破了该阻力线，则意味着将会进入一个新的上升通道。

第五，事实上，股价处于该阻力线下方时，也是呈现上升走势，只是上升的幅度相对较小。而一旦完成了对该线的突破，就意味着股价上升的幅度和速度都将加快。这个突破点位也就是股价的暴利拐点。

📈【实战案例】

下面来看一下金石亚药的案例，如图2-4所示。

从图2-4中可以看出，金石亚药的股价经过一波下跌后，自2022年10月11日开始呈现企稳迹象。

此后，该股股价开始了一波小幅振荡上升走势。投资者可将股价振荡上升中所形成的明显高点绘制成一根趋势线。此后股价一直运行于趋势线下方。投资者可密切关注股价其后的走势情况。

2022年11月9日，该股放量突破上方的压力线，成交量相比前一交易日放大了数倍，标志着该趋势线的阻力作用已经开始转为支撑作用。

此后，该股股价经历了两个交易日的调整后，立即转入了快速上攻模

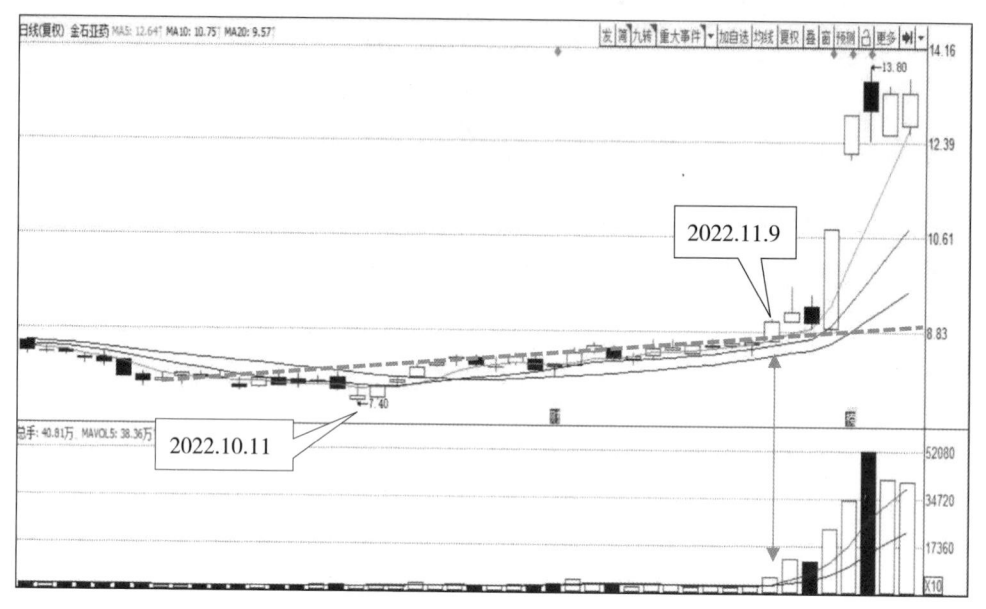

式。11月9日，该股股价突破上方压力线的时刻，就是该股的暴利拐点。

图2-4　金石亚药（300434）日K线走势图

暴利拐点3：突破中期均线加速上行

股价自底部开始小幅上升走势后，会首先完成对短期均线的突破，而后各条均线也会逐渐向右上方倾斜。不过股价的上升始终还会受到中期均线的压制，使得股价上升的幅度十分有限。某一交易日，当股价完成了对中期均线的突破，就意味着股价正式进入加速上升行情。如图2-5所示。

📈【战术解读】

这类暴利拐点的形成具有如下几个典型特征。

第一，股价自底部反弹后出现小幅上升走势，股价K线先后突破多条短期均线，并沿着这些短期均线上行。

第二，随着股价的小幅上升，中期均线还是放平，但仍处于股价K线上方，严重压制着股价的上升空间与幅度。

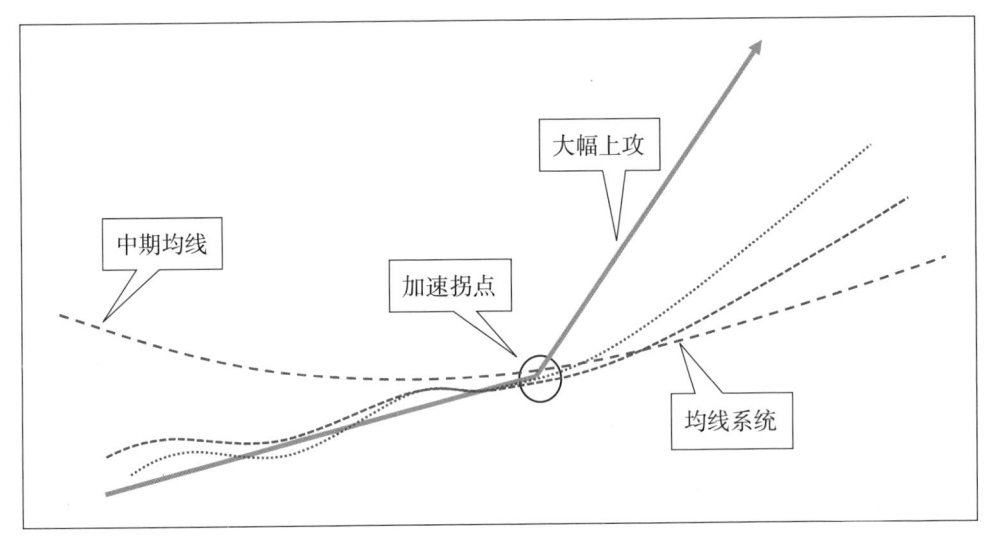

图2-5 突破中期加速上攻图示

第三，股价临近中期均线位置时，股价波动幅度明显变小，成交量常常会出现明显的萎缩情况，这是典型的启动前兆。

第四，某一交易日股价突然出现放量上攻并成功突破中期均线，就是典型的拐点来临信号，投资者可考虑入场建仓。

第五，这类中期均线通常分析周期相对较长，以50日均线、60日均线为主。

【实战案例】

下面来看一下博敏电子的案例，如图2-6所示。

从图2-6中可以看出，博敏电子的股价自2022年4月27日开始自底部启动小幅振荡上扬走势。该股股价上涨的幅度较小，但从整体上维持了上升的格局，各条均线开始呈现出明显的黏合状。尽管股价大部分时间都处于5日均线和10日均线上方，但距离60日均线还有较大的距离。

5月26日，该股股价大幅高开低走，收出一根跳空假阴线。不过，该日股价并未完成对60日均线的突破，这就意味着股价短期趋势并未改变。

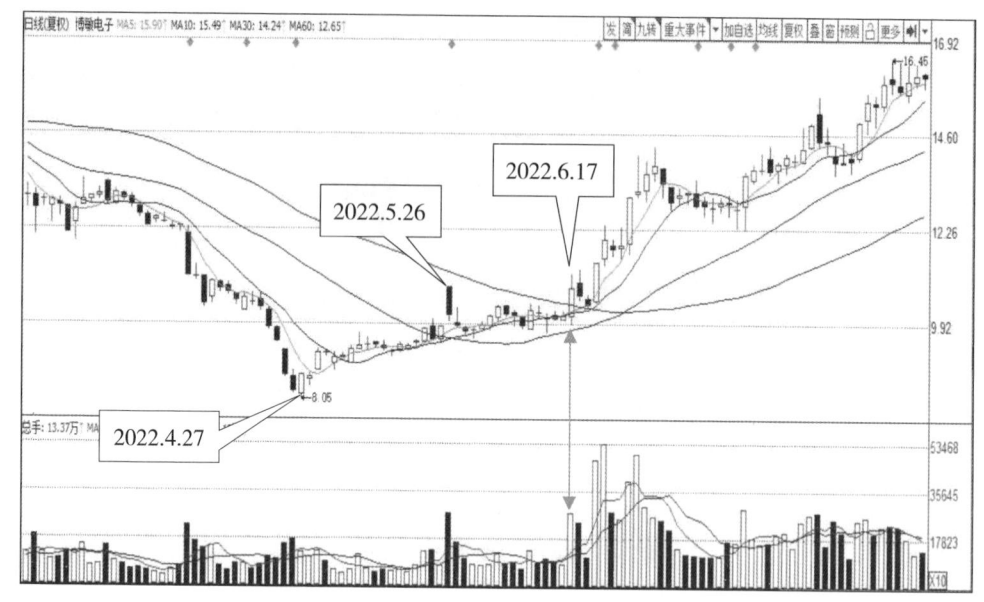

图2-6　博敏电子（603936）日K线走势图

2022年6月17日，该股股价放量上攻，并一举突破了60日均线，这是股价运行趋势发生改变的明确信号。观察当日的成交量可知，当日成交量相比前一交易日放大了若干倍。这是典型的资金入场信号，也意味着股价此时的突破为有效突破，其即将开启新一轮的上攻走势。

基于以上判断，投资者可积极入场买入股票。

暴利拐点4：突破前期高点加速上行

股价自底部开始小幅上升走势后，前期振荡回落过程中所形成的高点仍可能对股价构成一定的阻力作用。毕竟这些前期高点位置往往聚集了较多的套牢盘，股价想要突破该区域，就必须有消化掉足够多套牢盘的准备。

某一交易日，当股价完成了对前期高点的突破，就意味着股价正式进入加速上升行情。如图2-7所示。

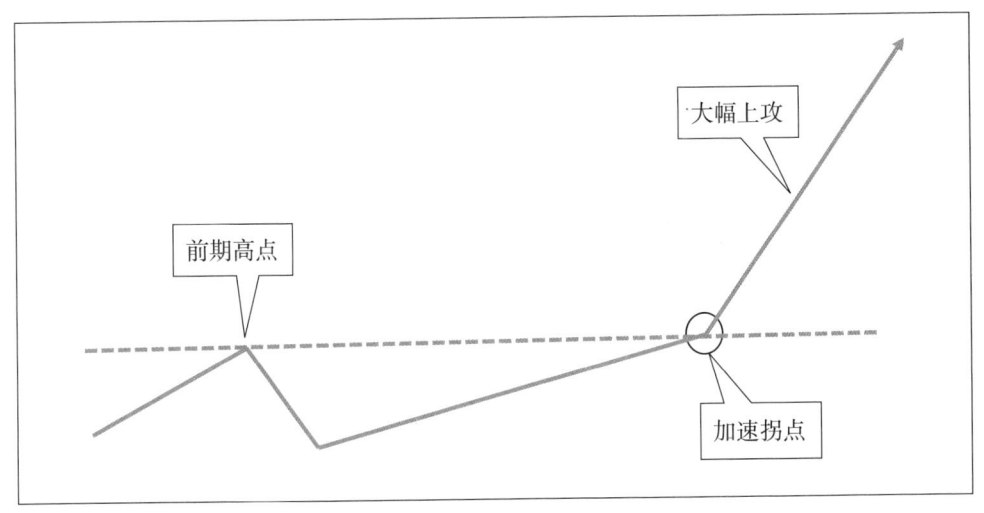

图2-7　突破前高加速上攻图示

↗【战术解读】

这类暴利拐点的形成具有如下几个典型特征。

第一，股价自底部反弹后出现小幅上升走势，股价K线一直呈小幅振荡上扬态势，成交量也同步温和放大。

第二，随着股价上升的持续，距离前期高点的位置越来越近，股价K线出现上影线的情况越来越多，也就是说，市场已经感受到了来自前期高点位置的压力。很多聪明的资金开始选择撤退或部分减仓，并密切关注股价的走势。

第三，股价临近前期高点位置时，波动幅度明显变小，成交量常常会出现明显的萎缩情况，这是典型的启动前兆。

第四，某一交易日股价突然出现放量上攻并成功突破前期高点，这是典型的拐点来临信号，投资者可考虑入场建仓。

↗【实战案例】

下面来看一下深圳新星的案例，如图2-8所示。

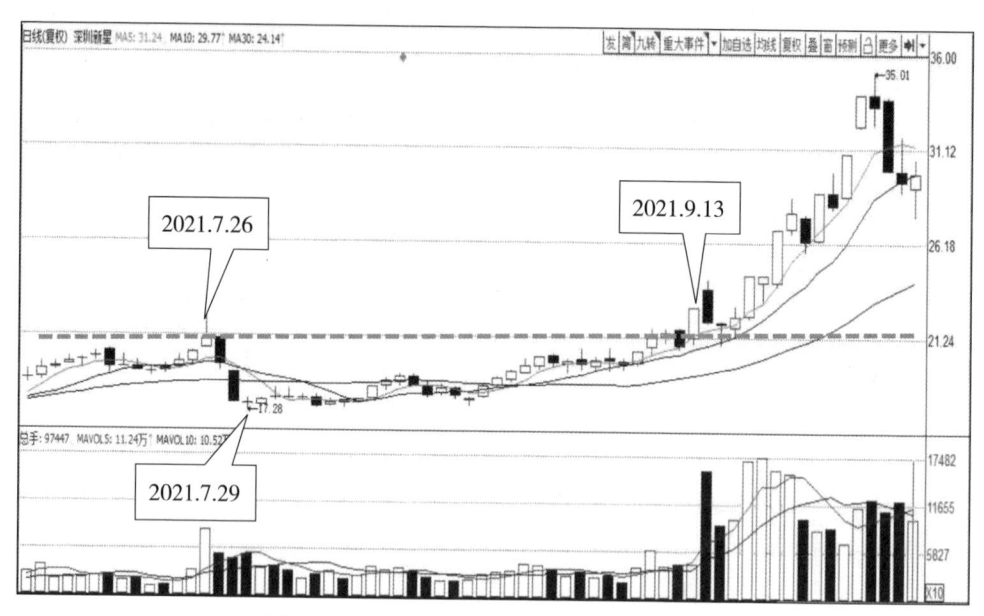

图2-8　深圳新星（603978）日K线走势图

从图2-8中可以看出，深圳新星的股价自2021年7月26日创下一个阶段高点后连续大幅下挫。几个交易日后的7月29日，该股股价开始触底反弹向上。

此后该股一路小幅振荡上扬，K线多是以小阳线和小阴线报收，说明多方并未取得决定性的优势。当股价上涨至7月26日高点附近位置时，股价的波动开始增大，这是主力有所行动的迹象。

9月13日，该股股价大幅向上突破7月26日的高点，并以涨停报收。因当日股价早早涨停，因而成交量并未出现明显的放大迹象。这也是主力强势的一种体现。

此后的两个交易日，该股股价在7月26日高点附近进行了一番调整后，重新开始了上攻之路，至此，暴利拐点基本可以确认。

基于以上判断，投资者可积极入场买入股票。

暴利拐点5：跌破再突破加速上攻

重要支撑位总是会给人一种重要防御阵地的感觉，因此，当股价回调至支撑位附近时，交易者总是设想会在此位置获得支撑而后反弹。但是主力却常常反向利用这一技法，当股价回调至支撑位时，刻意让股价击穿支撑位。正当投资者发现行情有转坏风险而卖出股票时，主力再反手向上拉升股价。自此开始，股价正式进入快速上升区间，如图2-9所示。

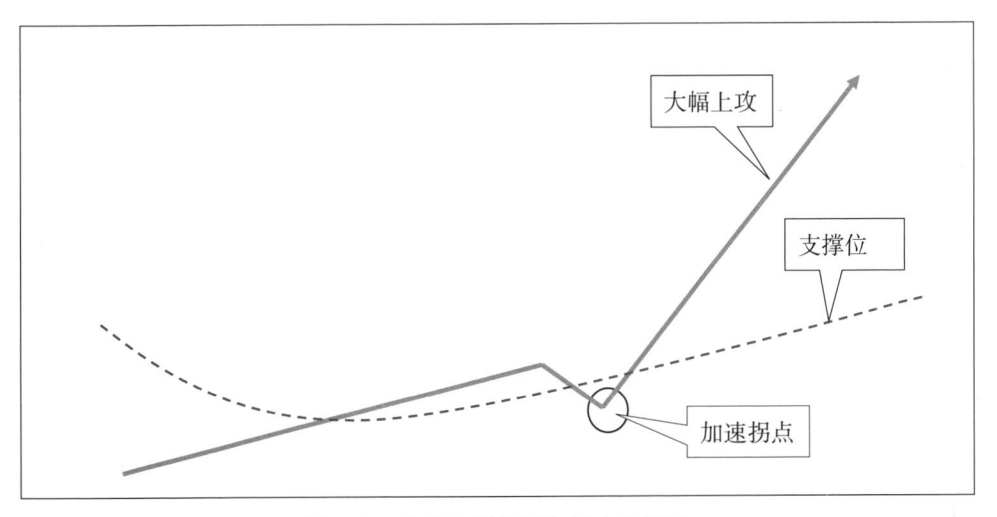

图2-9 跌破支撑位再加速上攻图示

📈【战术解读】

这类暴利拐点的形成具有如下几个典型特征。

第一，股价经过一波持续的上升后已经积累了一定的获利盘，此时主力为了能够顺利拉升，就会通过主动洗盘的方式来挤出这些获利盘。

第二，股价回调至支撑位附近时，同样会有一些场外资金入场，不过，由于主力并未进行防御，有时甚至会加入打压的一方，所以该支撑位很快就会被跌破。于是很多场内投资者就会纷纷跟风卖出股票，主力则趁机吸筹。

第三，当主力吸筹结束，将盘面浮筹清洗得差不多后，就会立即反手向上拉升股价。通常来说，主力让股价停留在支撑位下方的时间也不会太长，否则股价容易走坏，就很难再向上拉升了。

第四，当股价重新上行并突破前期支撑位时，就意味着主力洗盘结束，这也是股价迎来暴利拐点的时刻。

第五，通常来说，这类支撑位包括中短期均线位置、前期高点或低点位置、趋势线位置等。

📈【实战案例】

下面来看一下明星电力的案例，如图2-10所示。

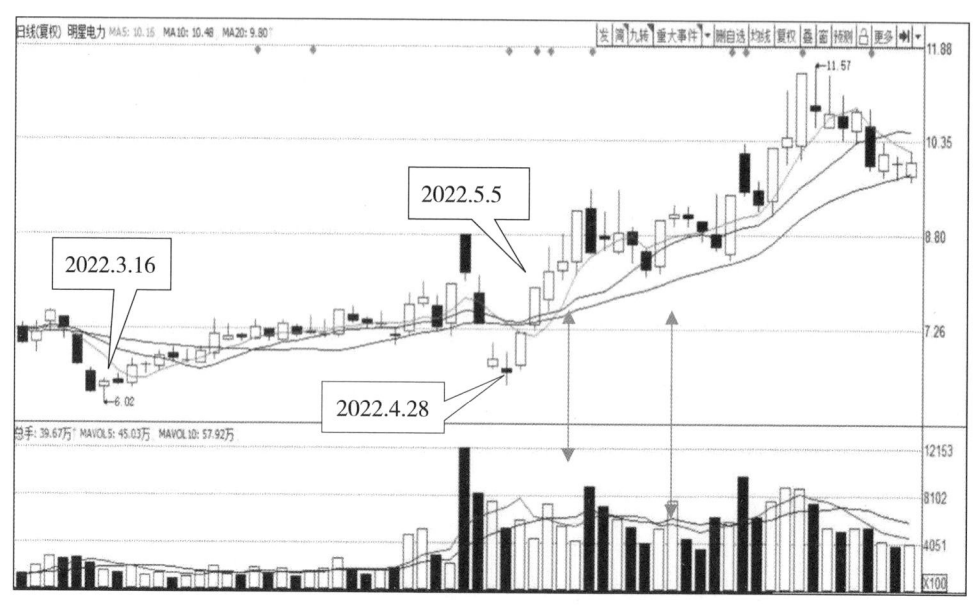

图2-10 明星电力（600101）日K线走势图

明星电力的股价在2022年年初经历了一波下跌走势。从图2-10中可以看出，自2022年3月16日开始，该股股价出现触底反弹后经历了一波漫长的小幅上涨走势。到了4月底，该股股价波动幅度明显加大。

正当投资者认为股价将要上涨时，却出现了反向下跌走势，而且股价K线连续击破多条均线，说明该均线对股价的支撑已经失效。

4月28日，该股股价出现企稳迹象。次日，该股股价更是出现强势涨停，5月5日，股价已经重新向上突破了多条均线。这说明该股股价已经重拾升势，将要进入新一轮上涨行情。

股价重新向上突破均线（先前的支撑位）时，就是暴利拐点正式形成的时候，也是投资者可以考虑入场的时机。

第二节　横向价格拐点的交易信号

横向价格拐点与反向价格拐点都改变了价格运行方向，只是转向的角度有所不同。股价运行方向的改变，同样需要成交量的配合。

暴利拐点6：突破盘整再加速上攻

股价经过一波上升或下跌后，多空双方的实力进入均衡状态，股价沿着近乎直线的形态横向振荡运行，各条均线也开始呈现明显的黏合形态。某一交易日，股价突然出现上攻，则意味着股价暴涨时机的到来。如图2-11所示。

📈【战术解读】

这类暴利拐点的形成具有如下几个典型特征。

第一，股价的横向盘整可能会持续几周，甚至几个月的时间，说明多空双方形成了势均力敌的局面，谁也不敢轻举妄动。

第二，随着股价盘整的持续，各条均线开始黏合在一起。通常来说，这属于典型的股价选择突破方向时的均线形态，投资者可密切关注股价的运行情况。

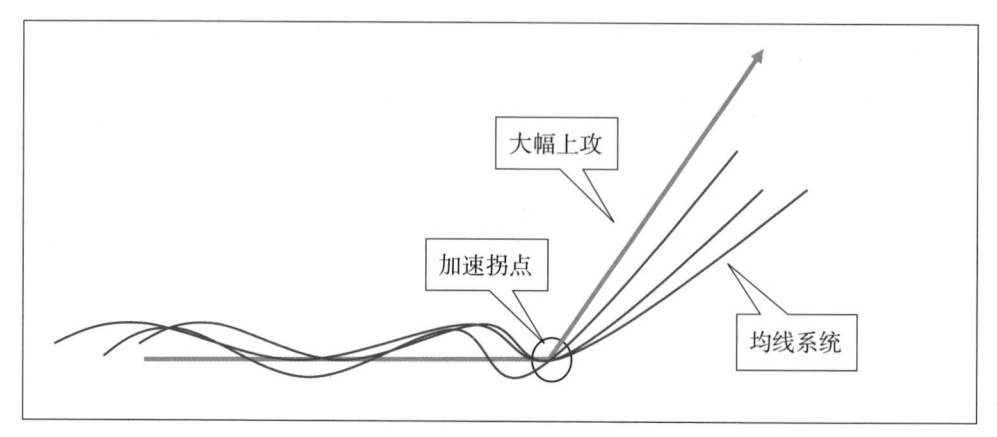

图2-11 股价横盘加速上攻图示

第三，某一交易日，股价突然出现放量上攻，这属于典型的股价启动信号，此时各条均线由黏合状态转为多方发散排列，说明股价将要进入快速上攻区间。

第四，有时候股价在向上突破前还会先做一个假动作，也就是将要向上突破前先来个向下跌破的动作。当投资者纷纷卖出股票时，再反手向上拉升股价。股价向上突破的时刻，就是该股的暴利拐点。

第五，股价上攻时，成交量是一个重要的辅助性指标。只有成交量放大在一倍以上，才能保证突破的有效性。当然，若股价当日早早涨停，成交量出现萎缩也是可以接受的，毕竟交易时间较短。

【实战案例】

下面来看一下银龙股份的案例，如图2-12所示。

从图1-12中可以看出，银龙股份的股价在2021年7月28日收出一根大阴线后，股价进入了横向盘整走势。

在将近一个月的时间里，该股股价的走势几乎呈直线形态，与此同时，各条均线开始黏合在一起，这说明股价正在选择突破方向，投资者可密切关注股价的走势情况。

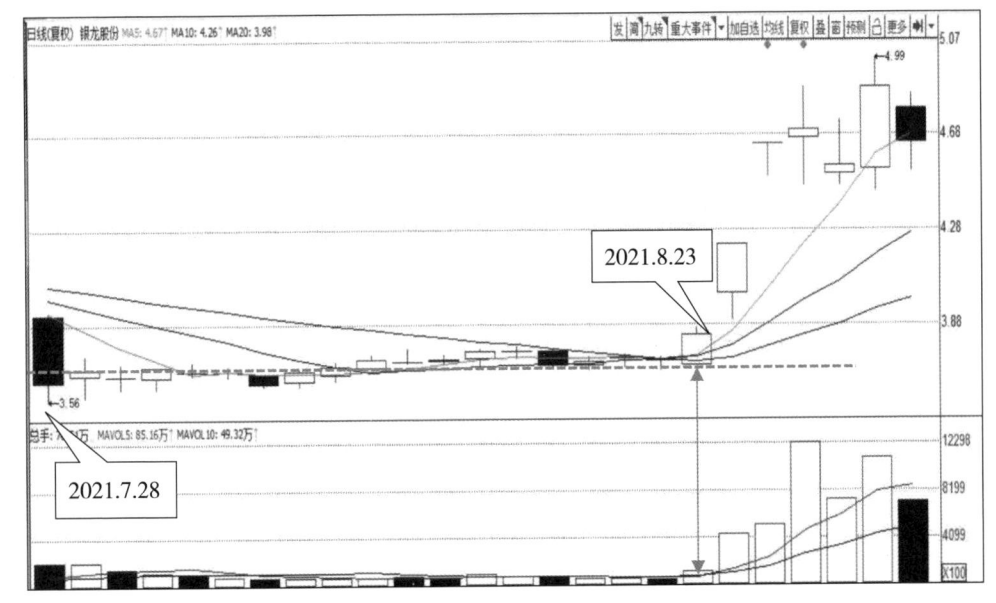

图2-12　银龙股份（603969）日K线走势图

2021年8月23日，该股放量上攻，成交量相比前一个交易日放大了数倍，而且K线也一举突破了多条均线。各条均线开始呈现多头发散排列，说明股价已经进入快速上攻区间。

该股的暴利拐点已经来临，投资者可积极入场买入股票。

暴利拐点7：突破矩形整理区域加速上攻

经过一波上升或下跌，股价进入振荡区域后，每次上升到一定的高度，空方都会将其打压下去；每次回调到一定的低点，多方又会将其向上拉升。不过，多空双方都没有足够的实力掌握整个股价走势。某一交易日，股价突然出现大幅上攻态势，并借以展开上升行情，这就意味着该股股价的暴利拐点来临，如图2-13所示。

📈【战术解读】

这类暴利拐点的形成具有如下几个典型特征。

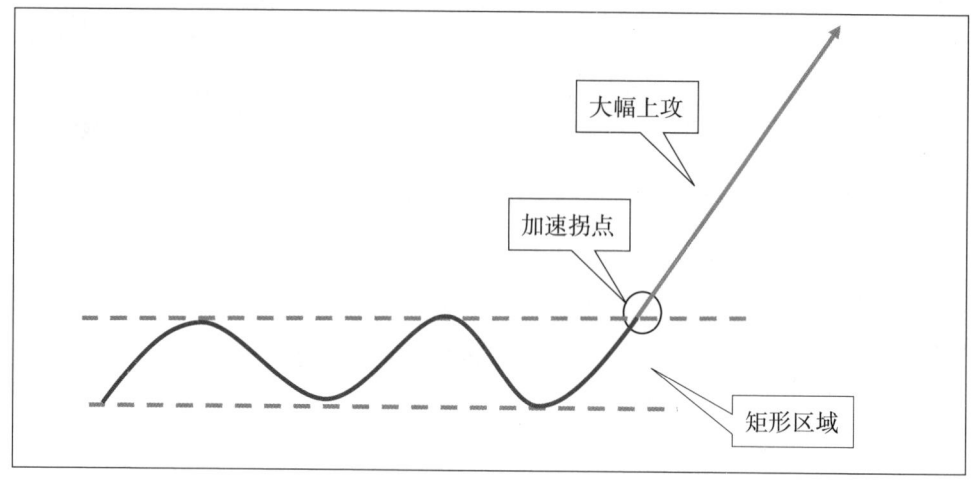

图2-13 股价突破矩形区域加速上攻图示

第一，通常来说，股价的振荡行情可能会持续几周，甚至几个月的时间，说明多空双方形成了势均力敌的局面，谁也不敢轻举妄动。

第二，随着股价振荡的持续，股价每次上升至上边线位置就会出现回调走势；每次回调至下边线位置又会出现反弹，这就使得很多投资者开始进行高抛低吸的操作。这在无形之中又强化了矩形上边线和下边线的效果。

第三，某一交易日，股价突然出现放量上攻，且完成了对矩形上边线的突破，这属于典型的股价启动信号。与此同时，各条均线也可能会转为多头发散排列，说明股价将要进入快速上攻区间。

第四，有时候股价完成向上突破后，还会有一个回调的动作，但只要回调没有重新跌破矩形的上边线，仍可认定突破是有效的。

第五，股价上攻时，成交量是一个重要的辅助性指标。只有成交量放大在一倍以上，才能保证突破的有效性。当然，若股价当日早早涨停，成交量出现萎缩也是可以接受的，毕竟交易时间较短。

↗【实战案例】

下面来看一下华光新材的案例，如图2-14所示。

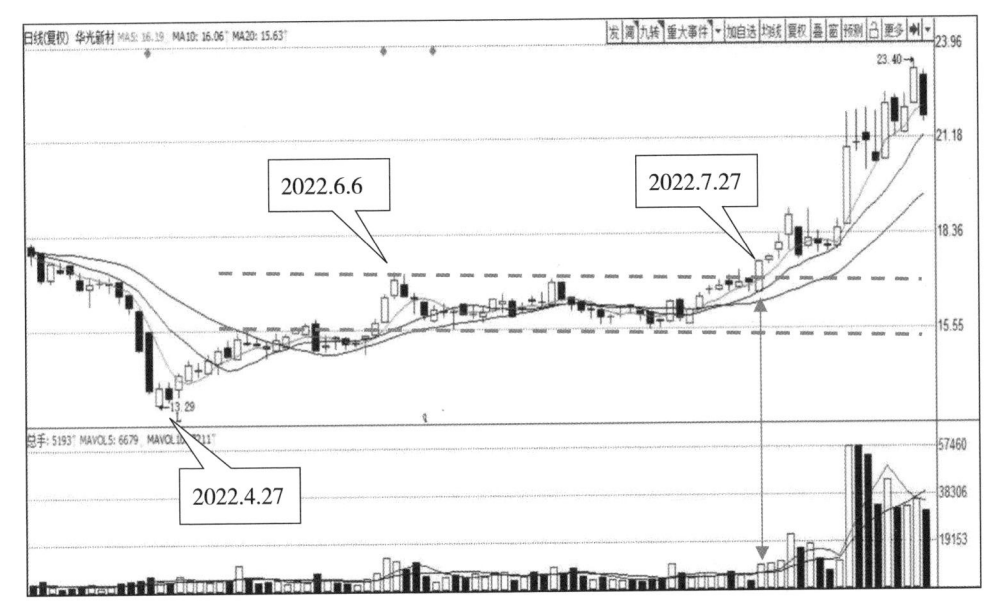

图2-14 华光新材（688379）日K线走势图

如图2-14所示，华光新材的股价自2022年4月27日触底反弹后，股价开始了一波缓慢的上升走势。

到了2022年6月6日，该股股价触及短线高点后转入横向盘整行情，这天的最高价也成为短期内的一个高点。之后该股开始回落，并在前期的密集成交区域受到支撑反弹，从而形成一个低点，然后股价便一直在高点和低点之间的水平通道中运行，形成矩形整理走势。

2022年7月27日，该股放量上攻突破了矩形的上边线，成交量相比前一个交易日放大了数倍，说明股价已经开始进入快速上攻区间。

该股的暴利拐点已经来临，投资者可积极入场买入股票。

暴利拐点8：突破旗形整理区域加速上攻

股价经过一波小幅上升之后，转入振荡下跌行情，如果将下跌的低点和回升的高点分别用直线连接起来，就形成了两条向下倾斜的平行线，看上去就像一面迎风飘扬的旗帜，这就是典型的上升旗形形态。某一交易日，股价突然出现大幅上攻态势，并借以展开上升行情，就意味着该股股价的暴利拐点来临，如图2-15所示。

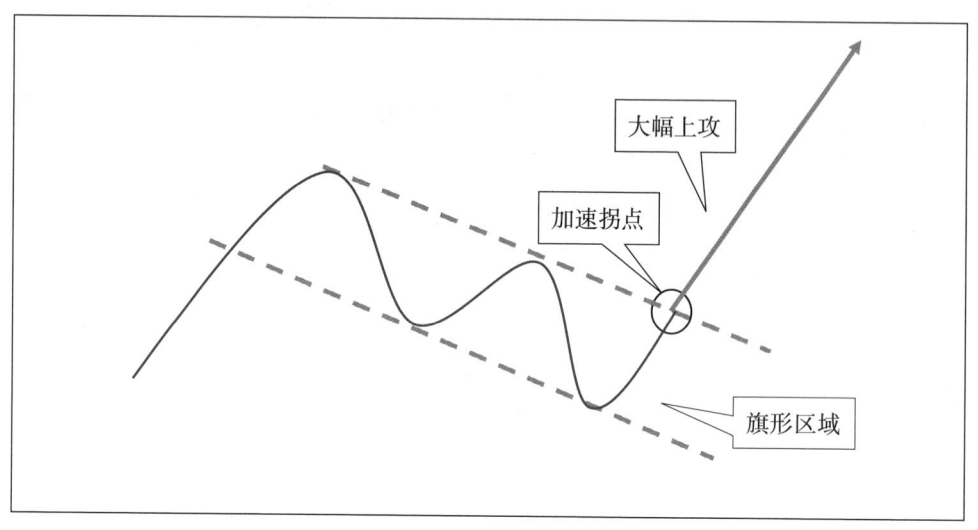

图2-15　股价突破上升旗形区域加速上攻图示

【战术解读】

这类暴利拐点的形成具有如下几个典型特征。

第一，通常来说，股价的振荡行情可能会持续几周，甚至几个月的时间，说明多空双方形成了势均力敌的局面，谁也不敢轻举妄动。

第二，上升旗形常常会被庄家用来清洗市面上的浮动筹码，一旦散户投资者纷纷看空而卖出股票后，庄家就会迅速将股价拉升到一个很高的价位。

第三，随着股价振荡的持续，每次上升至上边线位置就会出现回调走势，每次回调至下边线位置又会出现反弹，这就使得很多投资者开始进行高抛低吸的操作，这在无形之中强化了旗形上边线和下边线的效果。

第四，股价反弹的高点逐渐走低，也在无形中给人一种压力，于是很多投资者选择了卖出股票操作。

第五，某一交易日，股价突然出现放量上攻，且完成了对旗形上边线的突破，这属于典型的股价启动信号。与此同时，各条均线也可能会转为多头发散排列，说明股价将要进入快速上攻区间。

第六，有时候股价完成向上突破后，还会有一个回调的动作，但只要回调没有重新跌破旗形的上边线，仍可认定突破是有效的。

【实战案例】

下面来看一下豫园股份的案例，如图2-16所示。

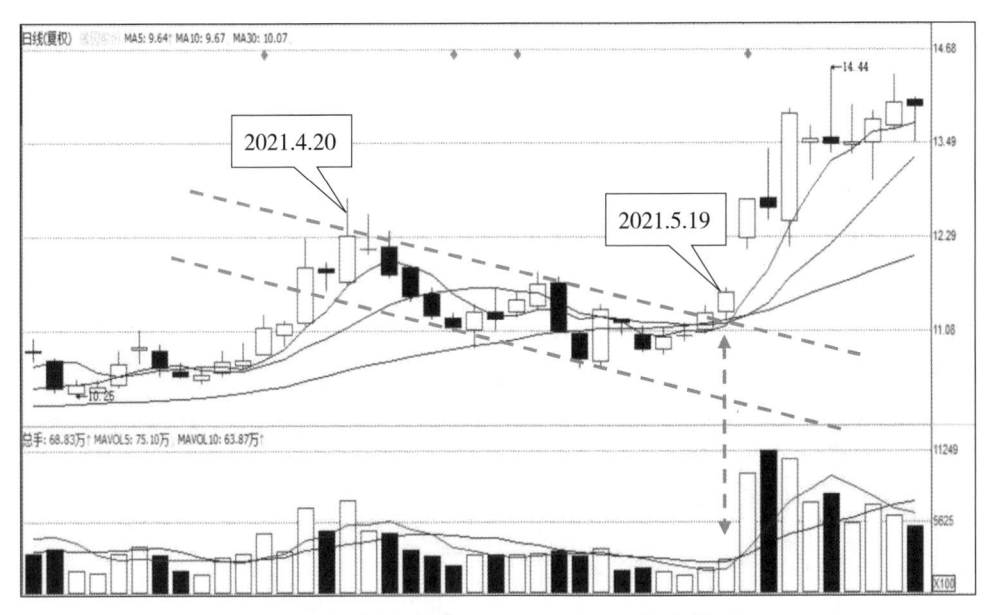

图2-16 豫园股份（600655）日K线走势图

从图2-16中可以看出，2021年4月到5月，豫园股份的日K线图上出现了上升旗形形态。

2021年3月，豫园股份的股价经过一段时间的振荡后开始了加速上涨。4月20日，该股收出一根带上影线的中阳线，然后股价掉头向下，这一天的收盘价也就成为该股走势的短期高点。

由此开始，豫园股份走出了一段振荡下跌走势，成交量也呈现出逐渐萎缩的态势。将股价逐渐下降的高点和低点分别相连，形成了一个向下倾斜的平行四边形。这是典型的上升旗形形态，预示后市将会上涨。看到这种形态后，投资者应保持观望姿态，不宜卖出股票。

2021年5月19日，股价成功突破上升旗形的上边线，上升旗形构筑完成。这也标志着该股暴利拐点的来临，投资者可积极入场做多该股。

暴利拐点9：突破楔形整理区域加速上攻

楔形整理形态与旗形整理形态有些相似。股价经过一波小幅上升之后，转入振荡下跌行情，将反弹的高点和回落的低点分别用直线相连，两条直线方向相同且呈收敛状，从而形成一个向下倾斜的楔子形态，这就是典型的下降楔形形态。某一交易日，股价突然出现大幅上攻态势，并借以展开上升行情，这就意味着该股股价的暴利拐点来临，如图2-17所示。

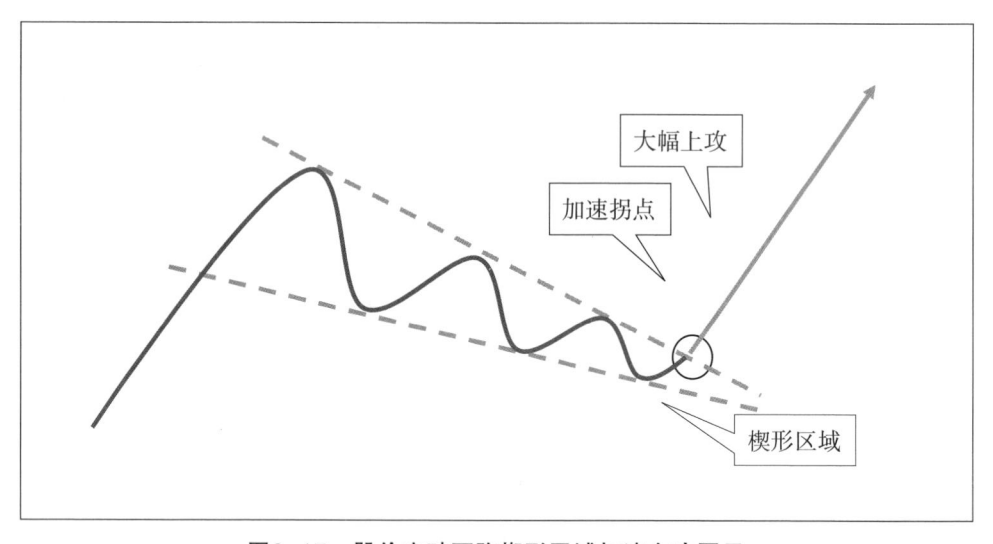

图2-17　股价突破下降楔形区域加速上攻图示

↗【战术解读】

这类暴利拐点的形成具有如下几个典型特征。

第一，通常来说，股价在振荡行情可能会持续几周，甚至几个月的时间，说明多空双方形成了势均力敌的局面，谁也不敢轻举妄动。

第二，下降旗形也常常会被庄家用来清洗市面上的浮动筹码，一旦散户投资者纷纷看空而卖出股票后，庄家就会迅速将股价拉升到一个很高的价位。

第三，随着股价振荡的持续，股价每次上升至上边线位置就会出现回调走势，每次回调至下边线位置又会出现反弹，这就使得很多投资者开始进行高抛低吸的操作。这在无形之中强化了楔形上边线和下边线的效果。

第四，随着股价回调的持续，股价波动的空间越来越小，也就意味着股价势必需要重新选择突破方向。投资者只需密切关注股价的突破方向，然后顺势操作即可。

第五，某一交易日，股价突然出现放量上攻，且完成了对楔形上边线的突破，这属于典型的股价启动信号。与此同时，各条均线也可能会转为多头发散排列，说明股价将要进入快速上攻区间。

第六，有时候股价完成向上突破后，还会有一个回调的动作，但只要回调没有重新跌破楔形的上边线，仍可认定突破是有效的。

【实战案例】

下面来看一下恒信东方的案例，如图2-18所示。

从图2-18中可以看出，2021年9月到11月，恒信东方的日K线图上出现了下降楔形形态。

2021年9月10日，处于上涨行情中的恒信东方收出一根带长上影线的阳线，然后股价进入整理走势。在波动中，该股反弹的高点和回落的低点都有逐渐下降的趋势，且高点的连线和低点的连线呈收敛状，从而形成了一个下降楔形形态。

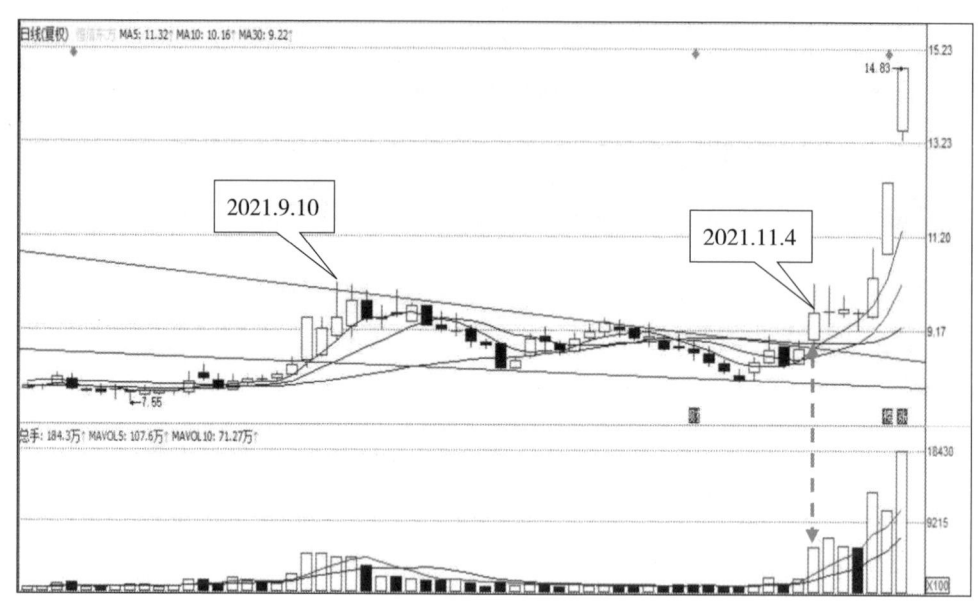

图2-18 恒信东方（300081）日K线走势图

下降楔形的下边线比上边线更趋于水平，且在形态形成的过程中成交量逐渐萎缩，因而可以认为下方存在较强的支撑力，股价很可能在调整结束后重回上升轨道。这时持股的投资者不宜将股票卖出，而持币的投资者应该对其保持关注。

2021年11月4日，股价放量突破下降楔形的上边线，暴利拐点出现。投资者应该把握机会，积极买入。

暴利拐点10：突破平行振荡区域加速上攻

股价自某一位置（可能是低点，也可能是上升途中）开始呈现某种有规律的波动，即股价上升至某一高点后就会回调，调整至某一低点后又会反弹，如此往复。将高点和低点分别连接，就构成了一组向右上方倾斜的平行通道。某一交易日，股价发力向上突破平行通道的上边线，则意味着股价将开启一波快速上升行情。如图2-19所示。

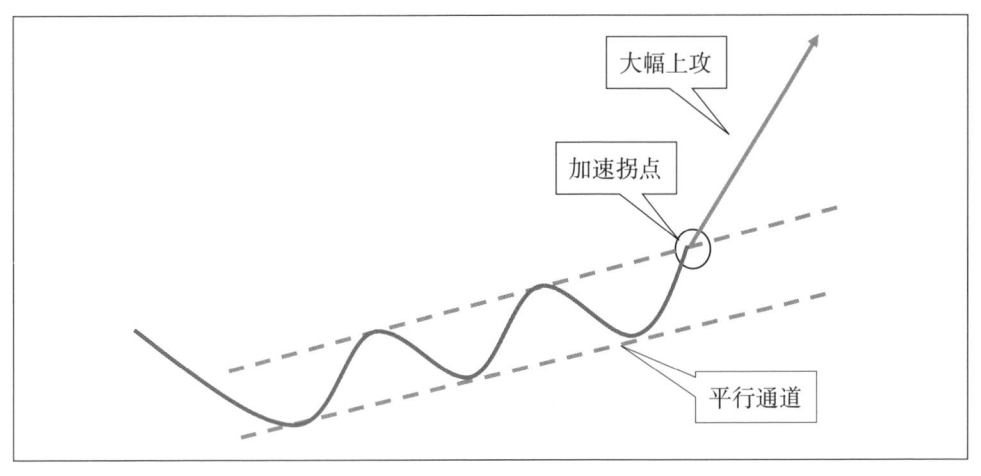

图2-19 股价突破平行通道加速上攻图示

📈【战术解读】

这类暴利拐点的形成具有如下几个典型特征。

第一，通常来说，股价在平行通道内的振荡行情可能会持续几周，甚至几个月的时间，本身也是多空双方实力对比动态均衡的一种体现，不过多方实力明显更占优势。

第二，随着股价振荡的持续，股价每次上升至上边线位置就会出现回调走势，每次回调至下边线位置又会出现反弹，这就使得很多投资者开始进行高抛低吸的操作。这在无形之中强化了平行通道上边线和下边线的效果。

第三，某一交易日，股价突然出现放量上攻，且完成了对平行通道上边线的突破，这属于典型的股价启动信号。与此同时，各条均线也可能会转为多头发散排列，说明股价将要进入快速上攻区间。

第四，有时候股价完成向上突破后，还会有一个回调的动作，但只要回调没有重新跌破平行通道的上边线，仍可认定突破是有效的。

📈【实战案例】

下面来看一下大连电瓷的案例，如图2-20所示。

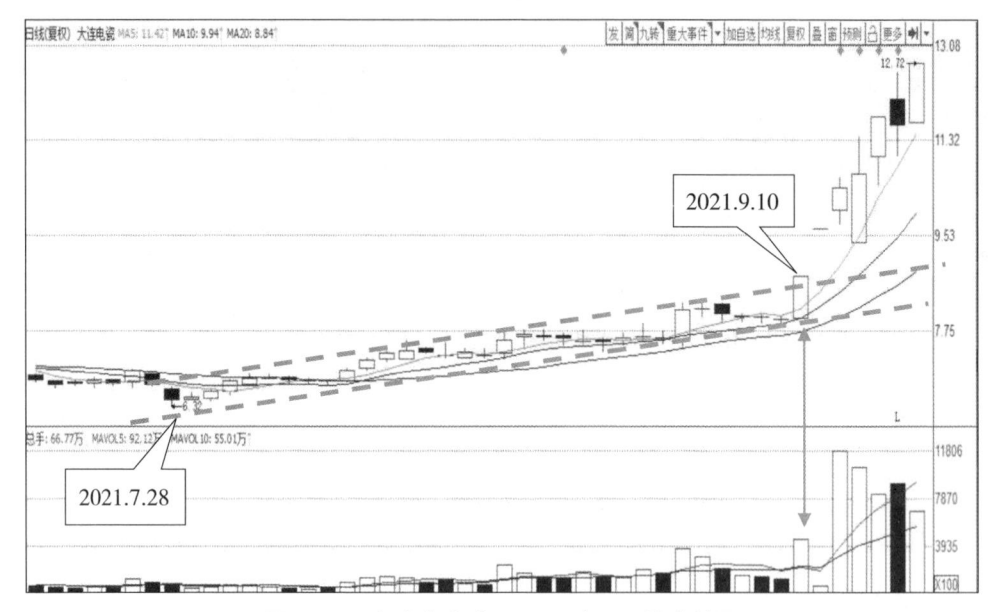

图2-20　大连电瓷（002606）日K线走势图

从图2-20中可以看出，自2021年7月28日开始，大连电瓷的股价开始了一波振荡上升走势。该股股价在振荡上升过程中形成了很多高点和低点，分别将高点和低点连线，就构成了一组平行通道线。股价在六周多的时间内，一直在该平行通道内振荡。

2021年9月10日，处于振荡回调走势中的大连电瓷收出一根涨停大阳线。该阳线向上突破了之前平行通道的上边线，且成交量相比前一交易日放量数倍之多，这说明此时的突破很有可能属于真突破。这也是该股股价暴利拐点来临的一个显著信号。

此后，该股股价连续大幅上攻。

暴利拐点11：突破上升三角形加速上攻

在上涨途中或下跌末期，股价在反复振荡过程中，每次上涨的高点基本处于同一水平位置，而每次回落的低点却不断上移。随着形态发展，股价波动的幅度越来越小,即高点和低点逐渐靠拢。如果将这些高点和低点分别用直线连接,就形成了一个向上倾斜的三角形,就是上升三角形形态。某一交易日,股价突然出现大幅上攻态势,并借以展开上升行情,这就意味着该股股价的暴利拐点来临,如图2-21所示。

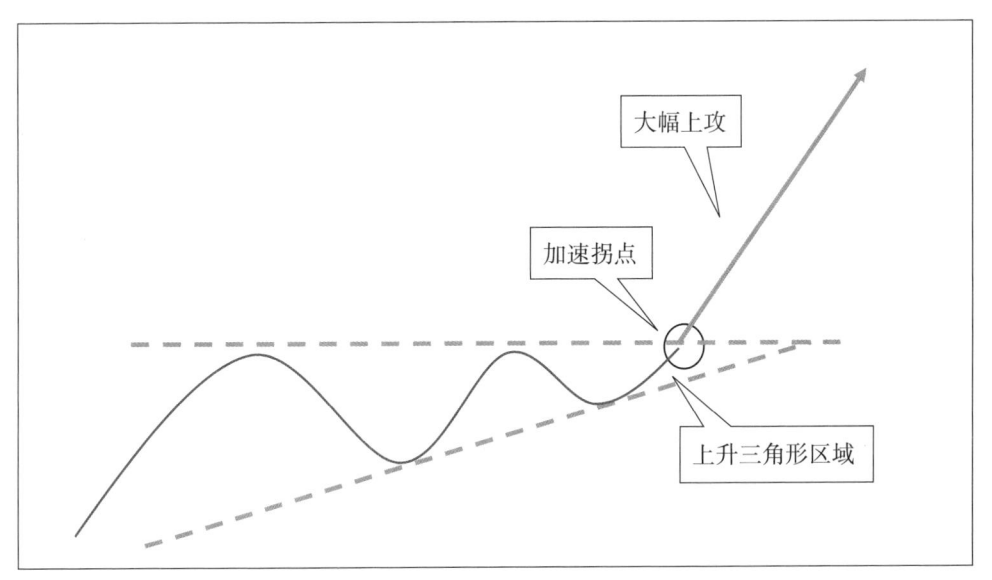

图2-21 股价突破上升三角形区域加速上攻图示

📈【战术解读】

这类暴利拐点的形成具有如下几个典型特征。

第一,通常来说,股价的振荡行情可能会持续几周,甚至几个月的时间,说明多空双方形成了势均力敌的局面,谁也不敢轻举妄动。

第二,上升三角形也常常会被庄家用来清洗市面上的浮动筹码,一旦散户投资者纷纷看空而卖出股票后,庄家就会迅速将股价拉升到一个很高的价位。

第三,随着股价振荡的持续,股价每次上升至上边线位置就会出现回调走势,每次回调至下边线位置又会出现反弹。不过,随着时间的推移,股价回调再反弹的低点越来越高，说明整个市场对股价的期待也越来越高。这也是股价向好的一种迹象。

第四，随着股价回调的持续，股价波动的空间越来越小，也就意味着股价势必需要重新选择突破方向。投资者只需密切关注股价的突破方向，然后顺势操作即可。

第五，某一交易日，股价突然出现放量上攻，且完成了对三角形上边线的突破，这属于典型的股价启动信号。与此同时，各条均线也可能会转为多头发散排列，说明股价将要进入快速上攻区间。

第六，有时候股价完成向上突破后，还会有一个回调的动作，但只要回调没有重新跌破三角形的上边线，仍可认定突破是有效的。

【实战案例】

下面来看一下康芝药业的案例，如图2-22所示。

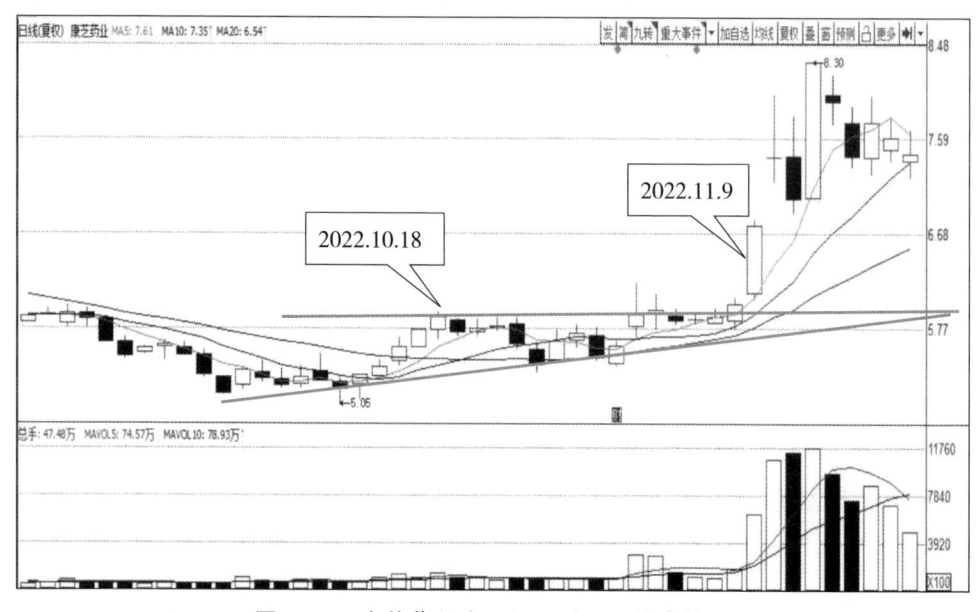

图2-22　康芝药业（300086）日K线走势图

从图2-22中可以看出，2022年10月到11月，康芝药业的日K线图上出现了上升三角形形态。

2022年10月18日，处于上涨途中的康芝药业低开高走，收出一根带上影线的小阳线，此后，该股股价出现了回调走势。后来，股价曾几次上涨到这一价位附近，但最后都被成功打压了下来，说明上档有较重的抛压。把这些高点相连，就形成了一条水平的阻力线。

与几乎处在同一水平位置的高点不同，股价回落所接触的低点却呈现逐渐升高趋势，将它们连接起来，近似于一条向上的斜线。从形态发展来看，具有生成上升三角形的潜质。

2022年11月9日，康芝药业放量上涨，成功突破了阻力线，表明上升三角形构筑完成。投资者如果能在突破的当天或次日买入该股，就能成功把握住后市上涨带来的收益。

暴利拐点12：突破收敛三角形加速上攻

在上涨途中或下跌末期，股价在振荡波动中，每次反弹的高点不断向下移动，每次回调的低点不断向上移动，如此往复。股价反弹的高点不断走低，而回调的低点不断走高，股价波动的空间逐渐变小。若将高点和低点分别用直线连接，就会形成一个逐渐收敛的三角形。某一交易日，股价突然出现大幅上攻态势，并借以展开上升行情，就意味着该股股价的暴利拐点来临，如图2-23所示。

↗【战术解读】

这类暴利拐点的形成具有如下几个典型特征。

第一，收敛三角形也常常会被庄家用来清洗市面上的浮动筹码，一旦散户投资者纷纷看空而卖出股票后，庄家就会迅速将股价拉升到一个很高的价位。

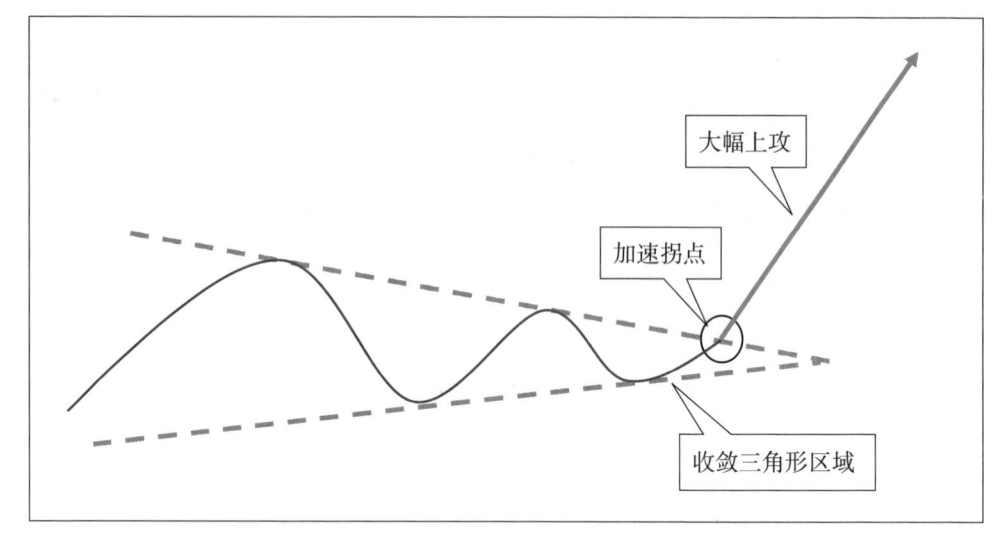

图2-23 股价突破收敛三角形区域加速上攻图示

第二，股价经过一段时间的上涨后，空方就会发力将股价向下打压，而股价下跌一段时间后，多方又会发力向上拉升股价，如此往复。由于多空双方的力量持续损耗，谁也无法绝对压制另一方。

第三，股价在振荡过程中，多空双方会不断地积累力量，当一方积累了足够的可以压制另一方的力量后，就会发力推动股价上升或下跌。

第四，某一交易日，股价突然出现放量上攻，且完成了对收敛三角形上边线的突破，这属于典型的股价启动信号。与此同时，各条均线也可能会转为多头发散排列，说明股价将要进入快速上攻区间。

第五，有时候股价完成向上突破后，还会有一个回调的动作，但只要回调没有重新跌破三角形的上边线，仍可认定突破是有效的。

📈【实战案例】

下面来看一下深中华A的案例，如图2-24所示。

从图2-24中可以看出，2022年5月到6月，深中华A的日K线图上出现了收敛三角形形态。

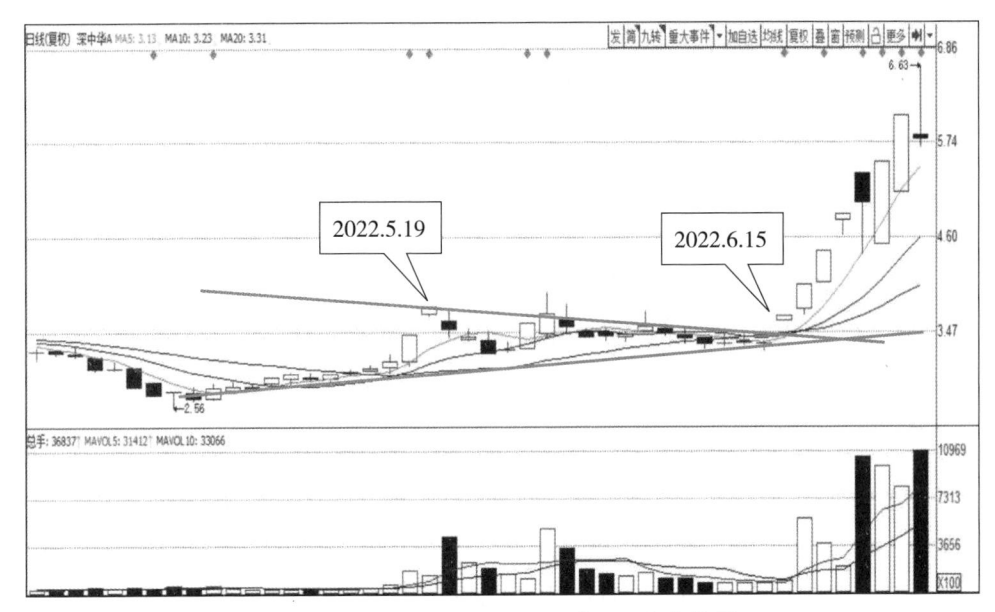

图2-24　深中华A（000017）日K线走势图

2022年5月19日，处于上涨途中的深中华A跳空高开高走，收出一根跳空涨停阳线。此后在股价波动中，上涨的高点逐渐降低，下降的低点逐渐升高，呈现收敛的三角形形态，且成交量呈现减少的趋势。说明多空双方势均力敌，但力量均消耗严重，后市具有不确定性。这一整理走势持续了一个多月，2022年6月15日，该股以跳空涨停阳线向上突破了收敛三角形的上边线，预示股价将正式进入上升趋势。

投资者如果能在突破的当天或次日买入该股，就能成功把握住后市上涨带来的收益。当日也就是该股的暴利拐点。

暴利拐点13：突破下降趋势线上攻

股价经过一波振荡走低后，明显受制于某条下降趋势线，股价每次反弹至趋势线附近时，都会因趋势线的阻力而重新下跌。某一交易日，股价K线放量向上突破该趋势线，则意味着股价将进入新的上升周期。自此开始，股价正式进入快速上升区间，如图2-25所示。

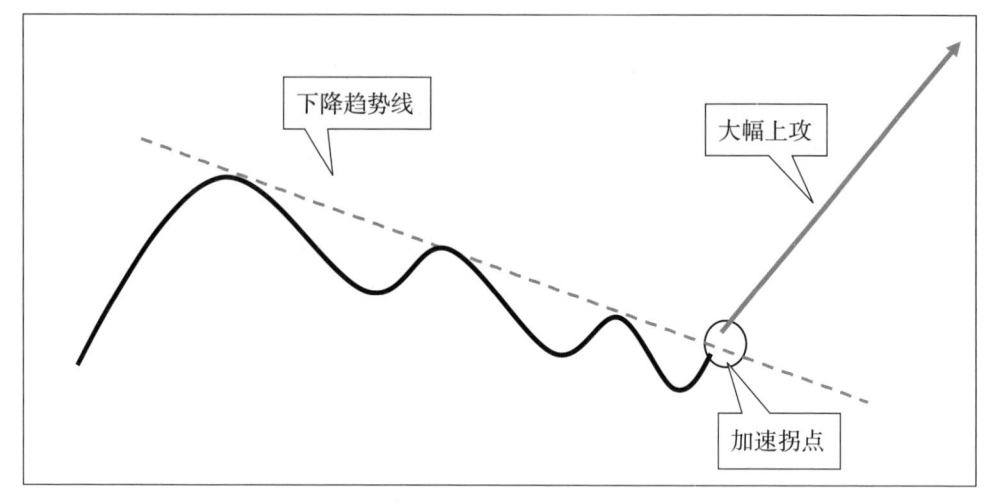

图2-25　股价突破下降趋势线加速上攻图示

【战术解读】

这类暴利拐点的形成具有如下几个典型特征。

第一，股价自高位出现振荡下跌走势，且该下行走势已经持续了较长时间，说明该股的下跌动能已经得到了充分的释放。

第二，该股股价振荡下行过程中，也曾出现了几次规模较大的反弹，将这些反弹的高点连接，就获得了一根下降趋势线。

第三，当股价每次反弹至下降趋势线附近时，均会因该趋势线的阻力作用而重新下行，这也反映了该趋势线对股价具有较强的阻力作用。

第四，某一交易日股价突然出现放量上攻并成功突破前期高点，这是典型的拐点来临信号，投资者可考虑入场建仓。

【实战案例】

下面看一下特变电工的案例，如图2-26所示。

从图2-26中可以看出，2021年9月开始，特变电工的股价自顶部启动振荡下跌走势。进入2022年后，该股股价下跌的幅度开始变小，且股价K线也出现了数次反弹走势。将股价反弹的高点相连，就获得了一根下降趋势线。

图2-26　特变电工（600089）日K线走势图

2022年3月到4月期间，该股股价K线曾数次试图突破下降趋势线均未成功。一方面说明下降趋势线对股价的阻力作用之强，另一方面也可以看出多方已经开始试图重新夺取股价走势的主导权。

到了2022年5月13日，该股股价放量上攻并突破了长期压制股价上行的趋势线。这说明该股股价将开启一轮新的上升周期，毕竟股价被下降趋势线压制的时间太久了。

股价完成对下降趋势线的突破时，也是该股暴利拐点来临的时刻，投资者可积极入场建仓该股。

此后，该股股价掀起了一波大幅上升行情。

第三节　反向价格拐点的交易信号

反向价格拐点是一个真正意义上的股价运行趋势反转的转折点，也是真正意义上的拐点。反向价格拐点发生时，成交量多会出现由逐渐缩量到逐渐放量的变化。

暴利拐点14：深度下跌再加速上攻

股价经过长时间的下跌后，呈现了明显的空方实力不足的迹象。此时股价又再度加大了下跌的幅度，则可能意味着此时的下跌为空方的最后一击，未来该股股价存在反弹向上的可能。如图2-27所示。

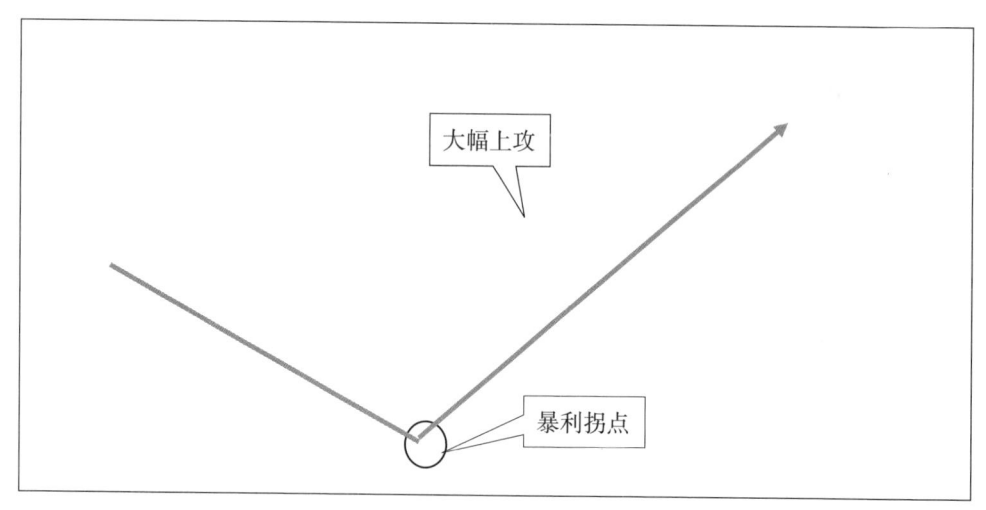

图2-27　股价大幅下跌后反攻

📈【战术解读】

这类暴利拐点的形成具有如下几个典型特征。

第一，股价经历了一波漫长的下跌，投资者对这只股票的兴趣已经大减，整个市场的交易非常清淡。

第二，随着股价下跌的持续，该股的成交量本来已经萎缩至较低的位置了。市场普遍认为股价已经下跌到位时，该股再度加大打压力度，将市场仅存的一点信心也消耗殆尽。

第三，经过一波放量下跌后，股价再度下跌时，成交量又出现萎缩，这是典型的筑底信号出现。

第四，随着股价的下跌，股价K线距离均线位置较远，说明该股股价的乖离率已经很大了，存在反弹的需求。

第五，某一交易日，该股股价突然出现放量上攻，股价K线一举突破多根均线，这是股价全面转暖的一个信号。

第六，股价上攻时，成交量是一个重要的辅助性指标。只有成交量放大在一倍以上，才能保证突破的有效性。当然，若股价当日早早涨停，成交量出现萎缩也是可以接受的，毕竟交易时间较短。

📈【实战案例】

下面来看一下冠捷科技的案例，如图2-28所示。

从图2-28中可以看出，冠捷科技的股价自2022年8月下旬开始进入了振荡下跌走势。随着股价的振荡走低，成交量同步出现萎缩态势。

到了2022年9月下旬，该股股价的下跌态势有所缓和，给人一种股价即将反弹的感觉。不过，9月26日该股股价反向出现跳空下跌态势，当日股价暴跌，成交量同步放大若干倍，意味着股价还将延续下跌态势。

10月11日，该股股价延续了下跌态势，股价K线以小阴线报收，成交量萎缩严重，这本身就是空方实力不济的一个明确信号。

10月12日，该股股价放量上攻，并突破了5日均线，说明股价的拐点已经来临，投资者可积极入场追涨该股。

此后，该股股价彻底结束了下跌态势，开启了一波上升走势。

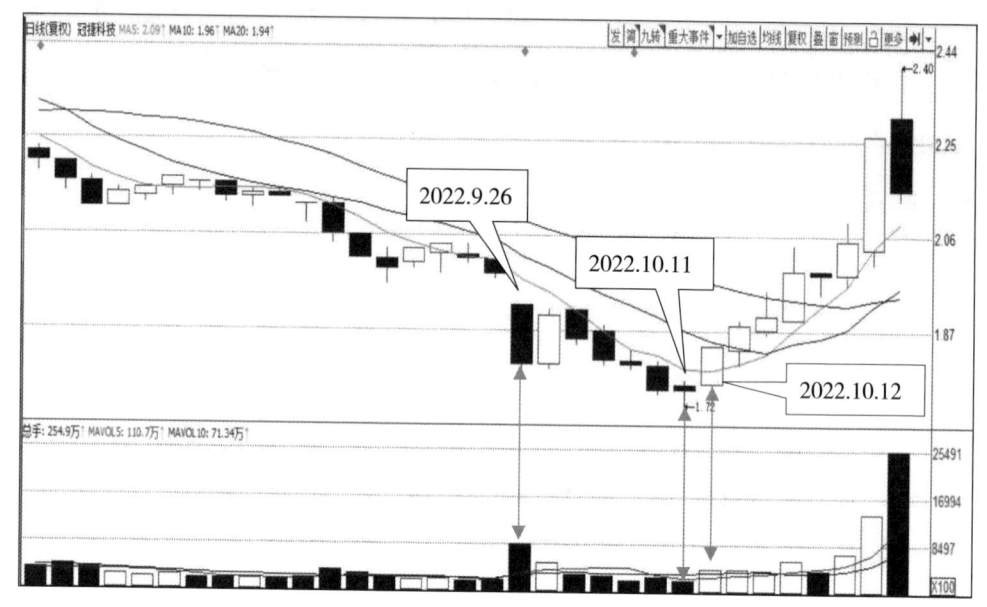

图2-28　冠捷科技（000727）日K线走势图

暴利拐点15：横向突然下跌再加速上攻

股价经过长时间的盘整后，突然出现一波强势下跌走势，随着股价的下跌，成交量同步增加，而后当股价企稳时，成交量同步萎缩。

某一交易日，该股股价突然大幅上攻，意味着该股将迎来一波强势上升走势。股价触底后强势上升的当日，就是该股的暴利拐点。如图2-29所示。

📈【战术解读】

这类暴利拐点的形成具有如下几个典型特征。

第一，股价经历了一波漫长的横盘调整，很多投资者都在关注这只股票，等待股价选择突破的方向，然后再追随胜利的一方。

第二，随着股价盘整的持续，该股的成交量逐渐萎缩。某一交易日，该股股价突然大幅下挫，给人一种股价进入下跌通道的感觉。

第三，经过一波放量下跌后，成交量开始出现萎缩，这是典型的筑底信号出现。

第四，随着股价的下跌，股价K线距离均线位置较远，说明该股股价的乖离率已经很大了，存在反弹的需求。

第五，某一交易日，该股股价突然出现放量上攻，股价K线一举突破多根均线，这是股价全面转暖的一个信号。

第六，股价上攻时，成交量是一个重要的辅助性指标。只有成交量放大在一倍以上，才能保证突破的有效性。当然，若股价当日早早涨停，成交量出现萎缩也是可以接受的，毕竟交易时间较短。

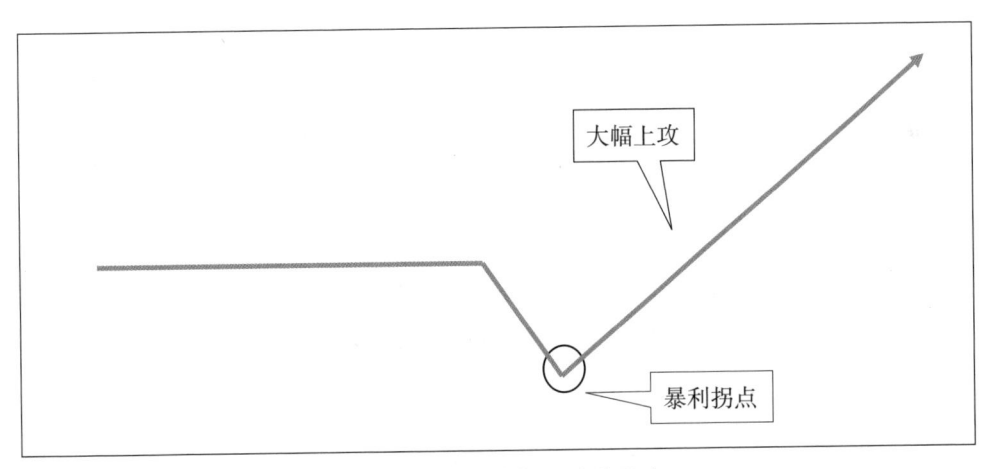

图2-29 股价大幅下跌后反攻

📈【实战案例】

下面来看一下恒逸石化的案例，如图2-30所示。

从图2-30中可以看出，恒逸石化的股价自2022年3月上旬开始进入横向振荡走势。该股股价在一个多月的时间里几乎呈直线式运行，股价波动幅度极小，很多投资者都失去了交易的兴趣。

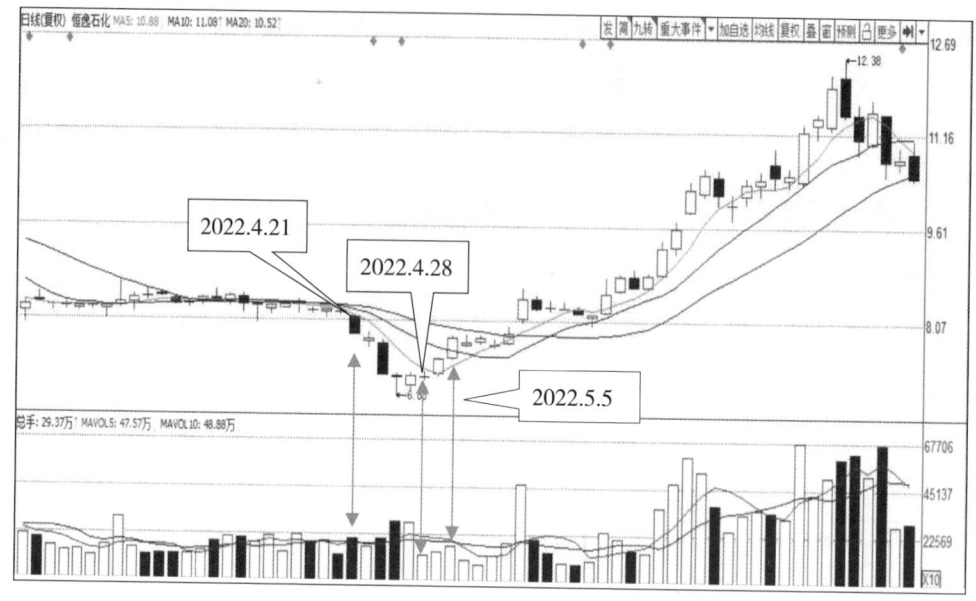

图2-30　恒逸石化（000703）日K线走势图

2022年4月21日，该股股价突破跳空下跌，成交量同步放大，这是典型的股价开启下跌通道的信号。此后，很多投资者都加入到了卖出股票的行列，股价持续下行。

4月28日，该股股价出现了明显的缩量企稳迹象。股价的最低点已经在前两个交易日出现，因此可以大致预判股价短线底部的形成。

5月5日，该股股价在前一交易日上涨的基础上再度放量上攻，并突破了10日均线，这也是较为明显的股价反转信号。至此可以认定，该股的暴利拐点已经出现。

此后，该股股价彻底结束了下跌态势，开启了一波上升走势。

暴利拐点16：回调遇均线支撑加速上攻

股价自底部开始小幅上升走势后，出现一波下跌走势，给人一种股价走势变坏的感觉。当股价回调至某条中期均线附近时，因受均线支撑而重新上攻。自此开始，股价正式进入快速上升区间，如图2-31所示。

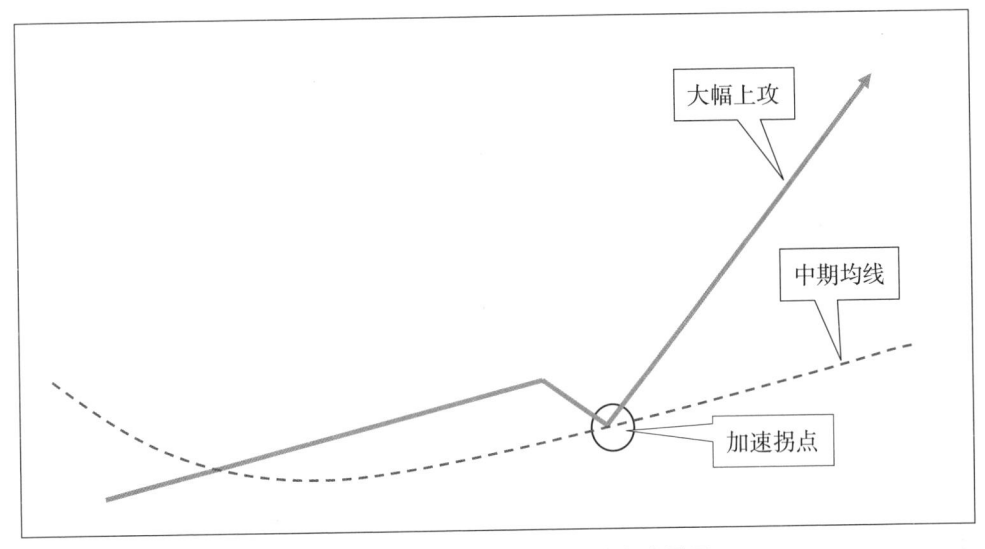

图2-31　回调遇均线支撑加速上攻图示

【战术解读】

这类暴利拐点的形成具有如下几个典型特征。

第一，股价自底部反弹后出现小幅上升走势，股价K线一直呈小幅振荡上扬态势，成交量也同步温和放大。

第二，随着股价上升的持续，各条均线也开始由放平状态开始向右上方倾斜，这是整个市场向好的明确迹象。

第三，股价经过一波上攻之后，已经积累了一定的获利盘，此时股价开始出现回调，且短线来看，可能回调的幅度还比较大，给人一种股价将要反转的感觉。

第四，股价在回调过程中，成交量出现了明显的萎缩态势，这也是股价回调而非下跌的表现。

第五，当股价回调至中期均线位置时（以20日均线、30日均线为主），因受该均线的支撑而重新上攻，股价上攻时，成交量同步出现放大迹象。这是典型的量价齐升形态，也预示着股价回调的结束。

第六，股价在回调时偶尔跌破中期均线，但很快又回到均线上方，仍可认定均线对股价的支撑有效。

📈【实战案例】

下面来看一下郑州煤电的案例，如图2-32所示。

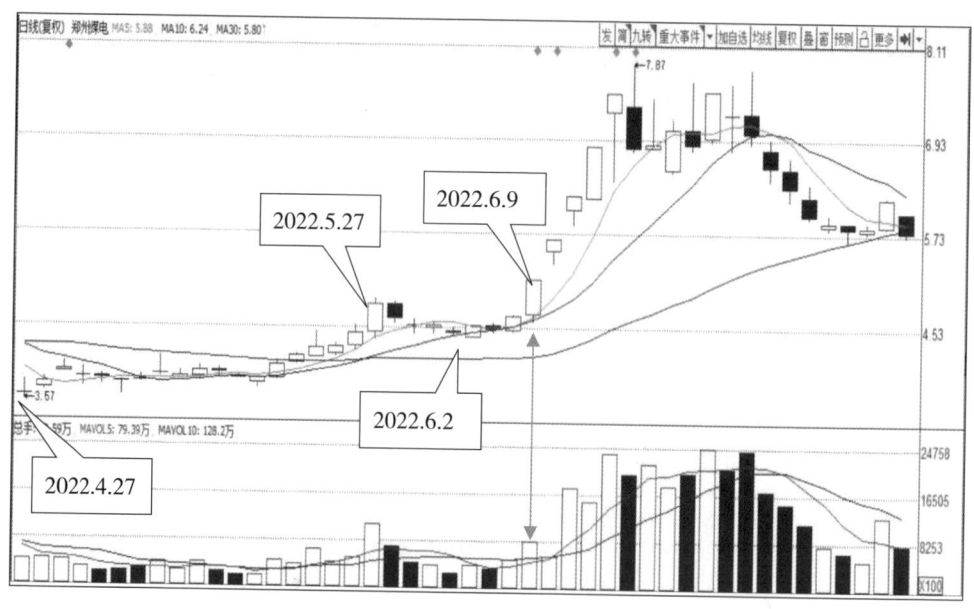

图2-32 郑州煤电（600121）日K线走势图

从图2-32中可以看出，郑州煤电的股价自2022年4月27日触底后启动振荡上升走势。该股股价在上升前期波动幅度相对较小，成交量也一直呈现出温和放大的态势，这是多方实力逐渐增长的信号。

5月27日，该股收出一根中阳线，给人一种即将大涨的感觉，但主力却反向向下打压股价。随着股价的振荡走低，成交量也逐渐萎缩。

6月2日，该股股价回调至10日均线附近时，因受均线支撑而逐渐企稳。到了6月9日，该股股价大幅放量上攻。当日成交量相比前一交易日出现了明显的放大，这是典型的买入信号。至此，暴利拐点基本可以确认。

基于以上判断，投资者可积极入场买入股票。

暴利拐点17：回调遇前高支撑加速上攻

股价自底部开始小幅上升走势后，出现一波下跌走势，给人一种股价走势变坏的感觉。当股价回调至前期高点附近时，因受前期高点支撑而重新上攻。自此开始，股价正式进入快速上升区间，如图2-33所示。

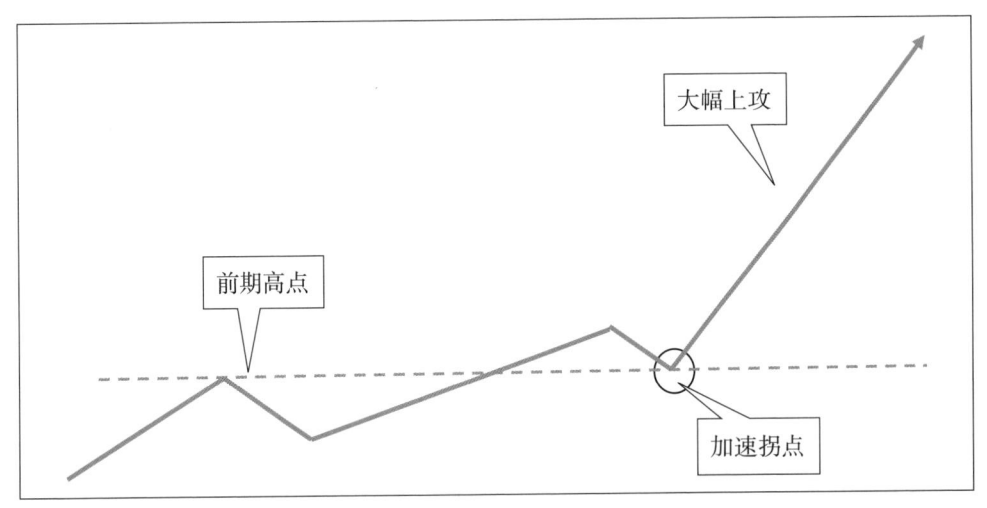

图2-33　回调遇前期高点支撑加速上攻图示

📈【战术解读】

这类暴利拐点的形成具有如下几个典型特征。

第一，股价在前期创出阶段高点后回调，股价自底部反弹后出现持续的小幅上升走势，这是行情转暖的一个标志。

第二，股价经过一波持续的上升后已经突破了前期高点位置，正当很多投资者认为股价将会发动上攻趋势时，却反向出现了回调走势。

第三，股价回调至前期高点位置时，因受前期高点的支撑而重新上攻，此时就是股价正式开启强势上攻的临界点。

第四，通常来说，前期高点位置往往会聚集较多的获利盘，若股价能够完成对该位置的突破，则意味着这些套牢盘已经被消化，而且该位置会被很多人看成一个较佳的入场位置。因此，当股价再次回落至该位置时，很多场外资金就会入场买入股票，从而将股价向上推高。该股股价则借此发动一波上升走势。

第五，前期高点位置若存在较多的获利盘，那么，当股价完成对该位置的突破后，再回到该位置时，所受的支撑力量将会更加强大，未来股价上升的幅度和力度都会更大。

【实战案例】

下面来看一下宝钢股份的案例，如图2-34所示。

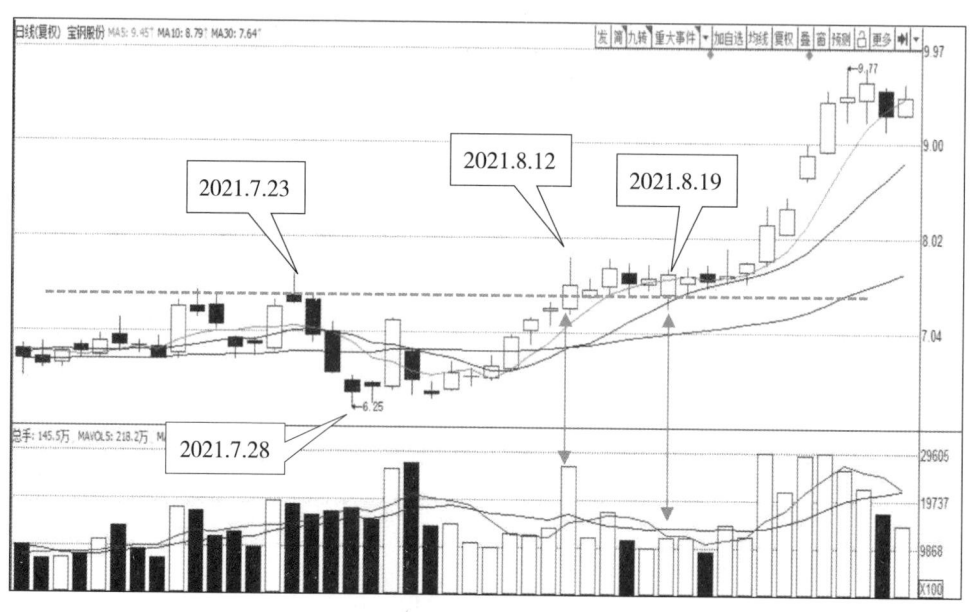

图2-34　宝钢股份（600019）日K线走势图

从图2-34中可以看出，宝钢股份的股价在2021年7月23日创下一个阶段高点后快速下跌。7月28日，该股股价出现止跌企稳迹象。

此后，该股股价开始了一波小幅振荡上升走势。当股价重新来到7月23日高点附近时，明显感受到了该点的阻力，K线频繁拉出带长上影线的K线。

2021年8月12日，该股放量突破了7月23日的高点位置。正当投资者认为股价会发动大幅上升时,却反向出现了调整走势。

8月19日,该股股价回调至7月23日高点位置附近时,因受该点的支撑而重新上攻。

此后,该股股价经过几个交易日的盘整后,立即转入大幅上攻走势,这标志着该股暴利拐点的来临。

暴利拐点18:回调遇前低支撑加速上攻

股价自底部开始小幅上升走势后,出现一波下跌走势,给人一种股价走势变坏的感觉。当股价回调至前期低点附近时,因受均线支撑而重新上攻。自此开始,股价正式进入快速上升区间,如图2-35所示。

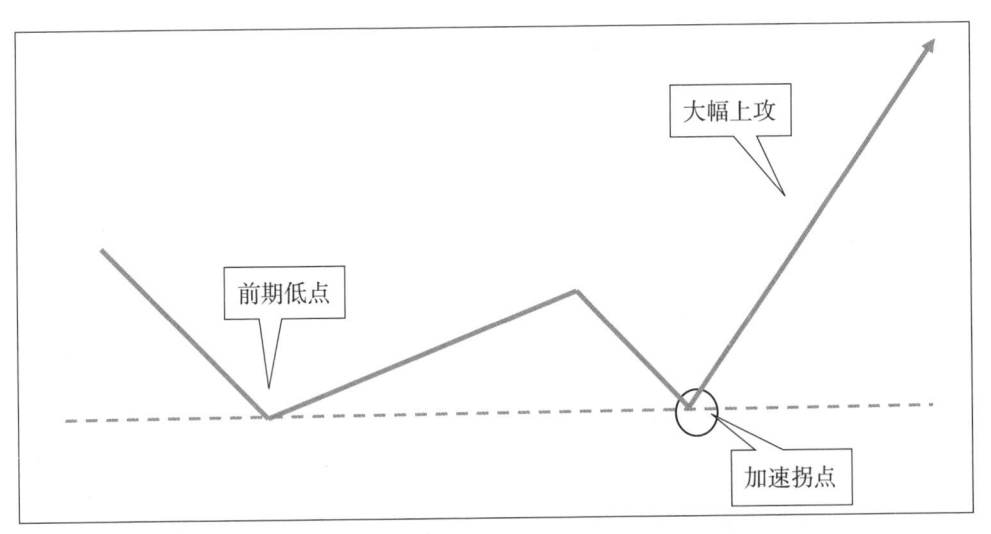

图2-35 回调遇前期低点支撑加速上攻图示

【战术解读】

这类暴利拐点的形成具有如下几个典型特征。

第一,股价在前期创出阶段低点后反弹,股价出现持续的小幅上升走势,这是行情转暖的一个标志。

第二，股价的反向上升让很多投资者产生了一种踏空的感觉。因此，这些踏空者往往会将前期低点位置看成一个较佳的入场位。

第三，股价经过一波持续的上升后，短线积累了较多的获利盘，主力为了后面的拉升也会主动采取向下打压的方式洗盘，以逼迫一些投资者放弃手中的筹码。因此，股价就会顺势开启一波回调走势。

第三，股价回调至前期低点位置时，因股价上升而踏空的资金就会纷纷入场，此时就是股价正式开启强势上攻的临界点。

第四，通常来说，前期低点位置往往会聚集较多的买盘，若股价在此位置没有获得足够的支撑，很有可能会出现一波较大的跌幅，投资者就不应再入场了。

第五，股价在前期低点位置能否获得足够的支撑是至关重要的。只要支撑有效，且股价重新开始上攻，就可以认定主力已经完成了洗盘，投资者积极入场买入即可。这也是股价暴利拐点来临的时刻。

【实战案例】

下面来看一下必创科技的案例，如图2-36所示。

从图2-36中可以看出，必创科技的股价在2021年11月中旬创下一个阶段高点后快速下跌。2022年4月27日，该股股价出现止跌企稳迹象。

此后，该股股价开始了一波小幅振荡上升走势。2022年6月29日，该股创下短期高点后回落。2022年8月12日，该股股价未能突破6月29日的高点位置而出现下跌，此后股价持续走低。

10月12日，该股股价回调至4月27日前期低点位置附近时，因受该点的支撑而重新上攻。

此后，该股股价经过几个交易日的盘整后，立即转入大幅上攻走势，这标志着该股暴利拐点的来临。

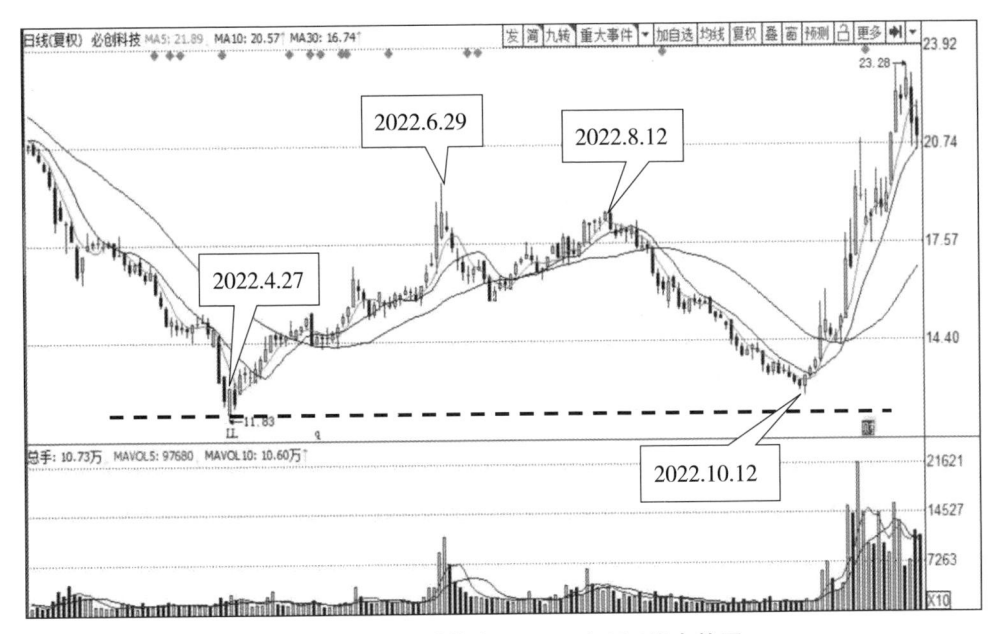

图2-36 必创科技（300667）日K线走势图

暴利拐点19：回调遇缺口支撑加速上攻

通常情况下，缺口的产生是源于买卖双方对股价的某种认知空白。上升缺口就如同大家普遍认为股价将位于该区域之上，因此，当股价回调至缺口位置时，很多先前在缺口上方没有成交的买盘就会纷纷买入股票，促使股价重新回归上升通道。

📈【战术解读】

股价回调遇缺口支撑的操作要点如下。

第一，一般情况下，缺口越大，支撑能力就越强，股价下跌到缺口位置时，遇阻上涨的可能性也就越大。

第二，股价走出缺口后出现回调时，成交量应该呈现出萎缩的态势，表明主力并没有出货，也就为该股未来的上涨提供了必要条件。

第三，当股价遇缺口支撑而上涨时，如果其他技术指标能同步发出买入信号，将增大股价上涨的可能性。

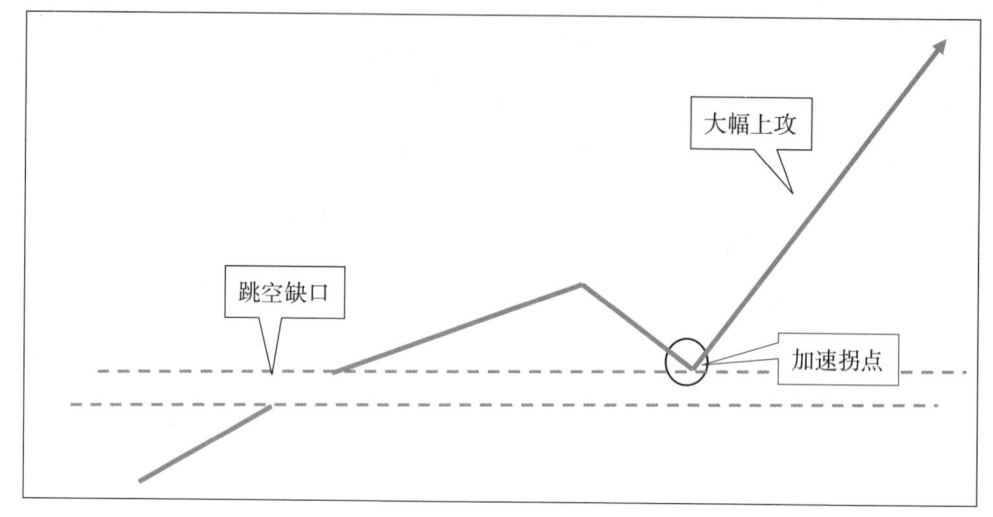

图2-37 回调遇缺口支撑加速上攻图示

【实战案例】

下面来看一下回天新材的案例，如图2-38所示。

从图2-38中可以看出，2022年6月到7月期间，回天新材的股价出现了回落遇缺口支撑而重新上涨的情况，预示股价将有一波上涨行情。

回天新材的股价从2022年4月底开始被大幅度拉升。6月24日，该股大幅跳空高开高走后出现回落，使其K线图上出现了一个巨大的缺口。2022年6月28日，股价在创下近期新高之后，出现振荡回调走势。

7月12日，该股股价在缺口区域获得支撑，此后重新上攻，并于7月14日重新站稳5日均线。

此时，投资者可考虑建仓买入该股，其后该股发动了一波快速上涨行情。

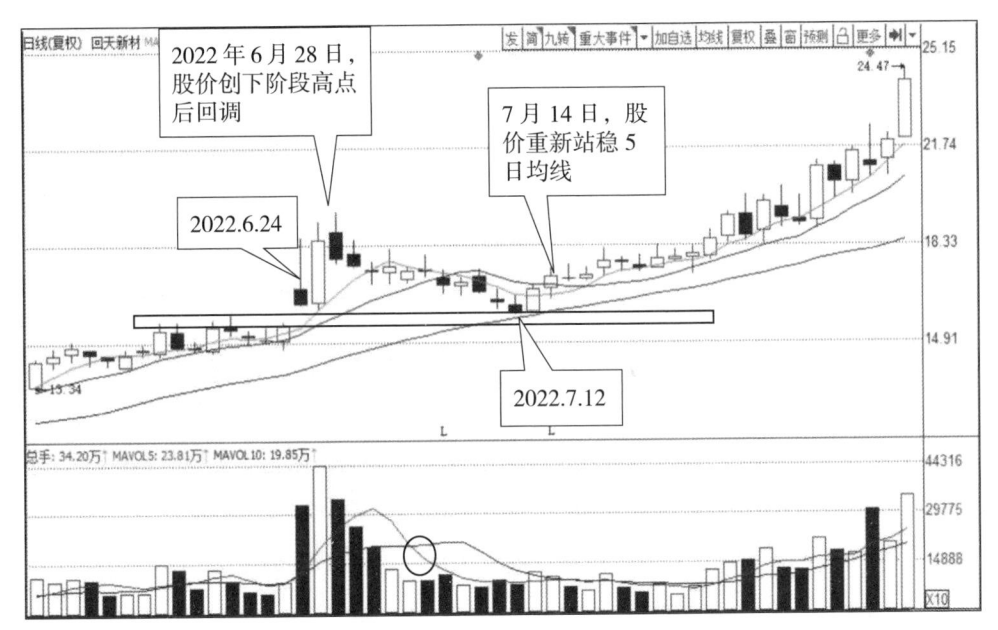

图2-38 回天新材（300041）日K线走势图

第三章
K线组合、底部形态辨识暴利拐点

K线图是股票技术分析领域中最基础，也是最重要的分析工具。自发明以来，其标识股价波动、预判股价涨跌方面的作用被逐渐挖掘。有些看似特别简单的几根K线，却可能对股价后市走向产生较为深远的影响。一些经典的K线组合、底部形态的出现，往往意味着股价暴利拐点的来临。

第一节　K线组合拐点的交易信号

最简单的，也许是最有效的。一些看似非常简单、普通的K线组合，却可能在指示价格拐点方面发挥非常有价值的作用。

暴利拐点20：早晨之星

股价经过长时间下跌后，出现了典型的早晨之星形态，这就意味着股价暴利拐点的来临。如图3-1所示。

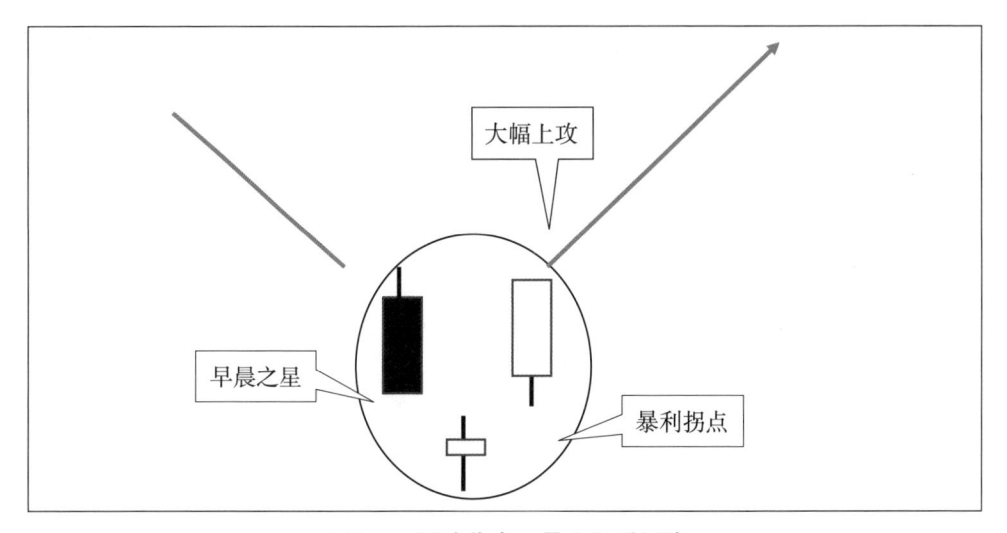

图3-1　股价收出早晨之星后反攻

早晨之星，又称晨星、启明星、希望之星，通常由三根K线组成，第一根大阴线将股价打压至较低位置，第二根K线（既可以是阴线，也可以是阳线）拉出向下跳空十字星线，第三根大阳线重新将股价拉升至较高位置。早晨之星形态属于典型的趋势反转信号，也可以看成是股价的暴利拐点。

📈【战术解读】

这类暴利拐点的形成具有如下几个典型特征。

第一，股价走出早晨之星形态前，已经经历了一波较长时间的下跌，所有做空动能已经被充分释放。

第二，股价在前一交易日走出大阴线的基础上，再度跳空下行，并收出一根小十字线，这往往是空方的极限。随后出现的跳空大阳线就是多方发动反攻的明显信号。

第三，股价出现转向的同时，成交量也会出现明显的异动。通常来说，小十字线出现时，成交量会相对较低，而大阳线的出现，必然带动了成交量的放大。

第四，早晨之星形态中中间的十字星（星线也可以是锤头线、倒锤头线、十字线、T字线、倒T字线等）实体越小，与阴线之间的跳空距离越大，则未来股价反弹向上的概率越大。

📈【实战案例】

下面来看一下安琪酵母的案例，如图3-2所示。

从图3-2中可以看出，安琪酵母在下跌行情末期的2022年10月28日、10月31日和11月1日这三个连续的交易日里形成了早晨之星形态。

2022年10月28日，安琪酵母收出一根中阴线。

2022年10月31日，该股跳空低开，并收出一根十字星。表明多空双方你争我夺，行情具有不确定性。

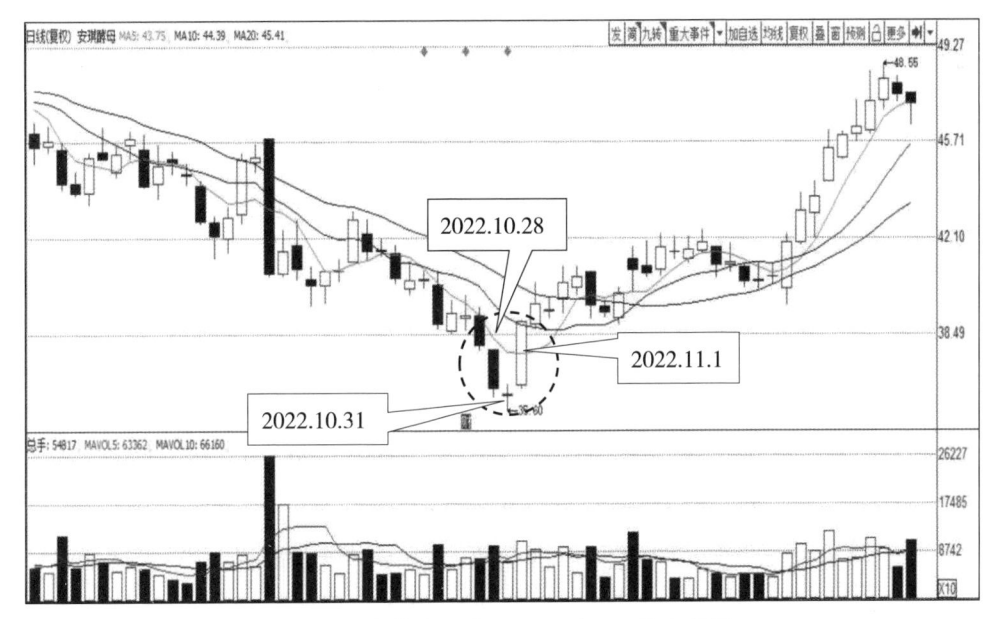

图3-2 安琪酵母（600298）日K线走势图

2022年11月1日，该股高开高走，收出一根光头阳线，说明市场已经进入多头状态。

这三根K线共同组成了早晨之星形态，也标志着该股股价暴利拐点的来临。未来该股股价将进入一波快速上升走势。

暴利拐点21：鱼跃龙门

股价经过一波横向盘整后，多空双方的实力进入均衡状态。股价突然跳空越过均线，形成鱼跃龙门形态，意味着股价将进入快速上升行情。如图3-3所示。

鱼跃龙门是指股价K线经过连续几个交易日的下跌后出现拐头缓慢上涨的迹象，5日均线、10日均线和30日均线也同步出现拐头向上迹象。某一交易日，股价K线上涨至30日均线附近时，直接跳空高开越过30日均线，并最终收于30日均线之上。

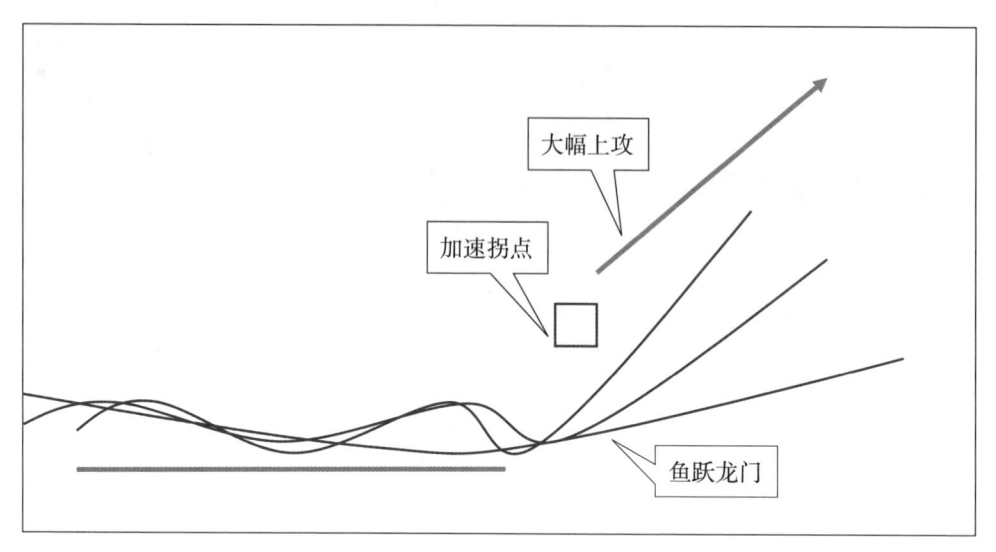

图3-3 鱼跃龙门形态出现后加速上攻图示

📈【战术解读】

这类暴利拐点的形成具有如下几个典型特征。

第一，股价走出鱼跃龙门形态前，经历了由下跌到逐渐放平的过程，股价位于各条均线的下方。

第二，随着股价盘整的持续，各条均线开始黏合在一起。通常来说，这属于典型的股价选择突破方向时的均线形态，投资者可密切关注股价的运行情况。

第三，某一交易日，股价突然跳空上扬，多以涨停报收，这属于典型的股价启动信号。此时，各条均线由黏合状态转为多方发散排列，说明股价将要进入快速上攻区间。

第四，股价的均线系统以5日均线、10日均线、30日均线为主，股价出现跳空上扬前，已经来到了30日均线附近，并且能够感受到30日均线的阻力作用。

第五，成交量的变化。股价在盘整过程中，成交量应该呈萎缩状态，而股价突破多条均线时，成交量应该有明显的放大。当然，若当日股价过早涨停，成交量也可能会出现一定的萎缩。

【实战案例】

下面来看一下龙版传媒的案例，如图3-4所示。

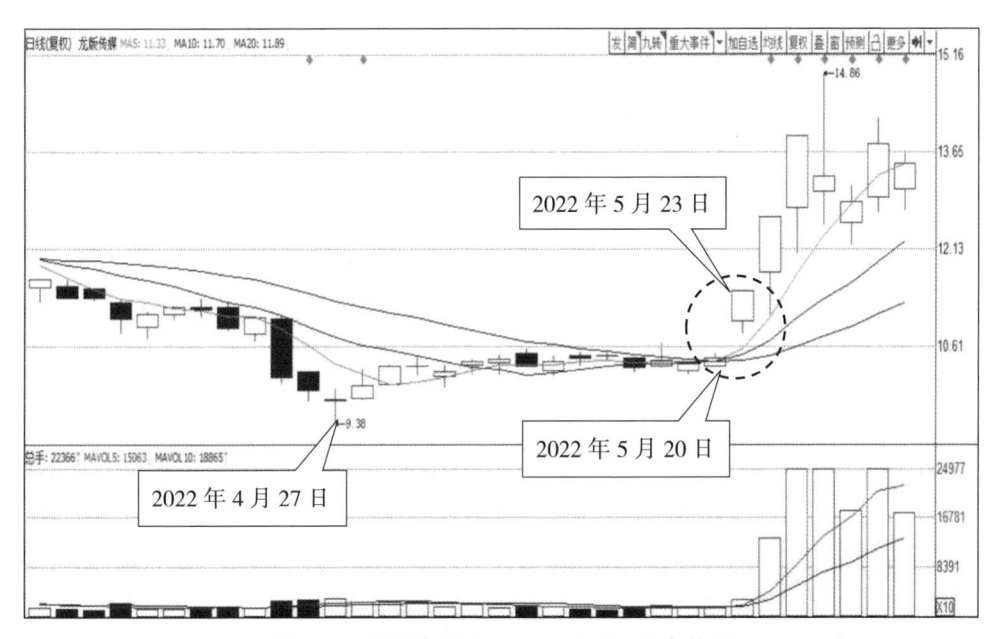

图3-4　龙版传媒（605577）日K线走势图

从图3-4中可以看出，龙版传媒经过一波下跌后，在2022年4月27日出现触底企稳迹象，此后该股股价进入了一波缓慢的横向振荡上升走势。该股股价波动幅度逐渐变小，成交量同步萎缩。

与此同时，各条均线开始呈黏合状，30日均线出现明显的由下行趋势转为放平态势，这是股价开始转暖的一个信号。

2022年5月20日，龙版传媒收出一根小阳线，该K线已经处于30日均线下方附近的位置，距离均线非常近。这说明股价K线已经明显能够感受到30日均线的压力。

2022年5月23日，该股跳空高开高走，收出一根光头阳线，说明市场已经进入多头状态。

这是典型的股价转势信号，投资者可据此入场追涨买入股票。

暴利拐点22：底部长阳

股价经过长时间的下跌后，某一交易日大幅低开后高走，收出一根大阳线。该根阳线将前一交易日的跌幅全部收复，与此同时，各条均线开始拐头向上，并形成黄金交叉形态，这就意味着股价暴利拐点的来临。如图3-5所示。

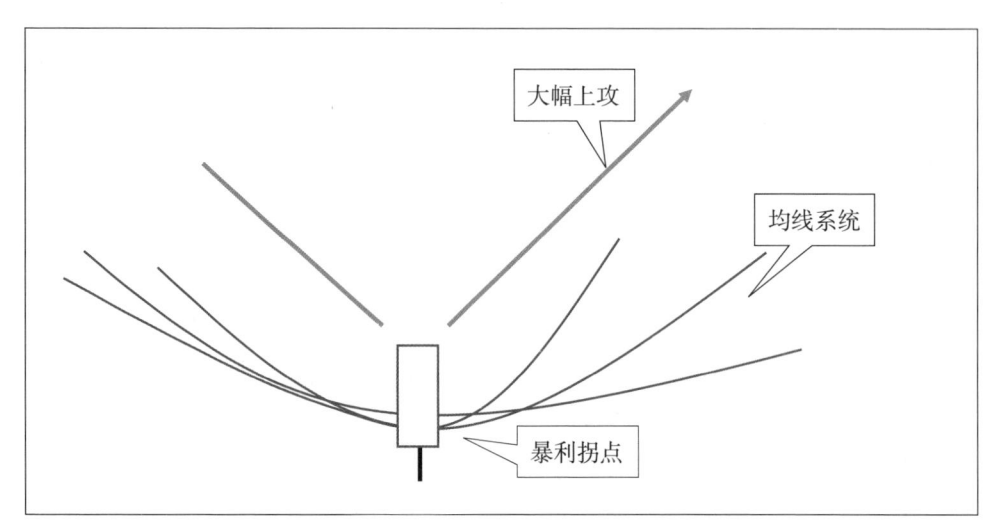

图3-5　股价底部长阳后反攻

股价下跌过程中底部出现大阳线，属于明确的底部反转信号，此后均线随之拐头向上形成黄金交叉，再配以成交量量柱放大，就构成了一组强势买入信号。

↗【战术解读】

这类暴利拐点的形成具有如下几个典型特征。

第一，股价走出底部大阳线形态前，已经经历了一波较长时间的下跌，一方面说明空方实力十分强劲，另一方面也说明空方实力有损耗过大的可能，多方也在不断地积蓄实力。

第二，随着股价的持续走低，各条均线也同步下行，甚至会出现空头发散排列。

第三，某一交易日，股价大幅低开后突然出现放量上攻，多以大阳线报收，这属于典型的股价启动信号。

第四，股价启动当日，K线会大幅上攻，有时甚至会向上突破均线，这是典型的买入信号。有些情况下，由于股价K线远离均线，股价K线大涨之后只是接近均线，但次日即完成了对均线的突破，这仍可看成一个较佳的买入时机。

第五，成交量的变化。股价在盘整过程中时，成交量应该呈萎缩状态，而股价突破多条均线时，成交量应该有明显的放大。

第六，通常来说，大阳线的实体越长，说明多方实力越强劲，未来上攻的幅度可能会越大。

📈【实战案例】

下面来看一下上海贝岭的案例，如图3-6所示。

从图3-6中可以看出，上海贝岭的股价经过一波下跌后，本来下跌趋势已经有所缓和，但是到了4月底，该股股价突然出现加速下跌态势。

4月25日、4月26日，该股股价连续大幅下挫。这无疑给持仓者造成了较大的恐慌，很多投资者纷纷卖出手中的股票。

4月27日，该股股价再度大幅低开后高走。股价全天上涨将近7个点，成交量也出现了一定的放大。

这是典型的股价转势信号，投资者可据此入场追涨买入股票。

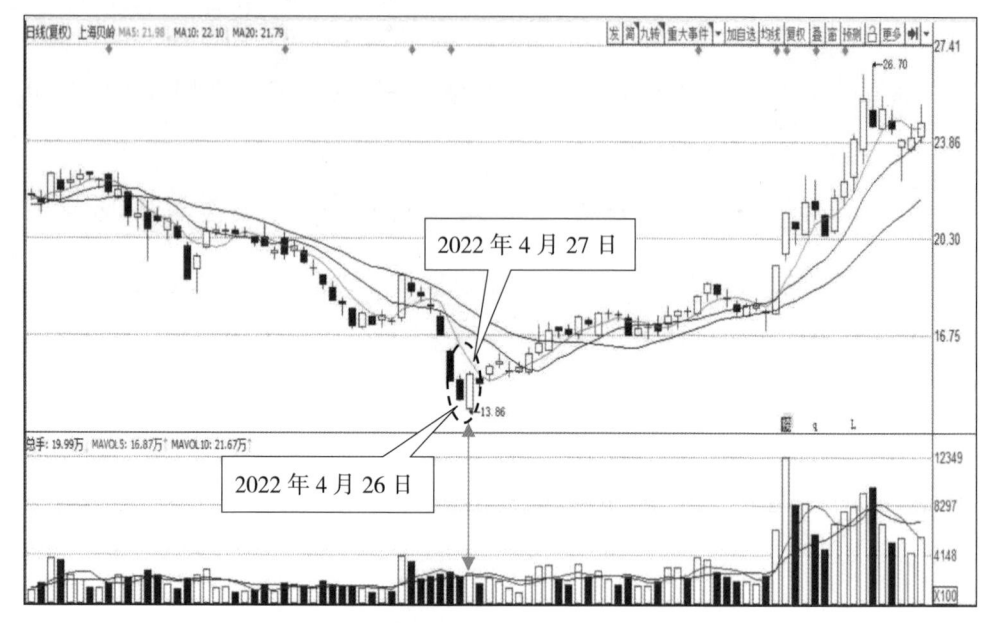

图3-6　上海贝岭（600171）日K线走势图

暴利拐点23：蛤蟆跳空

股价经过一段时间的振荡上扬后，走出了经典的蛤蟆跳空形态，意味着股价将进入快速上升趋势，这也是股价暴利拐点来临的标志。如图3-7所示。

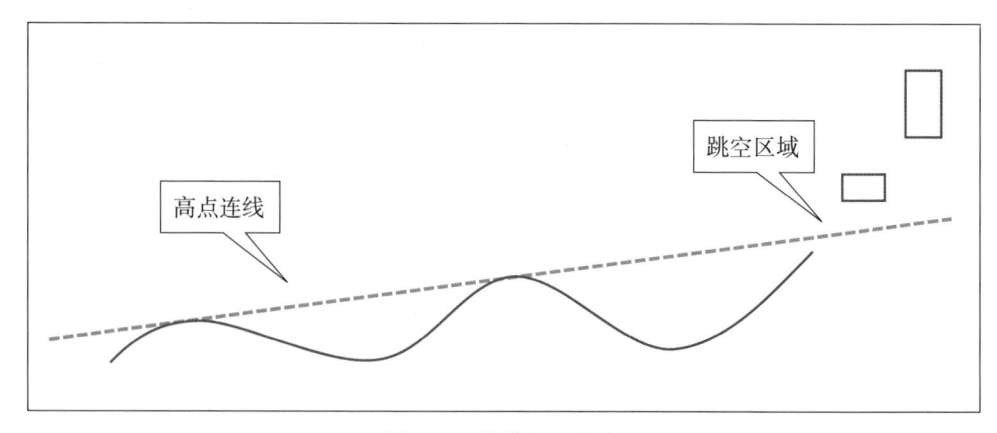

图3-7　蛤蟆跳空形态

蛤蟆跳空形态是指股价某一日放量跳空突破前期高点连线，并且收于趋势线之上，表明股价上涨势头较猛。

从本质上来说，蛤蟆跳空形态也可以看成跳空过左锋形态的一种衍生形态，二者之间存在诸多相似之处。

📈【战术解读】

这类暴利拐点的形成具有如下几个典型特征。

第一，股价经过一段时间的振荡上升后，各条均线呈向右上方倾斜的态势，说明整个市场已经转暖，多方优势开始显现。

第二，股价已经连续创下两个高点，且后一个高点要高于前一个高点，这两个高点可以用一根趋势线连接。这两个高点的出现，对整个股价走势具有较强的阻力作用，其后股价K线大部分时间都运行于该趋势线下方。

第三，某一日股价放量跳空上涨，并且直接越过前期高点的趋势线。股价跳空当日，收盘价位于趋势线之上，且成交量放大数倍。

第四，当股价放量跳空越过趋势线，并且肯定收于趋势线之上时，投资者可考虑买入该股。至此，股价暴利拐点已经出现，未来股价将进入快速上升轨道。

📈【实战案例】

下面来看一下川恒股份的案例，如图3-8所示。

从图3-8中可以看出，川恒股份的股价在2021年7月到9月期间走出了蛤蟆跳空形态，说明该股未来趋于强势。

2021年7月12日，川恒股份的股价创下一个短期高点后重新开始下跌。该股调整一段时间后再度上涨，并于8月16日来到前期高点之后再度下跌。投资者可以将这两个高点用直线连接，如果股价突破这一趋势线就可买入该股。

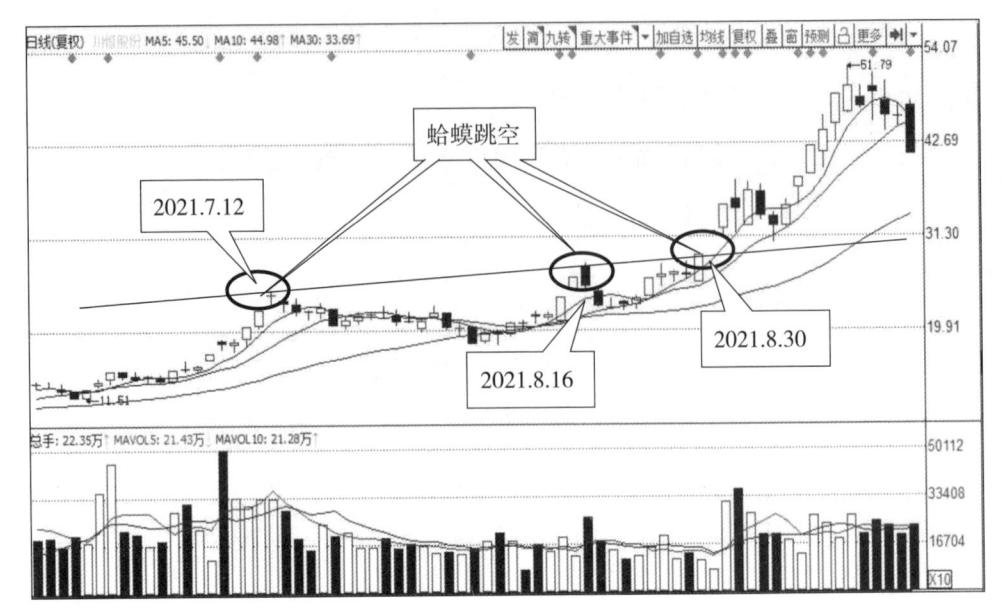

图3-8　川恒股份（002895）日K线走势图

2021年8月30日，该股跳空高开高走，并封上涨停板，此时蛤蟆跳空形态正式形成，说明股价走势较强，未来还将继续上涨。

此后，该股股价从缓慢上升态势转变为强势上升趋势，也意味着跳空当日本身就是股价暴利拐点的形成之时。

暴利拐点24：金针探海

股价经过一段时间的下跌后，空方势能得到充分的释放。某一交易日收出金针探海形态，意味着股价很有可能会出现上升拐点，未来股价继续上涨的概率非常大。如图3-9所示。

金针探海是指股价在下跌过程中形成了一根带有长下影线的小实体K线。这根K线的实体可以是阳线，也可以是阴线。

金针探海形态中，长长的下影线是该形态的典型特征。长下影线的形成，说明空方在股价下行的末期发动了最后一攻，而多方此后发动反击，并赢回了大多数阵地。这属于典型的行情逆转形态。

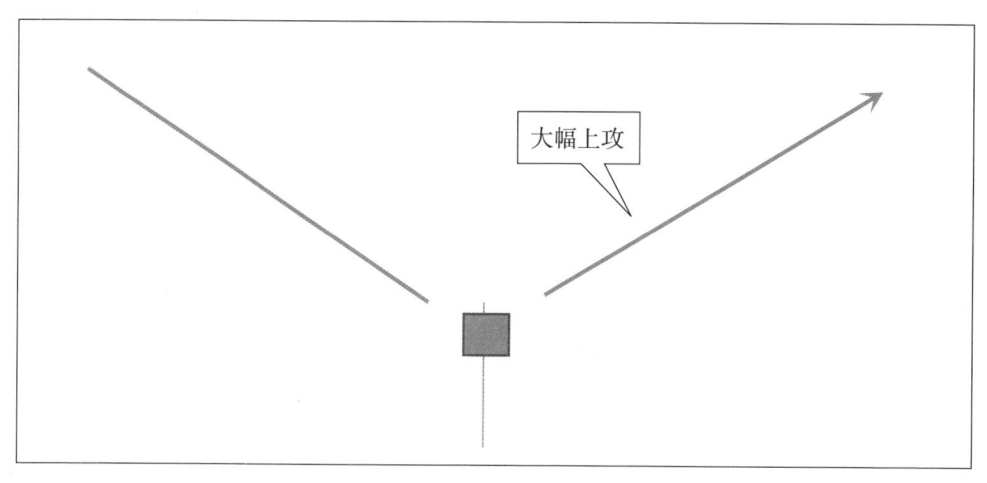

图3-9 金针探海

↗【战术解读】

这类暴利拐点的形成具有如下几个典型特征。

第一，股价在短期内接连走出了明显的下跌态势，说明下跌动能得到了充分的释放。

第二，股价K线在出现金针探海当日，下影线越长，说明多方反攻的力度越大，未来股价反弹的幅度也越大。

第三，金针探海形态的最低点若在某一重要支撑位附近，那么，未来股价企稳反弹的概率更大。

第四，股价走出金针探海形态后的次日，如果股价发动上攻，就是买入该股的一个较好时机。

第五，金针探海中，下影线的最低点就是投资者入场的止损位，一旦股价跌破该位置，说明该形态失效，投资者可清仓卖出。

↗【实战案例】

下面来看一下永新光学的案例，如图3-10所示。

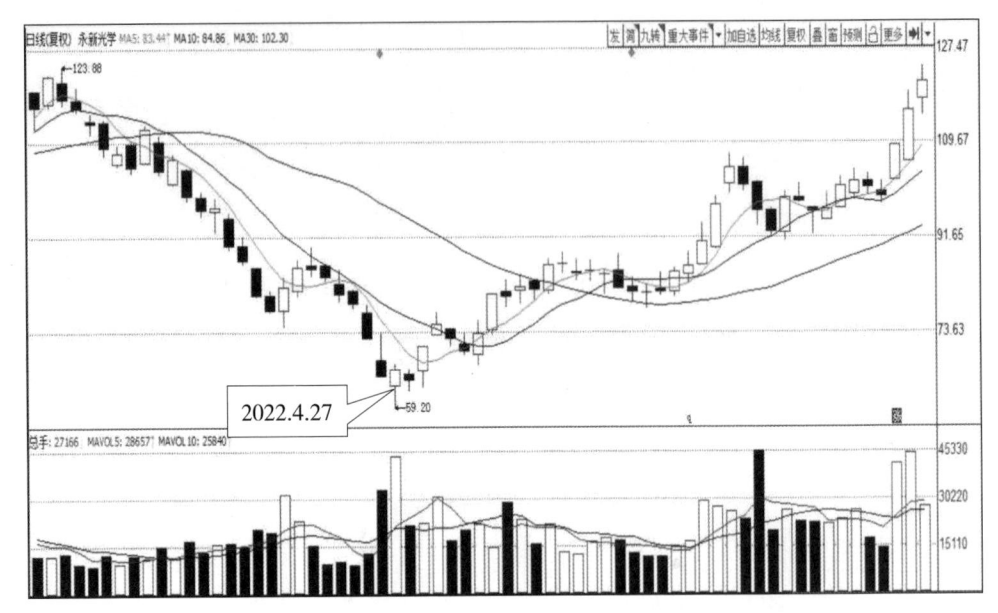

图3-10　永新光学（603297）日K线走势图

从图3-10中可以看出，自2022年3月中旬开始，永新光学的股价下跌明显加速。进入4月中旬以后，下跌速度进一步加快。从另一方面来看，此时股价就存在加速赶底的意味了。

2022年4月27日，永新光学的股价大幅跳空低开低走，一度创出59.20元的低点。此后多方发力反击，收复了一定的失地，在K线图上留下了一根带长下影线的阳线。

至此，金针探海形态正式成立，投资者可在次日入场买入该股。此后，该股股价开始进入强势上升通道。

暴利拐点25：回眸一笑

股价经过一波缓慢而小幅的上升后，各条均线开始呈现振荡上升态势。此后，若股价在回调整理过程中走出回眸一笑形态，则意味着股价很可能会开启一波幅度较大的上升走势，也意味着股价暴利拐点的到来，如图3-11所示。

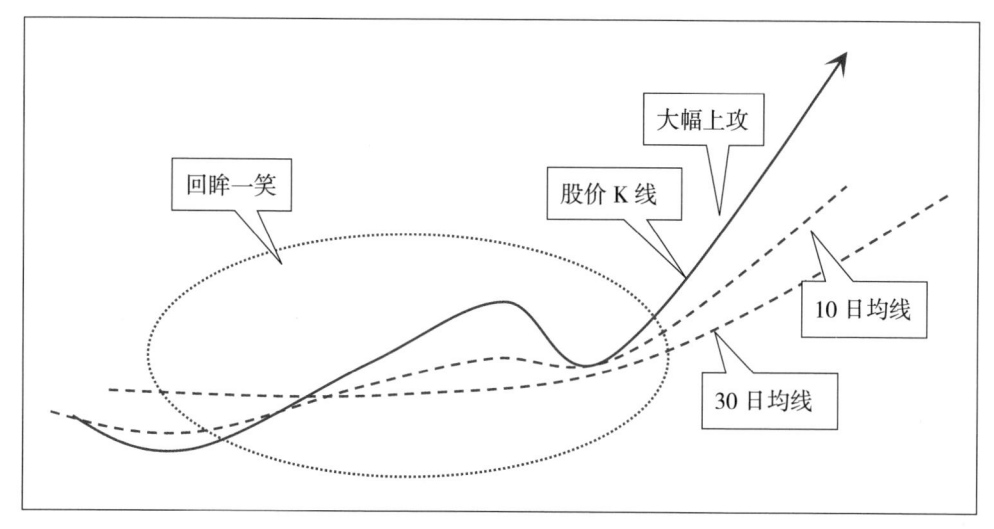

图3-11 回眸一笑形态出现后加速上攻图示

回眸一笑形态是指股价K线自下而上穿越30日均线后出现回调，当股价K线回调到10日均线位置时，因受10日均线支撑而再度上涨。该形态属于上涨中继形态，预示后市还将继续上涨。

【战术解读】

这类暴利拐点的形成具有如下几个典型特征。

第一，股价经过一波下跌后开始振荡反弹，并且各条均线已经开始放平或拐头向上，这是整个市场转暖的信号。

第二，回眸一笑形态成立的条件：（1）30日均线由下跌状态转为上涨状态或放平状态；（2）10日均线开始拐头向上；（3）成交量维持在较低水平。

第三，某一日股价自下而上穿越30日均线，随后并未持续上涨，而是向10日均线靠拢。

第四，股价向10日均线靠拢过程中，成交量呈萎缩态势。

第五，股价回调到10日均线位置，因受10日均线的支撑而再度上涨。

第六，当股价回调到10日均线位置后，因受10日均线支撑而再度上涨时，是该股暴利拐点出现的时间，也是最佳的买入时机。

【实战案例】

下面来看一下云维股份的案例，如图3-12所示。

从图3-12中可以看出，云维股份的股价经过一波下跌后，在2021年8月期间走出了回眸一笑形态，预示股价将企稳上涨。

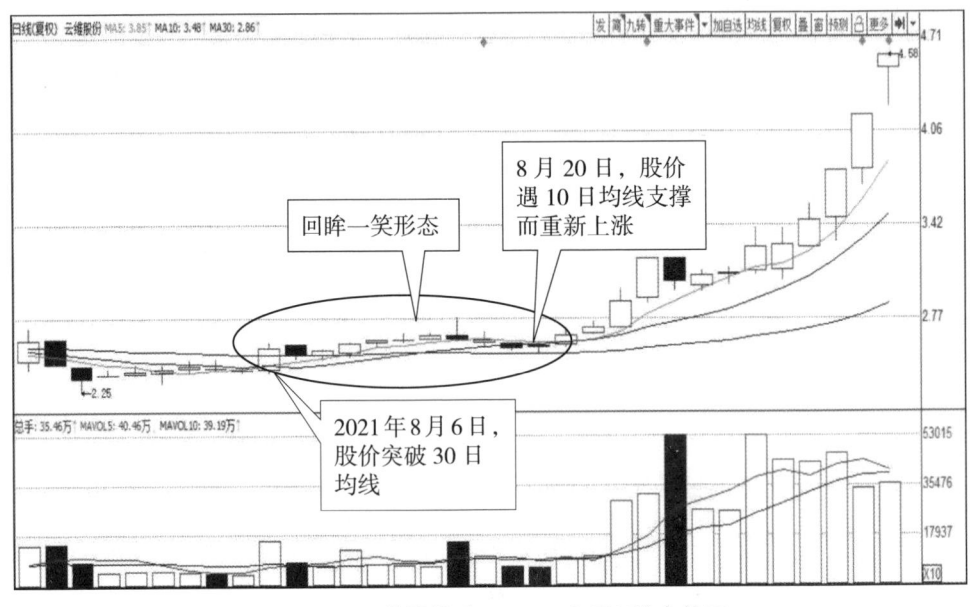

图3-12 云维股份（600725）日K线走势图

2021年8月6日，云维股份的股价经过一波振荡之后，突破了30日均线。股价在突破30日均线之后又展开了一波振荡，并逐渐向10日均线靠拢，成交量出现了萎缩态势。

8月20日，股价回调到10日均线附近时，因受10日均线的支撑而再度上涨，这标志着回眸一笑形态的正式形成。说明该股股价将发动一波新的上涨。投资者可密切关注该股其后的走势。

其后，该股一路沿5日均线上涨，投资者可一直持有该股。

暴利拐点26：多方尖兵

多方尖兵出现在上涨行情中，其形态表现为：股价在上升时遭遇空方的打压，因而收出一根带有较长上影线的大阳线或中阳线；之后几个交易日，股价有所回落，但不久之后多方重新聚集力量发动反攻，又拉出一根大阳线或中阳线，使股价涨到了上影线的最高点之上。如图3-13所示。

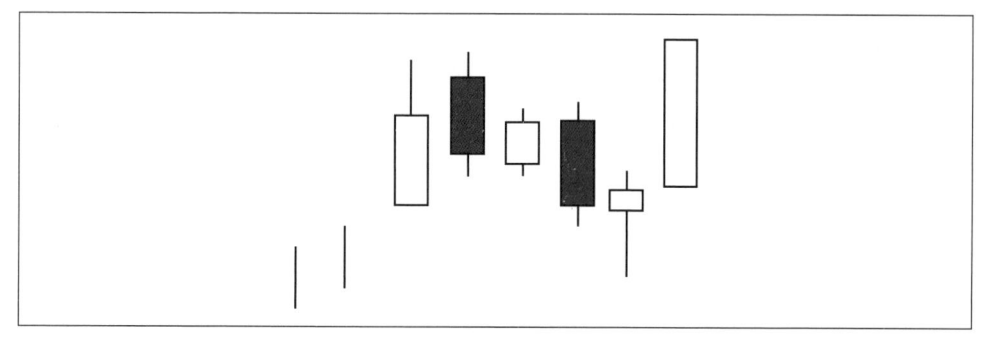

图3-13 多方尖兵

多方尖兵形态中的K线数量一般为4～15根。第一根阳线的上影线部分，是多方在试探上档的抛盘压力，因而被人们视为"深入空方腹地的尖兵"，多方尖兵的名称便由此而来。随后的股价回落，正是对上档抛压的一种释放措施，当上方压力减轻，多方便发动了更为凌厉的进攻，从而形成了最后那一根阳线。

【战术解读】

这类暴利拐点的形成具有如下几个典型特征。

多方尖兵形态常常是多方发动全面进攻前的试盘活动，表示多方在摸清了空方的底细之后，对于进一步拉升股价信心满满。

第一，多方尖兵是一种行情将继续向好的中继形态。对于投资者而言，看到此形态后果断买入，往往能够把握后期股价上涨带来的投资收益。

第二，只有最后一根阳线的实体穿越了第一根阳线上影线的最高点，才能被视为多方尖兵。

第三，如果收出最后一根阳线的同时，伴随着成交量的放大，那么看涨信号更为强烈。

第四，参照多方尖兵形态买入股票的投资者，最好将止损点定为第一根阳线的收盘价。

【实战案例】

下面来看一下永兴材料的案例，如图3-14所示。

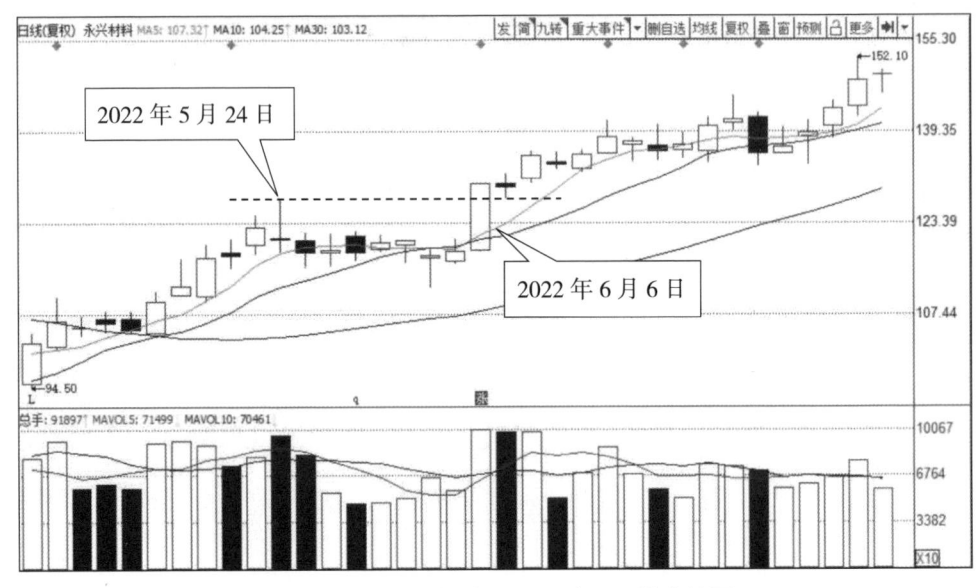

图3-14 永兴材料（002756）日K线走势图

从图3-14中可以看出，永兴材料自2022年4月底进入了上升通道。2022年5月24日至6月6日，该股的走势出现了多方尖兵形态。

2022年5月24日，永兴材料收出一根带有长上影线的十字线。此后的几个交易日，该股股价均以小阴线、小阳线报收，说明多空争夺十分激烈。

2022年6月6日，该股高开高走收出一根涨停大阳线，这根阳线一举突破之前阳线的长上影线，预示股价上涨行情正式启动，投资者宜于股价站稳阳线上影线线位时买入该股。

这几个交易日所形成的K线组合就是多方尖兵形态。保守的投资者可在该形态出现后的次日逢低买入股票，并将止损点定为第一根阳线的收盘价。该股之后进入了横盘整理，由于股价没有下跌，投资者可放心持股。

暴利拐点27：仙人指路

仙人指路形态是指核心K线是带有长上影线的小阳线或小阴线，其长长的上影线就像仙人的手指。该形态预示后市股价将有一波上涨行情，其形态如图3-15所示。

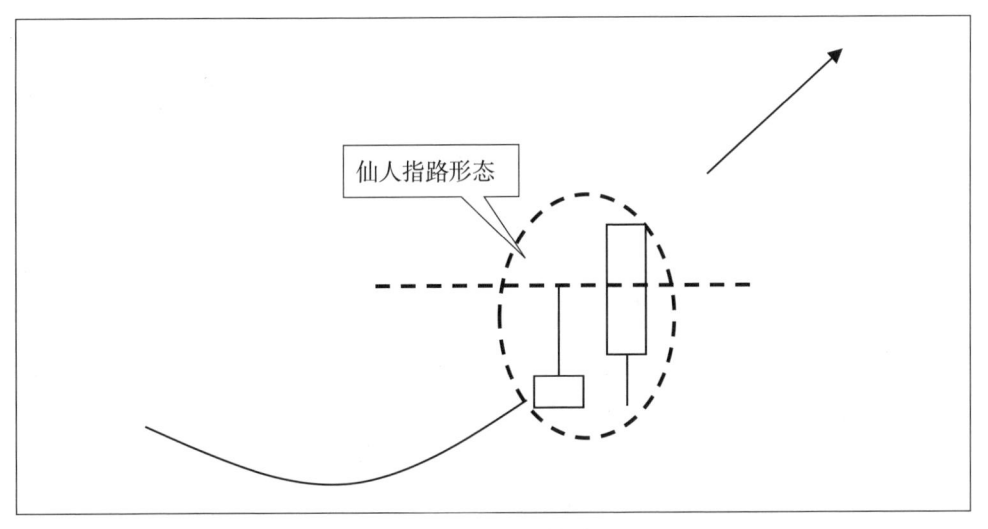

图3-15　仙人指路

📈【战术解读】

该形态的操作要点如下。

第一，仙人指路形态出现前，股价已经呈现出了一定的上涨趋势，但涨幅不能太大（一般不超过15%）。

第二，第一日出现一根阳线，且实体长度最好超过5%；第二日股价平开高走后遇阻下跌，形成带长上影线的小阳线或小阴线；第三日出现的阳线实体要超过前一日上影线的最高点。

第三，仙人指路形态形成过程中，成交量要呈放大态势。

第四，各条均线能够呈发散排列最好。

第五，第三日股价超过前一日长上影线最高点时，是该股的第一个最佳买点，投资者也可以选择在仙人指路形态成立后择一低点买入。

第六，仙人指路形态中的三根K线最好都是阳线。出现仙人指路形态时，股价必须位于上升通道中或自底部回升时期，股价如果处于下降通道，则此形态无意义。仙人指路形态有时可以由多于3根K线组成。

📈【实战案例】

下面来看一下宏柏新材的案例，如图3-16所示。

从图3-16中可以看出，宏柏新材的股价在2022年5月25日到5月26日期间，走出了一组仙人指路形态，预示股价短期将走强。

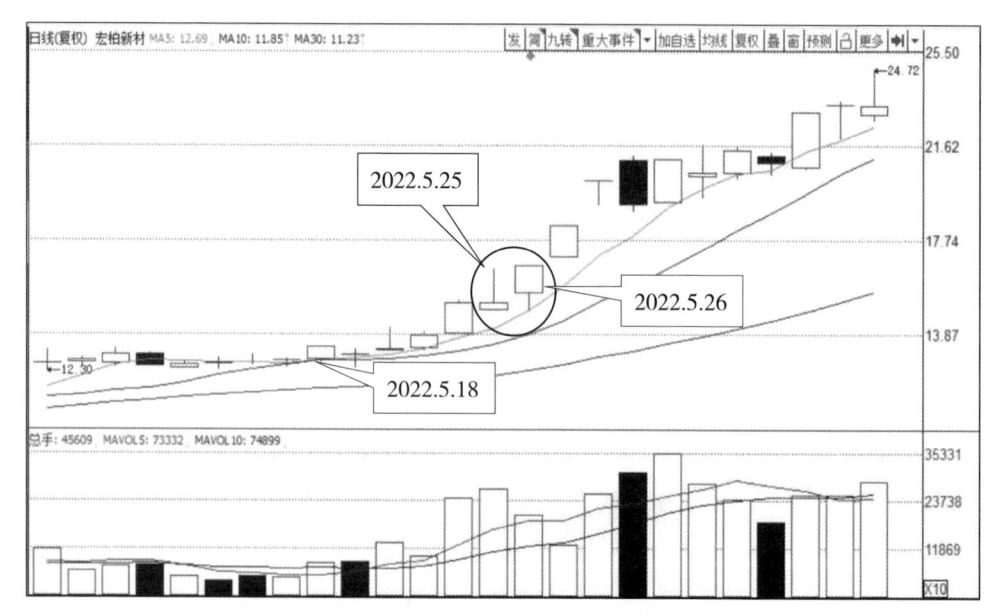

图3-16　宏柏新材（605366）日K线走势图

进入2022年5月后，宏柏新材的股价开始呈现明显的横向盘整走势，股价K线多以小阴线、小阳线报收。

2022年5月18日，宏柏新材的股价平开高走突破5日均线和10日均线，并以中阳线报收，说明股价有结束盘整启动上涨的可能。

5月25日，该股股价低开高走后遇阻回落，在K线图上留下了一根带长上影线的K线，且此位置正是前期反弹的高点位置。

5月26日，该股股价平开高走并突破了前一日长上影线的位置，说明仙人指路形态完成。投资者可以在当日或次日股价走强时买入该股。

此后，该股股价正式进入快速上升通道，也就意味着仙人指路形态也是该股短线的暴利拐点。

暴利拐点28：徐徐上升形

徐徐上升形由处于上涨行情初始阶段的多根K线组成，其形态表现为：先是连续出现几根小阳线，最后出现一两根实体较大的中阳线或大阳线。如图3-17所示。

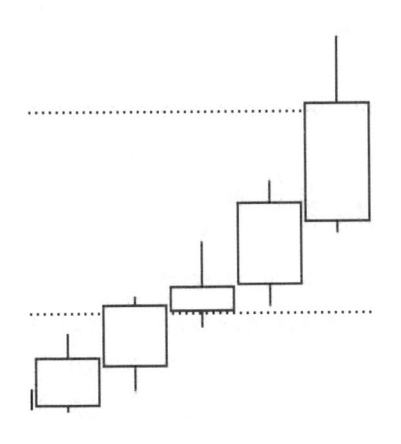

图3-17　徐徐上升形

📈【战术解读】

徐徐上升形的出现说明多方力量正逐渐强大起来，股价的整体上升趋势基本确定，后市将呈现一片向好的局面。

该形态的操作要点如下。

第一，徐徐上升形出现之后，后市可能会遇到一些波折，但并不会影响众人对股价将持续上升的基本看法。投资者看到此形态后，应该跟进做多。

第二，参照徐徐上升形买入股票的投资者，应该将止损位设在最后两根阳线的最低价上，如果股价跌破这一位置，就意味着形态失败，投资者应适时斩仓止损。

第三，在众多的阳线中可能夹杂着一两根小阴线或十字线，这并不影响其作为徐徐上升形来进行研判。

第四，如果出现徐徐上升形的同时，成交量也在逐渐放大，则看涨信号更为明显。

第五，如果徐徐上升形中最后两根阳线的实体越大，向上突破的力度越大，那么后市上涨的空间就可能越大。

📈【实战案例】

下面来看一下可立克的案例。

从图3-18中可以看出，可立克的股价经过一波小幅下跌之后，于2022年4月27日开始触底反弹。

自2022年5月17日开始，可立克的股价连续收阳和十字线，这几根K线基本呈现实体逐渐变大的趋势，形成了徐徐上升形态。

2022年5月25日，该股股价收出一根涨停大阳线，标志着该股股价已经正式进入快速上升趋势。

其后，该股走出一波较为强劲的上涨行情。

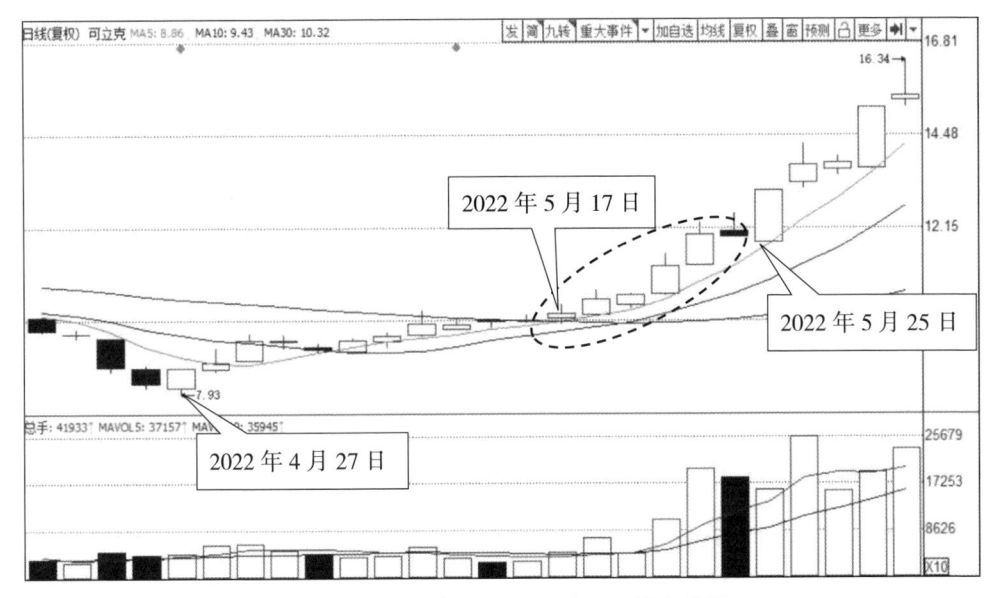

图3-18 可立克（002782）日K线走势图

第二节 反转型底部拐点的交易信号

股价进入底部区域后，会因外部环境的变化和主力的意愿而呈现不同的波动情况，这就促使股价K线走出了各类比较典型的底部形态。

当股价走出这些底部形态时，往往意味着股价完成了一次反转，这也是股价拐点的另一种呈现。

暴利拐点29：V形反转暴利拐点

股价经过一段时间的下跌后，空方势能得到充分的释放。某一交易日股价突然出现大幅反攻迹象，并在短期内收复了大量失地，这意味着股价V形底形态出现，也是股价暴利拐点出现的时机，未来股价继续上涨的概率非常大。如图3-19所示。

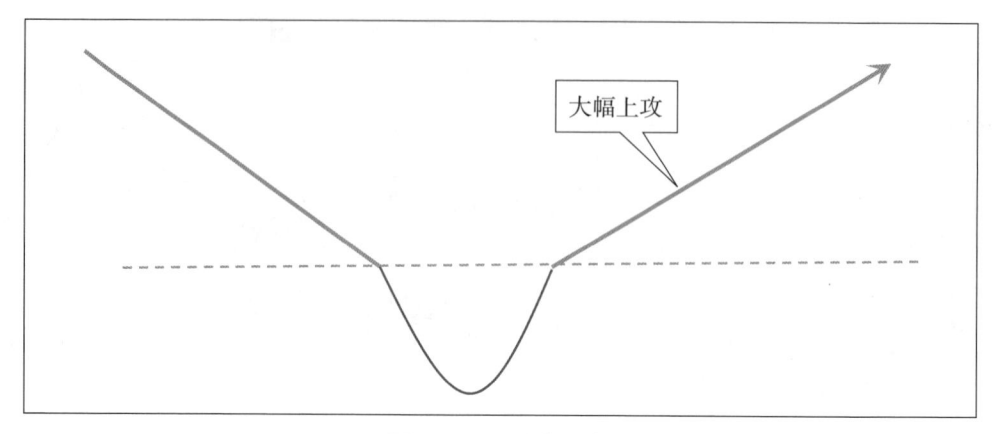

图3-19　V形底形态

V形底，又称尖底，出现在一段下跌行情的末尾。其形态表现为：股价先是经过一段快速下跌行情，下跌到一定幅度后掉头向上，又开始了一段快速上涨行情，从而形成了一个形状像英文字母V的底部走势。

V形底形态的形成经历了这样的过程：一开始空方力量很强，同时引发恐慌性抛盘，使股价连续下挫；当空方力量得以充分释放之后，盘面变得轻盈了许多，成交量也萎缩到了极点，这时多方开始发力，并完全控制了市场，从而使股价一路回升，迅速收复了失地。

【战术解读】

这类暴利拐点的形成具有如下几个典型特征。

第一，当股价已经下跌了一段时间后，出现V形底形态，则反转信号的可靠性较高。

第二，V形底的下跌起始位（即股价开始加速下跌筑底的启动点位），是一个非常重要的位置，只有股价向上突破了该线，才能认定股价筑底成功。

第三，在V形底形成的过程中，股价上涨的同时会伴随着成交量的明显放大。成交量越大，看涨信号就越强烈，之后上涨的空间就越大。

第四，通常来说，V形底的出现往往源于突发性的利好消息，因而对其的判断也较为困难。其从下跌到反转上攻的时间非常快，投资者常常有跟不上的感觉，这也是主力惯用的策略。

📈【实战案例】

下面来看一下光威复材的案例，如图3-20所示。

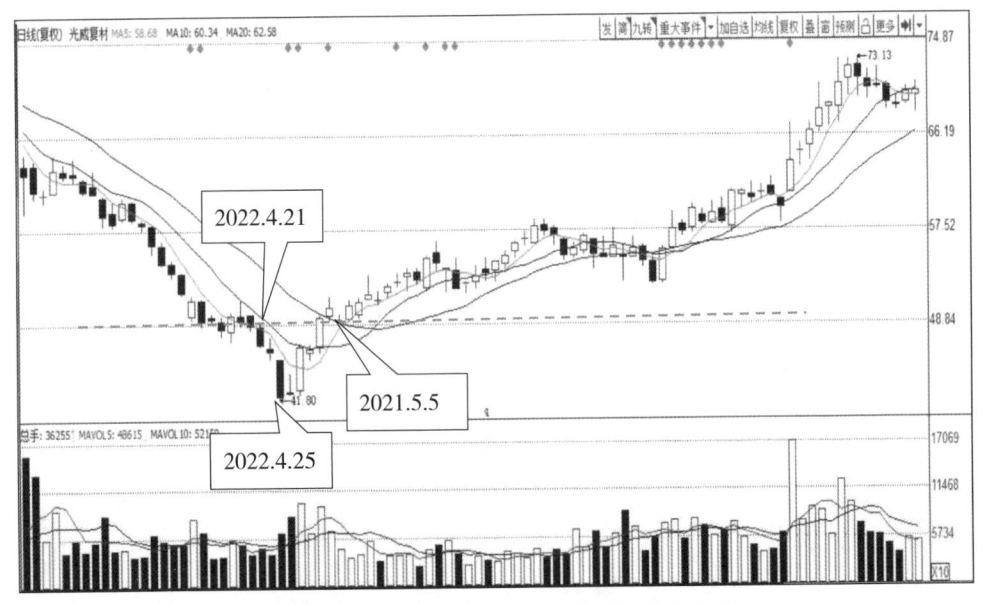

图3-20　光威复材（300699）日K线走势图

从图3-20中可以看出，2022年4月至5月，光威复材的日K线图上出现了V形底形态。

光威复材的股价从2021年11月开始下跌，到2022年4月中旬进入振荡整理阶段。

2022年4月21日，该股收出一根中阴线，多空双方的平衡被打破，股价开始快速下跌。

4月25日，该股收出一根带有下影线的阴线，说明下方有强大的买盘支撑，预示行情有可能反转。

其后，该股股价出现了一波反弹走势。到了5月5日，该股股价已经收复了4月21日前的价位，至此，V形底形态正式成立。

其后，该股股价转入振荡上升趋势，标志着股价暴利拐点的来临。未来股价开启了一波大幅上升走势。

暴利拐点30：双底起涨暴利拐点

股价经过一段时间的下跌之后，在底部出现明显的振荡筑底态势，并形成了两个明显的低点，呈现出典型的双底形态，这也是股价暴利拐点出现的时机，未来股价继续上涨的概率非常大。如图3-21所示。

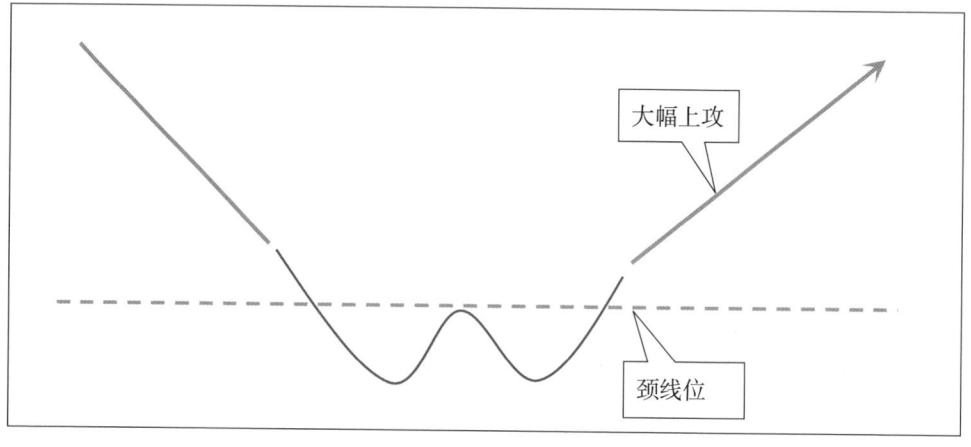

图3-21　双底形态

双底，又称W形底，出现在一段下跌行情的末尾。该形态有两个明显的价格低谷，且两个低谷的最低点大致处于同一价位上，形状就像是一个英文字母W。

双底的形成经历了这样的过程：股价下跌到一定的价位水平后，由于股价太低，持股的投资者不愿割肉，而一些持币的投资者受到低价吸引而尝试买入，因而股价出现技术性反弹，形成了第一个低谷。但涨到一定幅度之后，短期获利的投资者及时将获利回吐，前期不愿割肉的投资者也趁机卖出，之后股价再次下跌，因而反弹并没有持续多长时间。再次下跌的股价回落到上次低点附近时获得支撑，重新开始上涨，吸引了越来越多的投资者跟进买入，股价冲破了前一次反弹的高点，形成了第二个低谷。

通过第一个反弹高点画一条水平直线，就得到了双重底的颈线。股价突破该颈线才能视为双底形态正式构筑完成。

【战术解读】

这类暴利拐点的形成具有如下几个典型特征。

第一，双重底形态尚未形成，一些经验丰富的投资者便从中找到了买入良机。当股价第二次探底，且所探得的低点高于前一个低谷的低点时，称为二次探底不破底价。激进的投资者可以把握时机，适量买入，并把前一个低谷的低点设为止损点。

第二，股价在突破颈线的同时，应该伴随着成交量的放大；如果成交量太小，则突破的效果会大打折扣，后市极有可能出现横盘振荡的走势。

第三，双重底第一个明确的买入时机出现在股价突破颈线位时，这表明双重底基本形成，也是暴利拐点形成的时刻。

【实战案例】

下面来看一下汉商集团的案例，如图3-22所示。

从图3-22中可以看出，2022年9月下旬到2022年11月上旬，汉商集团的日K线图上出现了双底形态。

2022年10月11日，处于下跌行情中的汉商集团收出一根下影线很短的中阴线，并创出近期最低价9.54元，然后股价开始回升，从而形成了第一个低谷。这一回升所持续的时间并不长，2022年10月18日，该股上升遇到阻力，重新开始下跌。

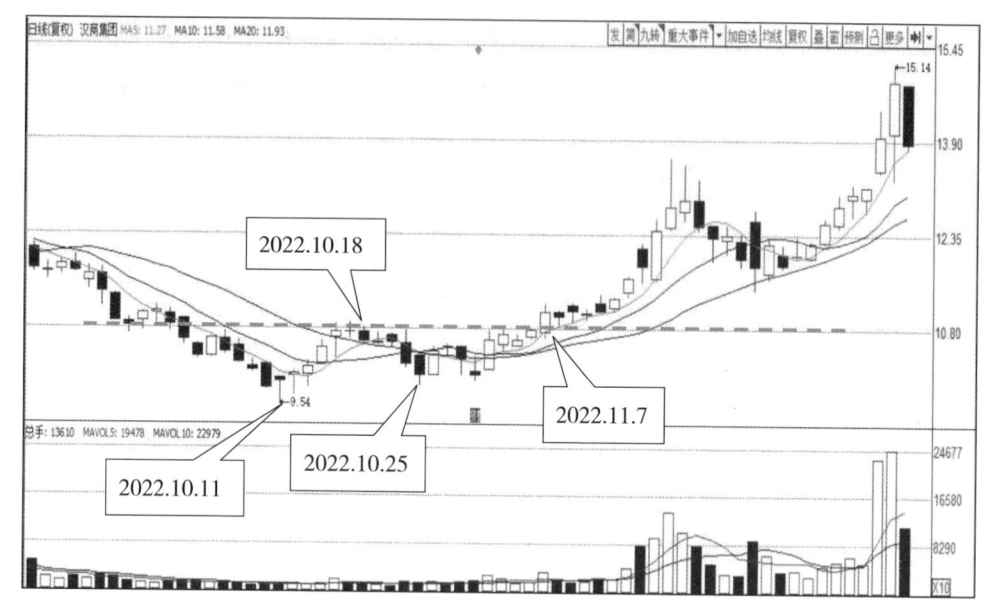

图3-22　汉商集团（600774）日K线走势图

2022年10月25日，该股收出一根带长下影线的中阴线，其后再次开始回升，从而形成了第二个低谷。这个低谷的低点要高于前一个低谷的低点，即二次探底不破低价。当股价触底反弹后，成交量同步放大，激进的投资者可考虑先少量入场。

2022年11月7日，该股股价突破了颈线位置，双底构筑完成。这是一个明确的买入信号，稳健的投资者可以在当天放心买入。

其后，该股股价正式进入快速上升行情。

暴利拐点31：头肩底起涨暴利拐点

股价经过一段时间的下跌后，在底部出现明显的振荡筑底态势，并形成三个明显的低点，呈现出典型的头肩底形态，这也是股价暴利拐点出现的时机，未来股价继续上涨的概率非常大。如图3-23所示。

头肩底出现在下跌行情中，由三个低谷组成，左右两个低谷相对较浅，基本处在同一水平位置上，中间一个低谷的低点明显低于左右两个低谷的低点，其形态就像一个倒立的人的头部和两肩。

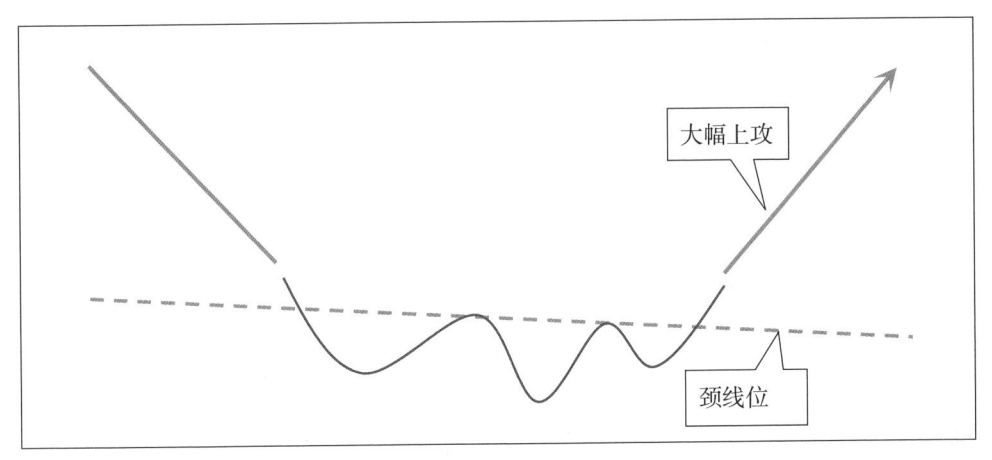

图3-23　头肩底形态出现后股价加速上行

头肩底形态是这样形成的：股价下跌到一定深度后开始反弹，当达到一定高度后出现回调，形成了"左肩"；接着再度下跌创出新低后回升，构筑了"头部"；之后又上涨到前一次反弹的高度附近再次回调，这次回调的低点高于头部的低点，形成了"右肩"。在两次反弹过程中，股价基本在同一价位受阻回落，这个价位上的直线就是颈线。

【战术解读】

这类暴利拐点的形成具有如下几个典型特征。

第一，头肩底形态是较为可靠的牛市信号，此形态出现之后常常会出现一波较为可观的上涨行情。因此，投资者看到头肩底形态后，应果断买入股票，持股待涨。

第二，当股价冲破了阻力线（颈线）位置，表示头肩底形态构筑完成，这是头肩底形态的第一个买入信号，此时投资者可以果断买入。在突破颈线时，必须要有成交量激增的配合。

第三，一般来说，头肩底形态较为平坦，需要较长的时间来完成。而形成头肩底所用的时间越长，后市上涨的空间就可能越大。

📈【实战案例】

下面来看一下精锻科技的案例，如图3-24所示。

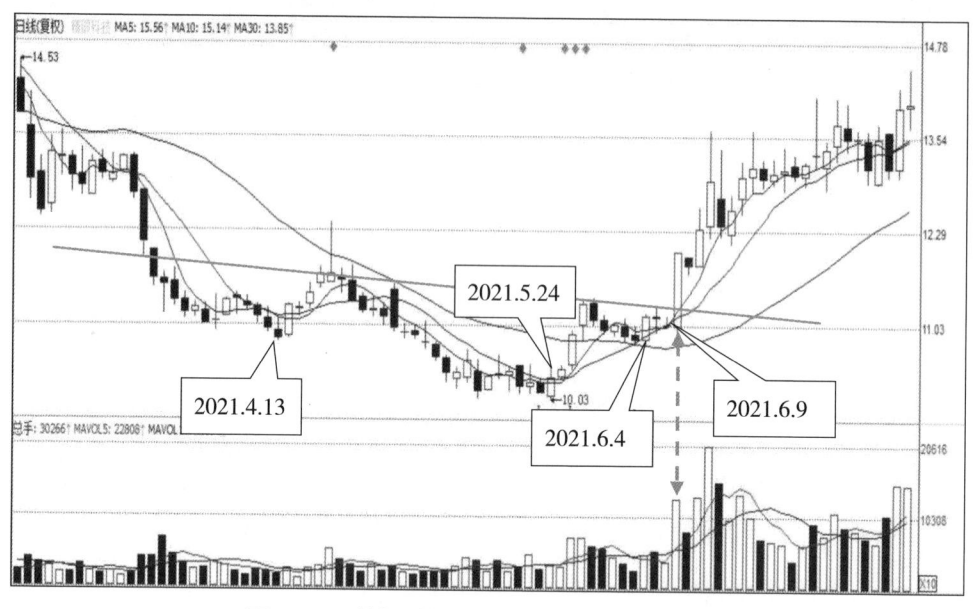

图3-24　精锻科技（300258）日K线走势图

从图3-24中可以看出，2021年4月至6月，精锻科技的股价走势图上出现了头肩底形态。

2020年11月中旬，精锻科技进入到下跌行情中。

2021年4月13日，该股股价开始向上反弹，从而形成了头肩底的左肩。

经过几个交易日的短暂反弹后，精锻科技又出现下跌。2021年5月24日，该股创出近段时间的最低价10.03元，然后探底反弹，形成一个头部形态。

这次该股上涨到上一次反弹的高度附近，又出现了回落，经历了两个交易日的下跌后，该股在6月4日又一次向上反弹。这一低点高于头部位置，从而形成了头肩底的右肩。

2021年6月9日，该股股价突破了阻力线（即头肩底的颈线），至此，头肩底形态构筑完成，第一个买入点出现，投资者应在当日考虑买入。

此后，该股股价掀起了一波快速上升行情。

暴利拐点32：弧形底上升暴利拐点

股价经过一段时间的下跌后，空方势能逐渐释放。股价从下行到拐头向上，经历了由快到慢再到快的过程，形成了一个近似弧形的底部形态，未来股价继续上涨的概率非常大。如图3-25所示。

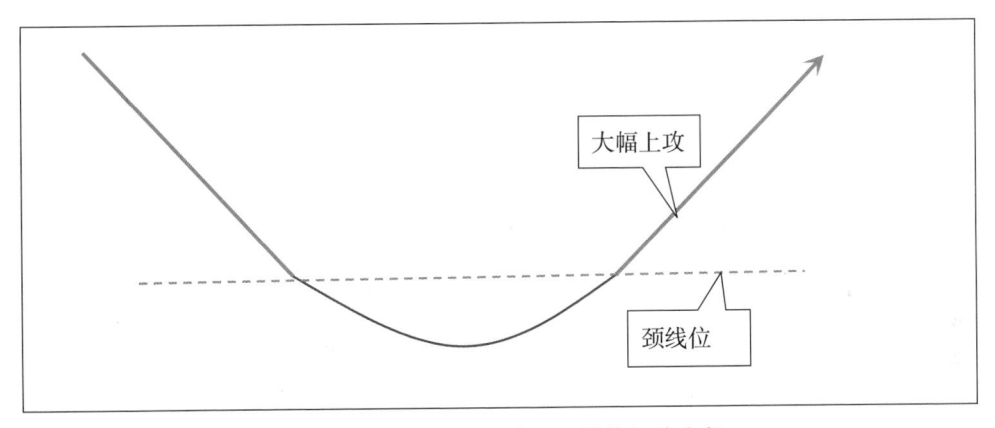

图3-25　弧形底形态确立，股价加速上行

圆弧底，又称圆形底、碟形底、碗形底，通常出现在股价的底部区域，也就是一波下跌行情结束时。其形态表现为：股价先是经过一段逐渐减慢速度的下跌到达了底部，经过调整后，又开始了一段逐渐加快速度的上涨，从而形成了一个形状像圆弧的底部走势。

圆弧底的股价和成交量有时会呈现下凹圆弧状，这是由于经过一段时间的下跌之后很多套牢盘不愿割肉，所以成交量逐渐萎缩，下跌的速度也越来越慢，最终使得股价停留在底部进行盘整。在盘整的过程中，多方开始恢复元气并逐渐聚集力量，股价开始上涨，且速度越来越快，成交量也呈放大趋势。

【战术解读】

这类暴利拐点的形成具有如下几个典型特征。

第一，圆弧底形态表示市场正在由空方主导的下跌行情逐渐转向多方主导的上涨行情，由于走势行进缓慢，所以也有人把圆弧底形态称为"股价休眠期"。

第二，如果在股价减速下跌的过程中，成交量随之减小；而在股价加速上涨的过程中，成交量随之放大，即成交量也呈现明显的圆弧状，则见底信号的可靠性更高。

第三，圆弧底形成的时间越长，说明多空力量转换越彻底，股价后期上涨的可能性就越大。

第四，通常来说，圆弧底并没有一个明确的买入点。不过，由于其持续时间较长，所以给投资者留出了足够的时间来采取行动。圆弧底构筑完成后，股价一般会出现加速上升，此时就是该股暴利拐点的来临位，也是投资者最佳的入场位。

【实战案例】

下面来看一下乐鑫科技的案例，如图3-26所示。

从图3-26中可以看到，乐鑫科技的股价走势于2021年3月至4月形成了圆弧底形态。

2021年3月，乐鑫科技的股价经过一段时间的下跌后，给人一种下跌势能有所减弱的迹象。3月9日，该股股价高开低走，收出一根大阴线，随后股价开启了一波缓慢的下行之路，股价K线呈弧形下跌。

此后，该股股价逐渐趋于稳定，又重新以弧形上升。

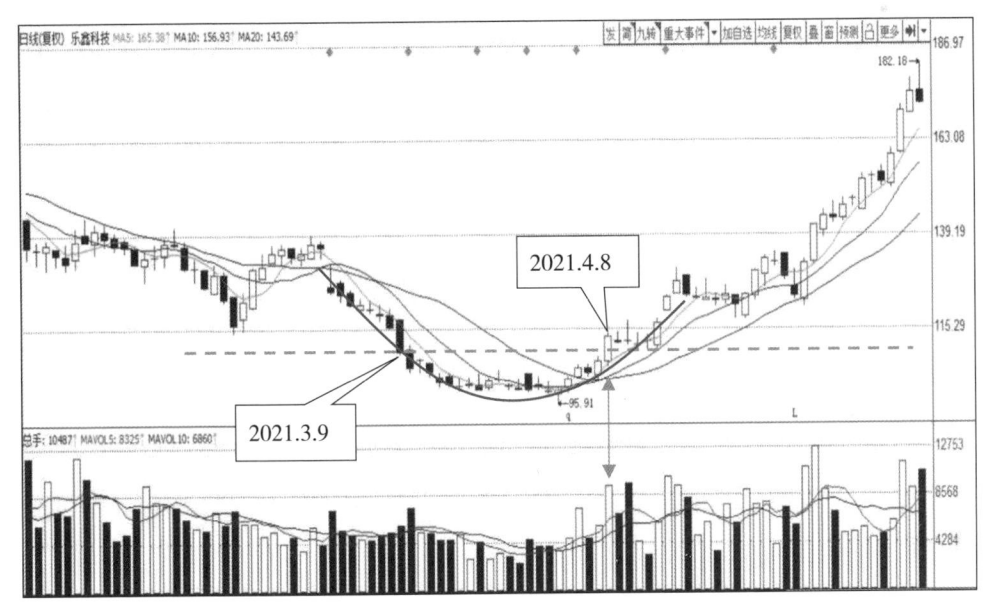

图3-26　乐鑫科技（688018）日K线走势图

2021年4月8日，该股放量上攻，并收出一根大阳线。此阳线向上突破了弧形底下跌起始位，标志着股价已经走出了底部区域，未来看涨。同时也意味着该股股价迎来了暴利拐点，投资者可积极入场追涨。

暴利拐点33：塔形底起涨暴利拐点

股价经过一段时间的下跌后，突然出现一根大幅下挫的阴线，而后又连续收出几根横向盘整的小阴线或小阳线，此后，一根大阳线带领股价走出底部，形成了近似塔形的底部形态。未来股价继续上涨的概率非常大。如图3-27所示。

塔形底通常出现在股价的底部区域，也就是一波下跌行情结束时。其形态表现为：先是收出一根大阴线将股价打压至较低的水平，接着出现一连串的小实体K线，可以为阴线或阳线，最后一根大阳线将股价拉升至大阴线出现前的位置。

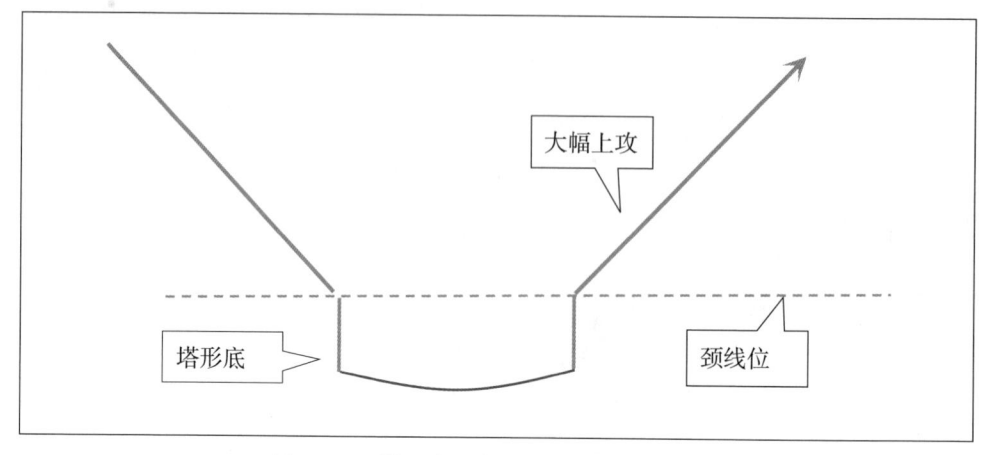

图3-27 塔形底形态确立，股价加速上行

塔形底形态反映空方在将股价打压至较低水平后，无力继续打压股价，而多方暂时也无力向上拉升股价，多空双方保持了一定的力量均衡。其后，多方经过一段时间的蓄势后，发力向上拉升股价，说明其已准备好要将股价带到更高的高度。

【战术解读】

这类暴利拐点的形成具有如下几个典型特征。

第一，股价经过一段时间的下跌后，走出了塔形底形态，往往属于典型的筑底成功信号，未来上攻的概率很高。

第二，股价经过一段时间的上涨后，出现塔形底形态，往往属于股价上升趋势中的调整形态，也具有较强的看涨意味。

第三，塔形底形态中，最后一根大阳线的出现，一般需要成交量的放大相配合，但需警惕成交量放大过猛，若创出天量，则存在主力借机出逃的可能，此时投资者不宜入场。

【实战案例】

下面来看一下兔宝宝的案例，如图3-28所示。

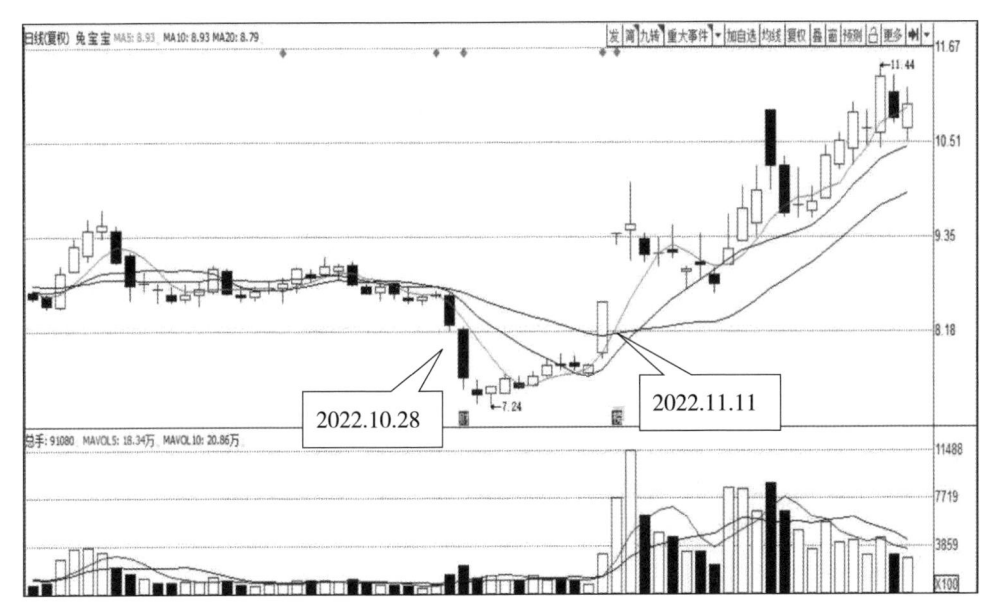

图3-28　兔宝宝（002043）日K线走势图

从图3-28中可以看出，兔宝宝的股价自2022年7月开始经历了一波漫长的下跌，股价下跌幅度非常之大。

2022年10月28日，该股股价再度出现大幅下跌态势，并以大阴线报收，此后股价出现横向振荡走势。股价K线多以小阴线、小阳线报收，说明空方无力继续向下打压股价。

2022年11月11日，该股股价突然放量上攻，并以涨停报收。至此，塔形底形态正式成立，投资者见到这种形态出现后，可积极入场做多。

此后，该股股价出现了一波振荡上升走势。这也标志着股价暴利拐点的来临，投资者可积极入场做多该股。

暴利拐点34：底部岛形起涨暴利拐点

股价经过一段时间的下跌后，在底部区域出现了明显的向下缺口和向上缺口，这就形成了典型的底部岛形形态，也是股价暴利拐点出现的时机。未来股价继续上涨的概率非常大。如图3-29所示。

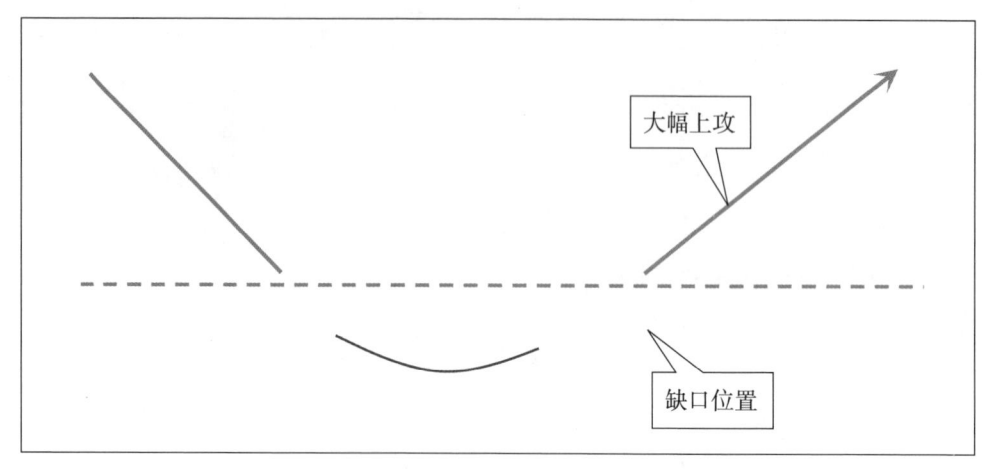

图3-29 底部岛形形态出现后，股价进入上升行情

底部岛形的形成经历了这样的过程：股价下跌一段时间之后，投资者对后市更加看淡，开始疯狂抛售股票，因而股价低开，形成了一个向下的跳空缺口；然后股价继续下跌，当跌到一定幅度后，获得支撑，进入横盘整理阶段；在盘整过程中，多方逐渐占据主动，股价开始回升。由于推动股价上涨的力量很强，所以在前一个缺口的价位区域附近，又形成了一个向上的跳空缺口。

【战术解读】

这类暴利拐点的形成具有如下几个典型特征。

第一，底部岛形是后市上涨的信号，提示投资者应从看空转向看多。所以，当向上跳空的缺口形成时，投资者便可以大胆买入。

第二，参照底部岛形形态买入股票的投资者，应该把止损位定在底部岛形向上跳空缺口的下沿。一旦股价补回这个缺口，投资者应马上停损离场。

第三，底部岛形两个缺口之间相隔的时间可能是一天，也可能是几天或几周。相隔的时间越长，总的换手率更高，说明市场从空头行情向多头行情转变得越彻底，后市上涨的力度也会越大。

第四，底部岛形反转时常会伴随着很大的成交量，如果成交量较小，则反转形态很难成立。

第五，如果底部岛形呈现明显的V形底形态，则看涨信号更为强烈。

第六，底部岛形一旦形成，原来属于阻力位的缺口就会变成支撑位，股价之后下探到这一位置时可能会受到支撑。因此，当底部岛形形成后，往往也可以认为是该股暴利拐点来临的时刻。

【实战案例】

下面来看一下德赛电池的案例，如图3-30所示。

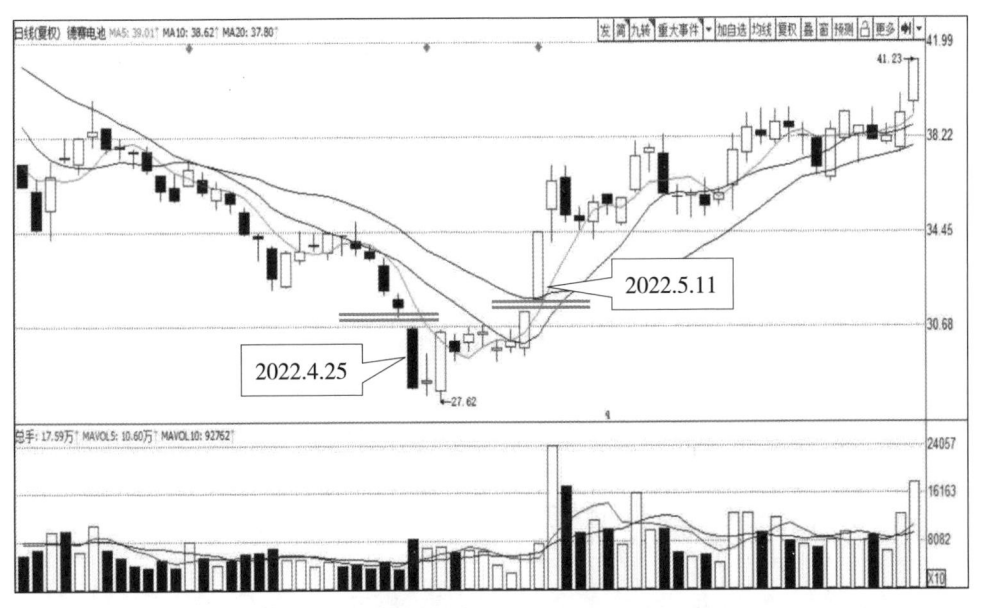

图3-30　德赛电池（000049）日K线走势图

从图3-30中可以看出，2022年4月到5月期间，德赛电池的日K线图上出现了底部岛形形态。

2022年4月25日，德赛电池的股价大幅跳空低开低走，留下了一根光头光脚的大阴线。这根阴线与前一根K线之间留下了一个向下跳空的缺口。

此后，该股正式进入了整理行情。

2022年5月11日，该股跳空高开高走，在K线图留下了一根光头光脚的大阳线，这根阳线与之前的K线之间留下了一个向上跳空的缺口。看到这种情形，投资者应该在当日或次日买入股票。

此后，该股股价开启了一段振荡上升走势。

第四章
量价形态辨识暴利拐点

成交量与股价的波动经常会呈现某种规律性，如随着股价的上升，成交量逐渐放大，或者随着股价的下跌，成交量逐渐萎缩。但是，如果股价和成交量出现某些重要的转折或改变时，则意味着股价将会出现新的运行态势。

量价拐点买入技巧的操作要点包括如下两项。

第一，拐点的识别。并不是每一个股价和成交量变动的点位都能成为拐点，只有那些能够对股价运行趋势产生影响的点位才能称之为"拐点"。这些"拐点"包括成交量萎缩的极低点、价格运行趋势的转折点等。

第二，拐点的出现，往往意味着股价上升或下跌的趋势即将发生改变，当然，也有可能是上升加速或下跌加速等。

第一节　基础量价拐点的交易信号

股价在底部区域或刚刚启动上涨的初期，成交量往往会显示出某些典型的异动形态，如出现极度缩量、随着股价的上升逐渐放量等形态。投资者将股价与成交量相配合，就可以轻松捕获股价启动上升的信号。

暴利拐点35：地量见地价暴利拐点

股价经过一段时间的下跌之后，空方势能得到充分的释放。某一交易日股价创下阶段新低，与此同时，该股的成交量也创下了阶段新低，这就意味着股价出现了地量见地价的情况。未来股价反转上攻的概率非常大。如图4-1所示。

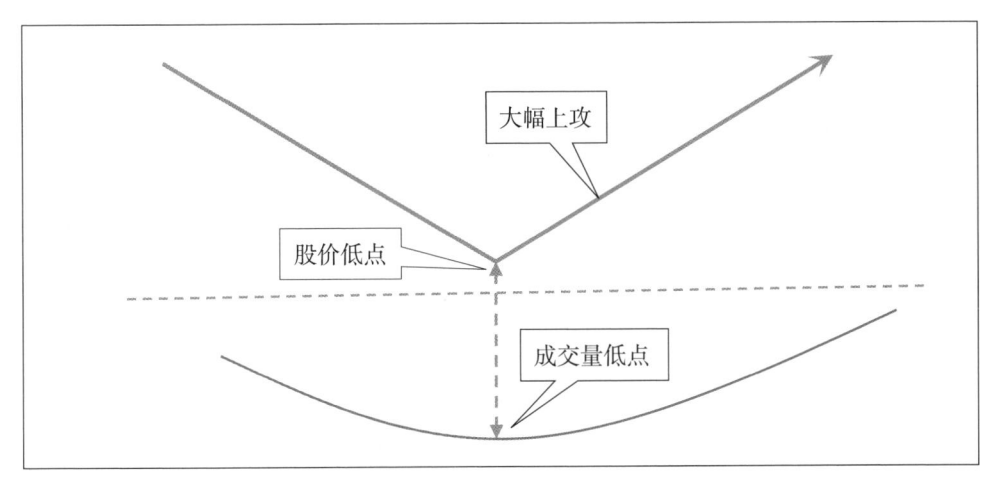

图4-1 地量见地价形态后股价加速上升

地量即股票或大盘在某一交易日创下了自上市以来成交量的最低值。从严格意义上来说，地量就是上述定义所设定的绝对地量，即该交易日的成交量就是自上市以来的极低值，再无其他交易日的成交量低于该日。

不过，实战中所使用的"地量"概念更多的是"相对地量"的概念，即股票或大盘在一段较长的时间内在某一交易日创下了成交量的极低值。

地量一般出现在下跌行情结束时，意味着大盘或股价已经接近或到达阶段性底部，行情即将转向牛市。对地量的判断不能单看成交量的大小，还必须结合市场趋势、技术分析和市场热点这三个方面进行综合分析。

地量见地价是指当地量出现时，往往意味着一个阶段性或全局性底部的来临，投资者可以选择买入股票等待上涨。

【战术解读】

这类暴利拐点的形成具有如下几个典型特征。

第一，地量见地价的出现，往往意味着股价短期底部区域的确立，未来股价将会迎来一波上升行情。

第二，在熊市的末端，股票的成交量萎缩得比较多，因而经常出现地量，但是出现地量并不意味着一定进入了熊市的末端，有时地量只是意味着阶段性低点的来临。

第三，当地量出现时，投资者还需要综合其他技术分析方法，以判断价格是否也同时达到了地价的水平。

第四，地量出现的当天，有时地价并不会同步现身，二者若相差一到两个交易日出现，仍可认定地量见地价形态有效。

📈【实战案例】

下面来看一下云赛智联的案例，如图4-2所示。

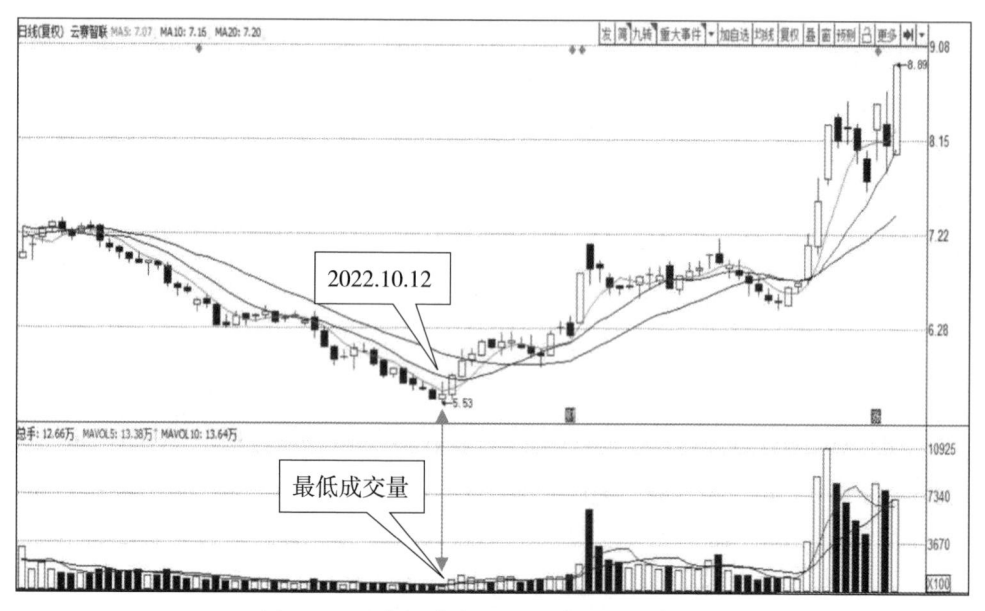

图4-2 云赛智联（600602）日K线走势图

从图4-2中可以看出，云赛智联的股价从2022年7月下旬开始一路下行，股价连续创出新的低点，与此同时，该股的成交量也呈现明显的萎缩态势。

到了2022年10月12日，股价达到最低值5.53元，与此同时，成交量也逐渐走低，在10月12日当天，该股的换手率仅为0.24%，达到了一段时间内的最低成交量。

此后，该股的量价出现同步回升态势，也就意味着10月12日该股事实上已经形成了地量见地价形态，投资者可积极入场买入股票。

暴利拐点36：量价双包暴利拐点

股价经过一段时间的盘整或下跌后，走出了典型的量价双包形态，意味着股价即将迎来一波快速反攻浪潮，如图4-3所示。

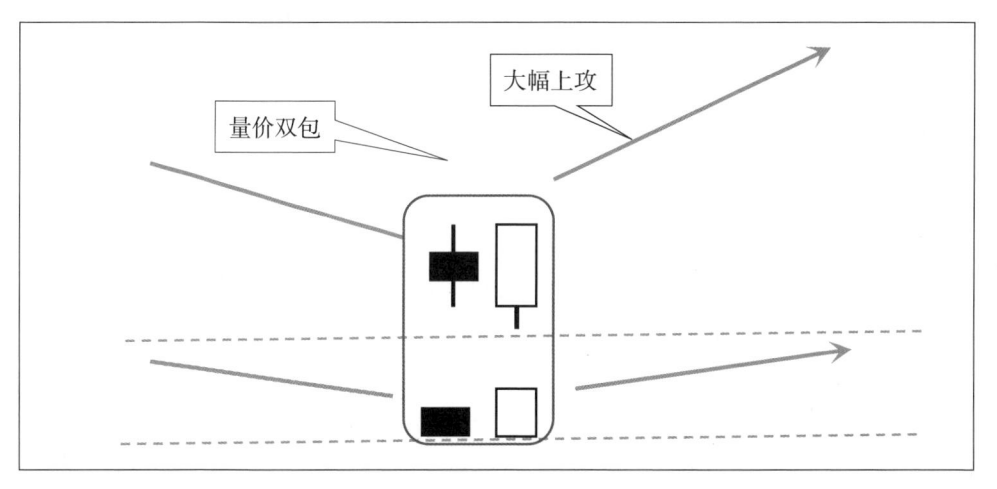

图4-3　量价双包形态出现后股价加速上升

量价双包是指股价与成交量双双走出包容线，即股价某日的K线完全包容了前一交易日的股价K线，某日成交量的柱状线也同时包容了前一交易日的柱状线。

📈【战术解读】

这类暴利拐点的形成具有如下几个典型特征。

第一，股价在经过一波下跌或盘整之后，出现明显的反弹迹象，与此同时，大盘走势出现企稳或上涨态势。

第二，当股价下跌一段时间后到达阶段性底部，股价不再继续下跌，此时如果能够出现量价双包形态，则是强烈的上涨启动信号。

第三，当出现量价双包形态后，股价继续上涨，且不再回调到阳线的内部，则可认定形态成立，投资者可于此时买入该股。

第四，投资者按照量价双包形态买入该股后，可以将止损位设置在阳线的开盘价位置，一旦股价跌破这一位置，投资者就需要卖出止损。

第五，量价双包形态中，前一根阴线所对应的成交量萎缩越严重，成交量越低，后一根阳线放量越明显（以一倍以上为宜），则未来股价上升的概率越大。

第六，量价双包形态出现在股价的底部区域，其看涨信号更强，也更可将其认定为股价暴利拐点出现的信号。

【实战案例】

下面来看一下曲江文旅的案例，如图4-4所示。

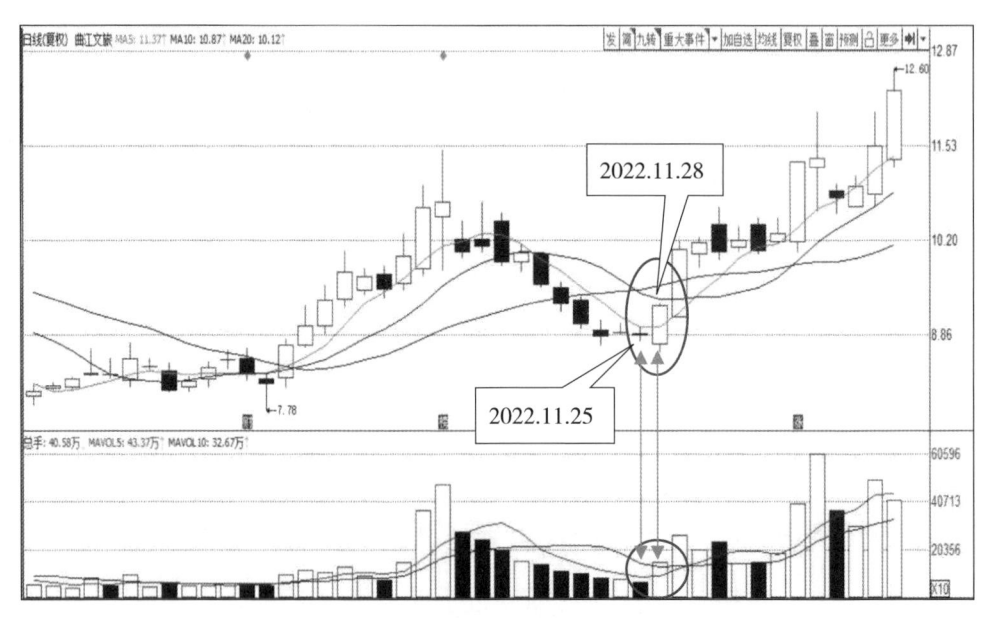

图4-4 曲江文旅（600706）日K线走势图

从图4-4中可以看出，曲江文旅的股价从2022年10月下旬开始展开了一波振荡上升走势。到了11月中旬，该股股价出现大幅回调态势。

2022年11月25日、11月28日两个交易日，该股走出量价双包形态，并且阳线的实体和成交量均大大超过了阴线，预示该股可能要发动一波上涨行情，投资者需密切观察该股其后的走势。

2022年11月29日，曲江文旅的股价低开高走，进一步上涨，盘中甚至攀升至涨停板附近位置，当天成交量相比前一交易日进一步放大，且当天K线突破了多条均线的压制，说明该股启动上涨的可能性非常大，投资者宜于当日买入股票。

此后，该股股价正式开始了一波短线上扬态势。

暴利拐点37：量价开弓暴利拐点

经过一段时间的下跌后，股价与成交量同步走出了近似弓形的形态，意味着股价即将迎来一波反攻行情，如图4-5所示。

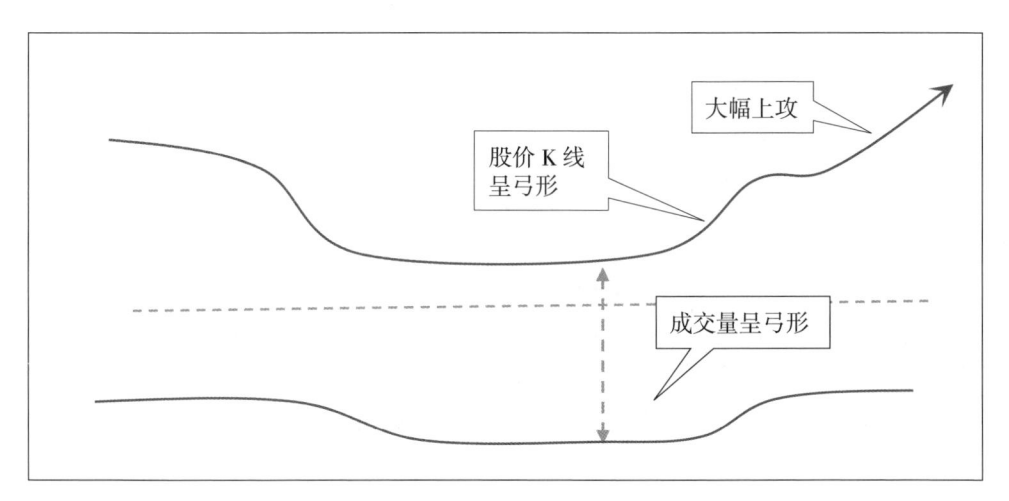

图4-5　量价开弓形态后股价加速上升

股价与成交量自某一点位缓步下跌，到达底部区域后，经过一段时间的盘整后逐步走高形成弓形，意味着股价即将启动。

📈【战术解读】

这类暴利拐点的形成具有如下几个典型特征。

第一，股价经过一段时间的上涨或横盘之后，出现缓步下跌走势，并在某一低点处出现反转向上的情况，且上涨依旧很缓慢。

第二，成交量与股价走势同步，先是逐步萎缩，后来逐渐攀升，说明多空力量对比已经悄然发生了逆转。

第三，股价在某一日突然被拉升，且极易出现涨停板，成交量突然剧烈放大，开盘涨停的个股除外。

第四，股价启动时往往会借助某些利好消息，或者大盘行情向好。

第五，股价由缓步缩量下跌转为缓步放量上涨时，就是一个好买点；股价上涨突破弓形左侧下跌开始区域时，也是一个好买点。

📈【实战案例】

下面来看一下英联股份的案例，如图4-6所示。

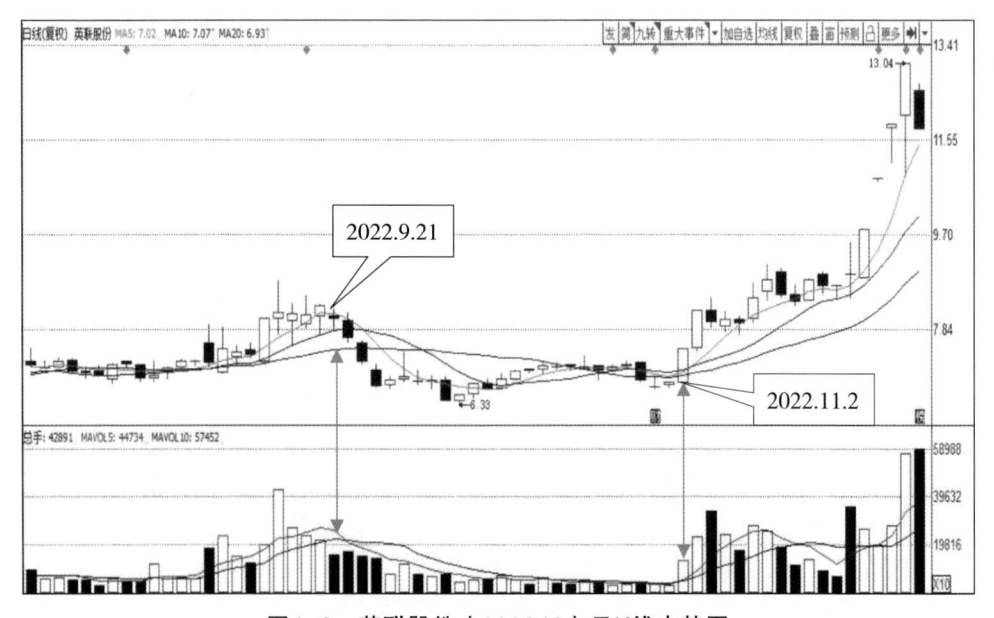

图4-6　英联股份（002846）日K线走势图

从图4-6中可以看出，英联股份的股价从2022年9月下旬开始出现了一波下跌，随后展开筑底走势。股价在底部盘整过程中，成交量萎缩至较低水平，并呈弓形形态。与此同时，各条均线还呈现出明显的黏合状态。

2022年11月初，英联股份的股价开始反弹，成交量也同步出现了放大态势。11月2日，股价大幅放量上攻，并以涨停报收。与此同时，该股K线一举突破了多条均线的压制，各条均线在形成黄金交叉后呈现多头发散排列，强势尽显。

此时量价开弓形态正式形成，预示股价随后将展开一波规模较大的上涨行情。

暴利拐点38：日出红海暴利拐点

股价经过一段时间的筑底后，出现了典型的日出红海形态，意味着股价即将迎来一波幅度较大的上升浪潮，如图4-7所示。

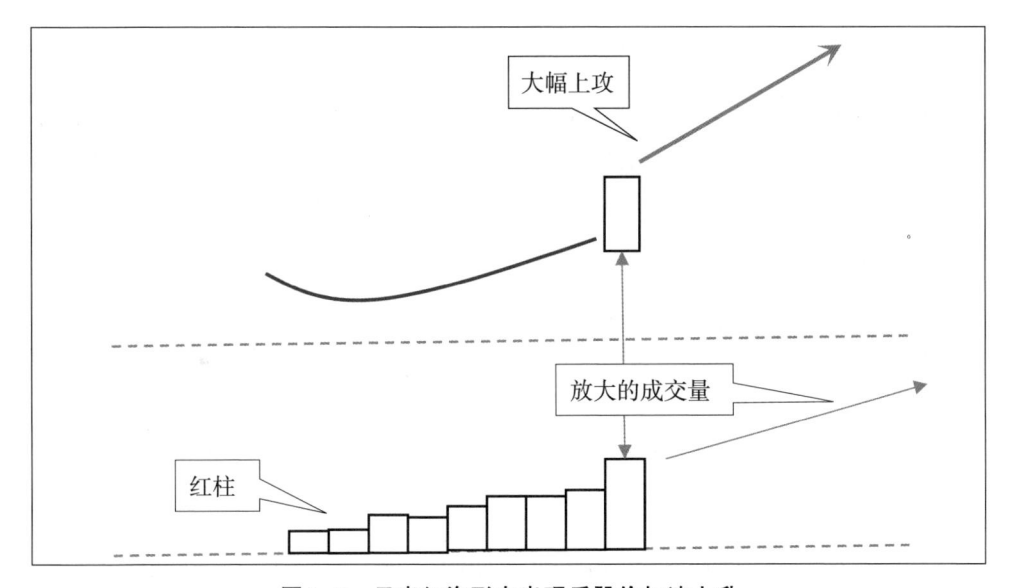

图4-7　日出红海形态出现后股价加速上升

日出红海形态是股价在底部盘整期间成交量量柱多为红色，说明资金流入明显。当股价出现放量上攻，并脱离底部区域时，往往会有一波规模较大的上涨行情。

📈【战术解读】

这类暴利拐点的形成具有如下几个典型特征。

第一，股价在经过一波下跌或盘整之后，出现明显的筑底迹象，并走出典型的底部形态，其中以弧形底或横向振荡底部为主。

第二，成交量经历了由萎缩到逐渐放大的过程，其中，在即将结束筑底行情时收出的成交量柱以红柱为主。其中个别红柱出现稍有萎缩的态势，也并不影响该形态的成立。

第三，股价K线在底部整理即将完成时，多以小阳线报收，越是临近盘整的尾声，股价阳线的实体越长。其中个别交易日出现绿柱，但极少，也不影响该形态的成立。

第四，某一交易日股价放量突破底部区域。

第五，股价突破底部区域时，各条均线呈多头发散排列。

第六，股价放量突破底部区域，且成交量柱状线多呈红色时，是一个较好的买点，其后股价往往会迎来一波快速上升行情。

📈【实战案例】

下面来看一下欣锐科技的案例，如图4-8所示。

从图4-8中可以看出，2022年5月期间，欣锐科技的日K线图上出现了日出红海形态，预示股价将大幅上涨。

欣锐科技的股价从2021年12月初开始出现了一波振荡下跌行情。到了2022年4月中旬，该股的下跌走势突然加速。鉴于该股之前已经经历了很长时间的下跌，此时的加速下跌，很可能属于股价的最后一跌。

2022年4月27日，该股股价触及阶段最低点后展开筑底走势。股价在底部盘整过程中，成交量萎缩至较低的水平。

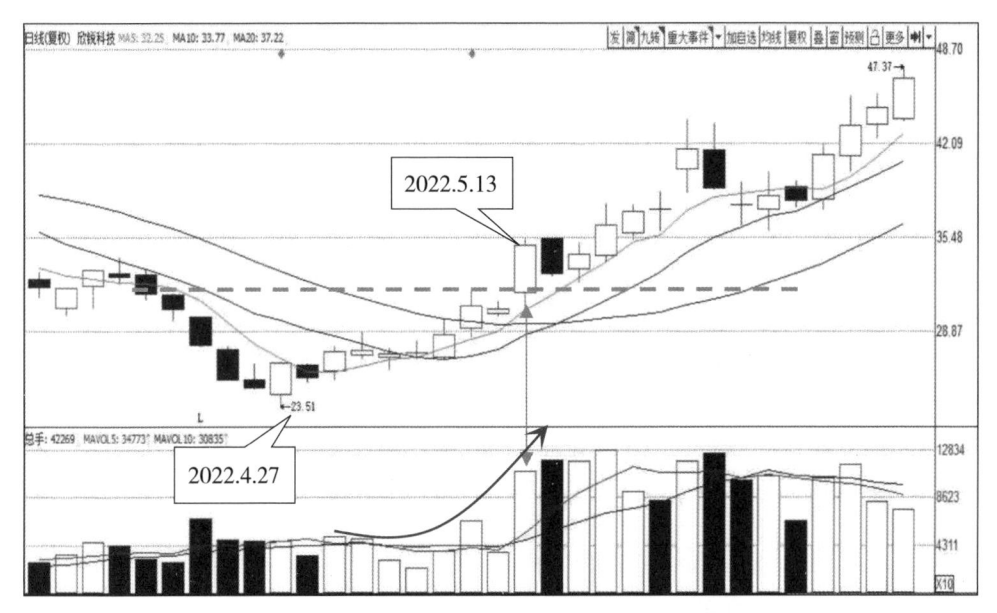

图4-8　欣锐科技（300745）日K线走势图

此后欣锐科技的股价开始反弹，成交量也同步出现了放大态势。与此同时，该股的股价K线多以小阳线报收，成交量柱也以红柱为主，且随着时间的推移，成交量柱开始逐渐放大。

2022年5月13日，该股股价突破了下跌起始线位置，而成交量也同步创下了新高，这时成交量柱形图已经连续数日出现红柱，说明有资金持续流入该股，未来涨势可期。

此后，该股股价出现了一波幅度较大的上涨行情，而5月13日该股股价走出日出红海形态，就是典型的股价暴利拐点。

暴利拐点39：持续放量后突然缩量

股价经过一段时间的缓慢上升，成交量同步呈现温和放大态势后，突然出现大幅萎缩态势，就意味着股价即将迎来一波反攻行情，如图4-9所示。

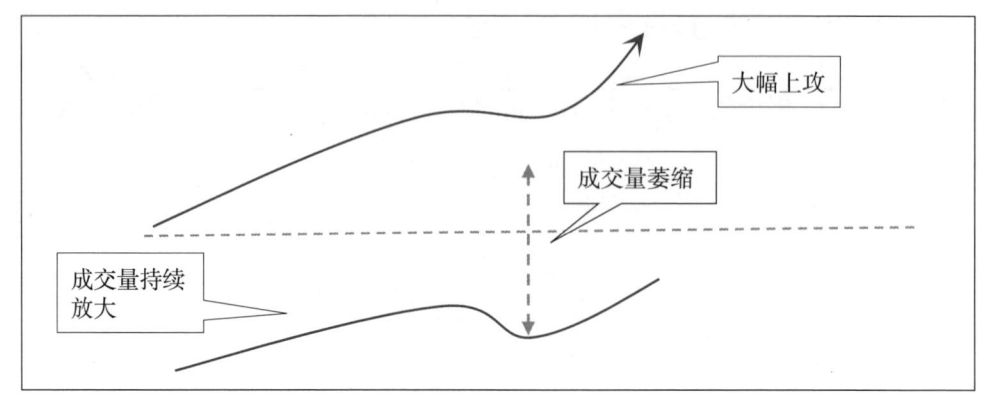

图4-9　成交量持续放大后突然缩量再拐头上升

股价与成交量存在一定的配合关系。随着股价的上升，成交量也同步放大，这是典型的量价相配合状况；此后，若成交量突然萎缩，而股价出现小幅回落或横盘，则意味着主力有可能在进行最后的洗盘，未来股价上涨的概率极高。

【战术解读】

这类暴利拐点的形成具有如下几个典型特征。

第一，股价小幅上升过程中，股价K线多会沿着均线小幅振荡上行，各条均线也会呈现明显向右上方倾斜的状态。

第二，随着股价的小幅上升，成交量会呈现小幅放大迹象。

第三，股价到达某一位置时，比如前期阻力位或整数关口时出现小幅回调，或者小幅横向振荡，与此同时成交量却出现大幅萎缩态势（一般会缩量一半以上），则意味着主力很可能正在进行拉升前的最后"洗盘"。

第四，某一交易日股价突然出现放量上攻迹象，且向上突破了回调前的最高点，这是典型的股价起涨信号。

【实战案例】

下面来看一下莱茵生物的案例，如图4-10所示。

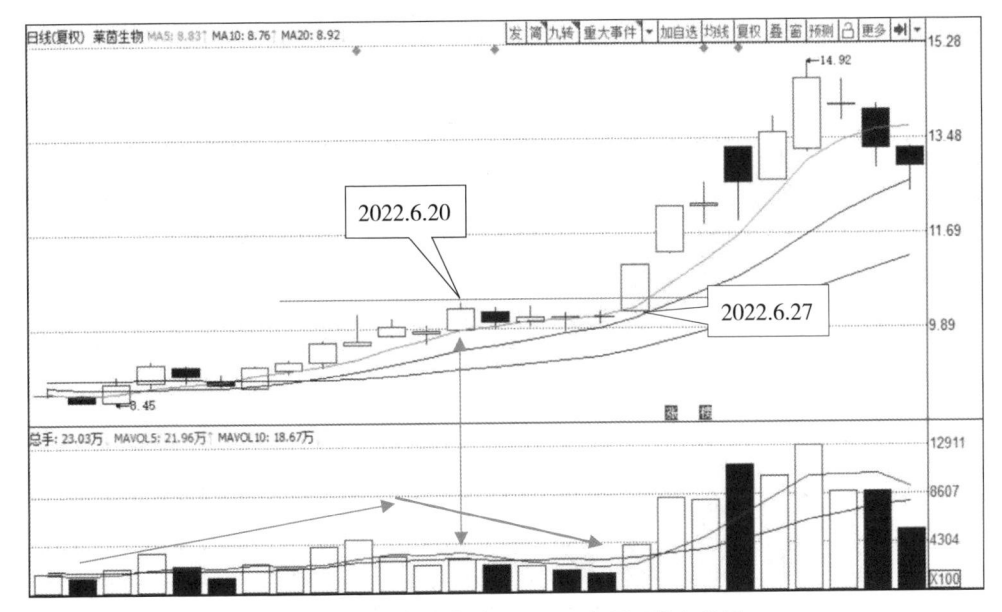

图4-10 莱茵生物（002166）日K线走势图

从图4-10中可以看出，莱茵生物的股价自2022年4月底开始自底部启动小幅振荡上扬走势。该股股价上涨的幅度较小，但从整体上维持了上升的格局，各条均线开始呈现出明显的黏合状态。

到了2022年6月20日，该股股价收出一根中阳线，成交量也小幅放大。此后该股股价进入横向盘整格局，股价连续收出多根小十字星线。与此同时，成交量自6月20日之后出现了较为明显的萎缩态势。鉴于当时的股价与成交量状况，大致可以判断此时属于主力的洗盘行为，股价将会重新选择突破方向。

2022年6月27日，该股股价大幅放量上攻，成交量放大了若干倍，各条均线开始呈现黄金交叉形态，且开始多头发散排列，股价进入强势上攻区间，也意味着该股股价暴利拐点的来临。

暴利拐点40：底部缩量倒锤头线

股价在下跌行情的尾声出现了底部缩量倒锤头线形态，意味着股价将迎来触底反弹的时刻，未来股价很可能会出现一波上升行情，如图4-11所示。

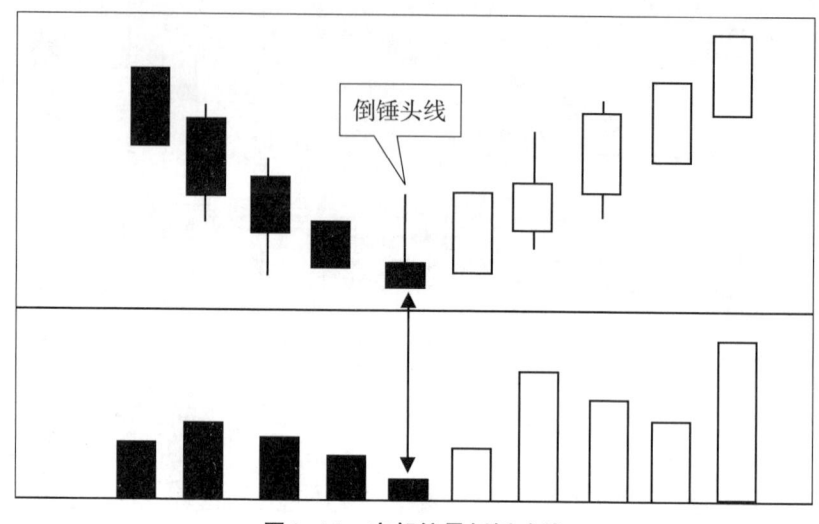

图4-11 底部缩量倒锤头线

倒锤头线看起来就是将锤头线给倒了过来，通常出现在一段跌势的末尾，其实体很小，下影线很短或根本不存在，而上影线却很长，一般要求上影线长度至少是实体的两倍。倒锤头线的实体颜色也不尽相同，可以是阳线，也可以是阴线。

📈【战术解读】

这类暴利拐点的形成具有如下几个典型特征。

第一，从交易情况来看，当股价已经有了一个较大的跌势之后，市场上交投并不活跃。但在某一天开盘后，多方力量开始进场接盘，股价随之上涨，但随后在空方的打压下留下了一根带长上影线的K线。尽管当日空方成功地将多方的攻势化解，但也注定消耗了较多的实力，这也为多方后面的进攻提供了机会。

第二，倒锤头线是底部信号，后市看涨，如果出现倒锤头线的次日，股价呈上涨势头，则表明多方已经开始占据主动，投资者可适量买入。

第三，出现倒锤头线形态后，如果投资者担心风险，则可以观察几日，待到上涨行情确立后再积极买进。

第四，阳线倒锤头线比阴线倒锤头线的看涨信号更强。

第五，倒锤线的上影线越长、实体越短，形态发出的反转信号就越可靠。

第六，倒锤头线出现的当天，成交量最好保持缩量态势。如果出现倒锤线的当天成交量很大，则会增加股价下跌的可能性。

第七，由于倒锤头线留有较长的上影线，需要通过之后的股价走势来对此确认，如果股价有效突破其上影线的顶端，则可以确认为信号有效。

📈【实战案例】

下面来看一下新锐股份的案例，如图4-12所示。

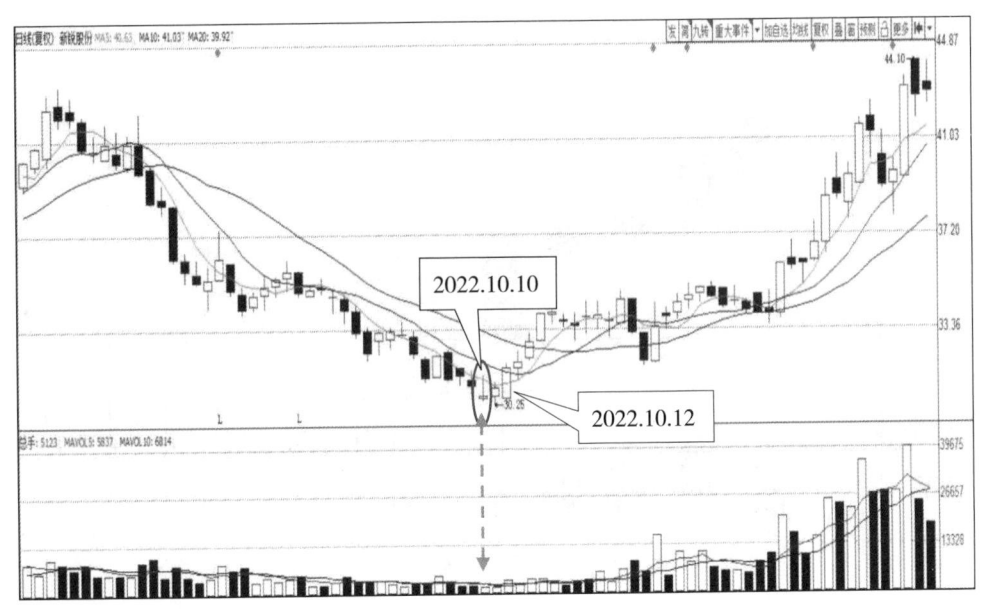

图4-12 新锐股份（688257）日K线走势图

从图4-12中可以看出，新锐股份的股价自2022年8月启动了一波大幅下跌走势。随着股价的持续走低，成交量也同步出现萎缩态势。

2022年10月10日，新锐股份的股价跳空下跌后发力向上反弹，之后再度遭到空方的打压，最终收出了一根带长长上影线的倒锤头线。

次日，该股股价经历了一波大幅振荡，一度创出最低价，但很快上攻，并以放量阳线报收。当然，此时投资者可出于安全考虑，待股价向上突破10月10日最高点后再入场买入股票。

10月12日，该股经过一段时间的底部调整后，成功向上突破了10月10日的最高点，启动了一波上涨行情。

至此，投资者可积极入场追涨买入股票。

暴利拐点41：底部缩量大阴线

股价在下跌行情的尾声出现了底部缩量大阴线形态，意味着股价将迎来触底反弹的时刻，未来股价很可能会出现一波上升行情，如图4-13所示。

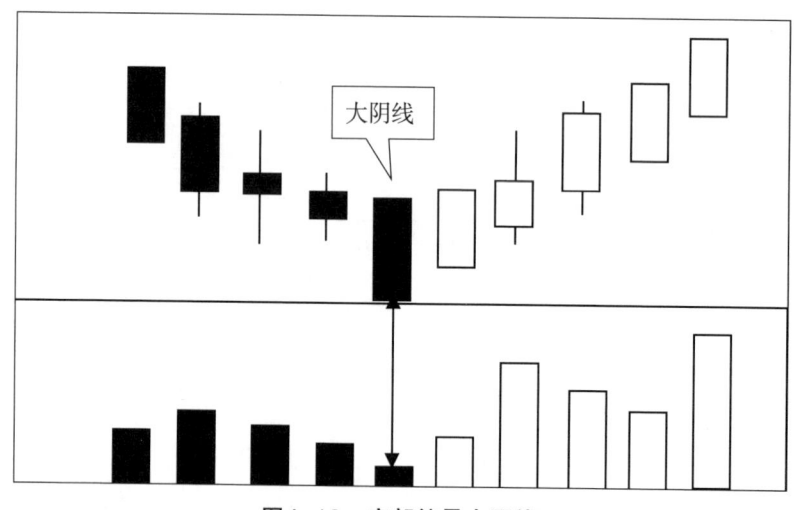

图4-13 底部缩量大阴线

大阴线，又称长阴线，表示股价从开盘到收盘有一个很大的跌幅，通常收盘价与开盘价之间的波动范围在6%以上。单日大阴线实体理论上的波动范围可达当日开盘价的20%，即开于涨停位，收于跌停位。由于实体较长，所以大阴线一般只有很短的影线或者没有影线。大阴线通常是看跌信号，但是当它出现在深度下跌之后的低位，且成交量不是很大时，则是空方力量衰竭的象征。

【战术解读】

这类暴利拐点的形成具有如下几个典型特征。

第一，股价经过一段时间的下跌之后，跌势仍然没有改变的迹象，但成交量却已经极度萎缩。在某个交易日，股价开盘后一路走低，最终形成了一根实体很大的大阴线。但是当天的成交量没有明显的放大迹象，仍然保持在一个相对较小的水平。出现这种走势时，投资者就要注意查看股价是否接近或已经到达底部了。

第二，当股价在大跌之后出现一根大阴线，而市场上的卖盘并不多，这时虽然不能判断行情将出现逆转，但投资者至少应认为股价快要到达底部。此时投资者不宜继续看空，卖出股票更是不明智的。

第三，在底部大阴线出现后不久，如果股价开始回升，投资者可以在股价有效突破大阴线的最高价时适量买入。

第四，在判断大阴线是否是底部大阴线时，应该结合股价的历史走势和当前的大盘情况综合分析。

第五，在出现底部大阴线时，成交量应该保持较小的水平，如果放出巨量，则会增加股价继续下跌的可能性。

第六，出现底部低量大阴线时，均线一般呈空头发散状态，乖离率已经严重偏离了经验值，大多数表示超买超卖的技术指标均会显示为超卖状态。

【实战案例】

下面来看一下威腾电气的案例，如图4-14所示。

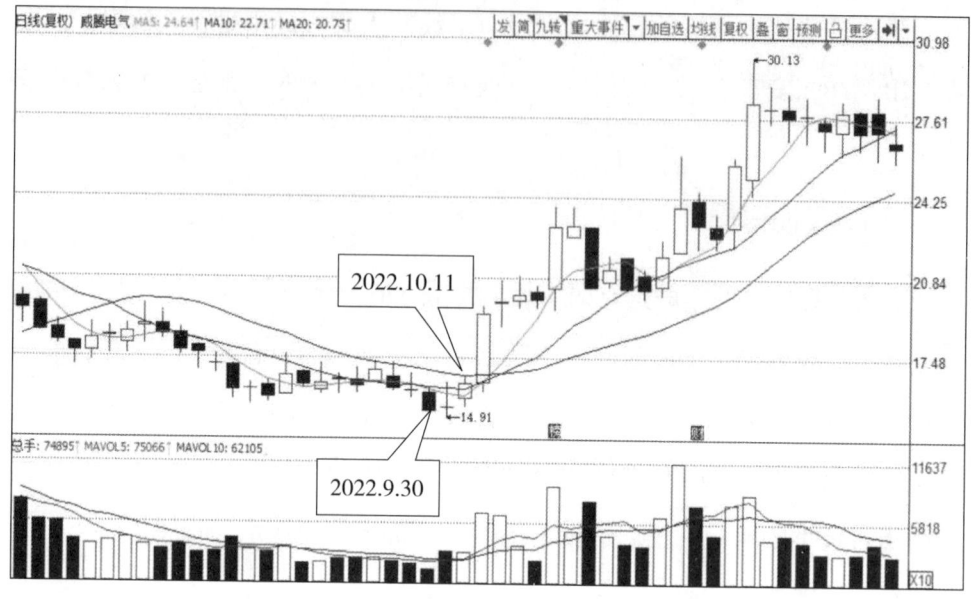

图4-14　威腾电气（688226）日K线走势图

从图4-14中可以看出，2022年9月底，威腾电气的股价经过一段时间的下跌之后，开始了振荡反弹。2022年9月30日，该股在连续两个交易日下跌的基础上，又收出一根大阴线，同日成交量相比于前两个交易日出现了明显缩量。这说明做空力量实力已大大减弱，股价不久可能见底。

次日，该股收出一根十字线，股价创出新低后出现反弹迹象。

2022年10月11日，该股在跳空高开后被迅速拉升，并以中阳线报收，同时突破了9月30日的开盘价，意味着股价反弹格局的确立。

未来股价将迎来一波上涨行情。

第二节 量价异动过左锋拐点的交易信号

在所有成交量形态中，缩量是主力最难操控的一种形态。因此，当成交量出现明显缩量时，往往意味着股价将迎来新的行情走势。

暴利拐点42：倍量伸缩临左锋

从本质上来说，这也是股价突破前期高点的一种特殊形态。股价K线在完成对前期高点的突破前，成交量形态构成了典型的倍量伸缩态势，说明股价突破成功的可能性很大。一旦股价成功突破，则意味着股价将迎来一波上升行情。如图4-15所示。

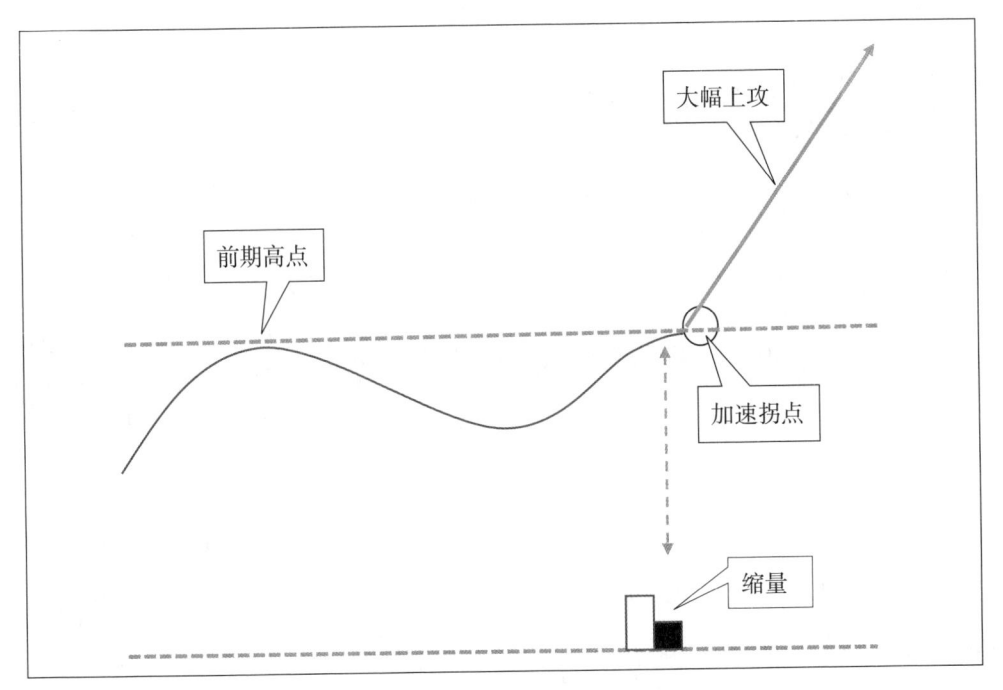

图4-15 倍量伸缩临左锋加速上攻图示

股价经过一连串小幅振荡上升临近前期高点附近，因前期高点的阻力，股价出现了小幅回调。在回调时，成交量呈现了明显的缩量态势（一般以缩量一倍以上为宜）。当成交量缩量到一定程度而无法继续缩量时，往往就是股价将要发动越过左锋冲锋的时刻，这也是暴利拐点出现的时刻。

📈【战术解读】

这类暴利拐点的形成具有如下几个典型特征。

第一，股价自底部反弹后出现小幅上升走势，而且股价越是临近前期高点位置，所感受到的阻力越强。因此，股价K线出现上影线的情况会比较多。

第二，股价在临近前期高点位置并没有发力突破，而是选择了主动回调，以积蓄实力。成交量同步呈现明显的萎缩态势，一般以缩量一倍为宜。若这种缩量持续两个交易日，股价重新向上突破的概率更大。

第三，股价回调至某一支撑位后，获得明显的支撑，且该股成交量明显萎缩，这是最有可能的临近启动形态。

第四，某一交易日股价突然出现放量上攻并成功突破前期高点，这是典型的拐点来临信号，投资者可考虑入场建仓。

📈【实战案例】

下面来看一下奥联电子的案例，如图4-16所示。

从图4-16中可以看出，奥联电子的股价在经过一波缓慢的上涨后，于2022年11月21日创出一个阶段高点后，呈现明显的振荡下行态势。

12月8日，该股股价经过重新振荡上升，股价K线再度来到了前期高点附近。12月9日，该股股价小幅回调，成交量同步萎缩一半以上，这是典型的倍量伸缩形态，预示股价有反向大幅冲高的可能。

12月12日，该股股价跳空高开，直接越过了前期高点，并以涨停报收，意味着股价已经完成对前期高点的突破，股价暴利拐点正式出现。

此后，该股股价迎来一波快速上升行情。

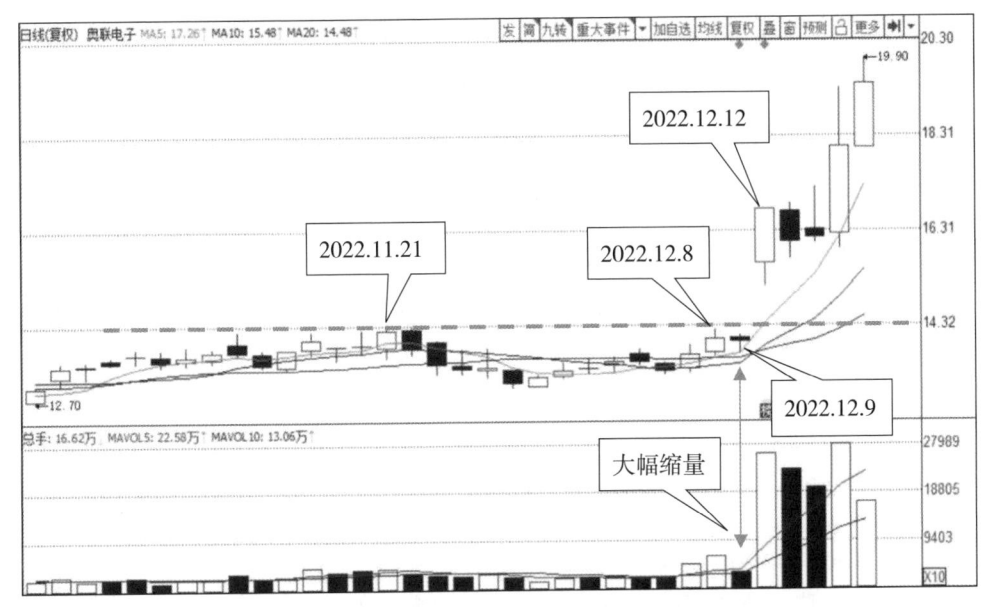

图4-16 奥联电子（300585）日K线走势图

暴利拐点43：缩量触及趋势线

从本质上来说，这也是股价突破趋势线的一种特殊形态。股价K线沿着趋势线振荡下行，成交量同步萎缩。某一时刻，当股价来到趋势线附近时，因受到趋势线阻力而回调，成交量同步萎缩。一旦股价启动突破，则意味着股价将迎来一波上升行情。如图4-17所示。

📈【战术解读】

这类暴利拐点的形成具有如下几个典型特征。

第一，股价在振荡回调过程中始终受一条向右下方倾斜的下降趋势线压制，无法形成有效的突破，该股票的成交量同步出现萎缩态势。

第二，该趋势线对股价事实上造成较大的阻力，每当股价上升至该趋势线位置时，都会因为该线的阻力作用而重新回落。

第三，因该线对股价造成了一定的阻力，就使得很多投资者将其看成较佳的出货位置，也就是说，当股价上升至该线附近时，投资者就可能主动选择卖出手中的股票，这就在一定程度上强化了该线的作用。

第四，股价经过一波振荡后，再度来到趋势线附近，并呈现出明显的振荡回调态势，且成交量出现了较大的萎缩。这意味着股价即将完成对趋势线的突破，投资者可做好入场准备。

第五，某一交易日，股价突然发力完成对趋势线的突破，成交量同步放大，这是典型的入场信号。

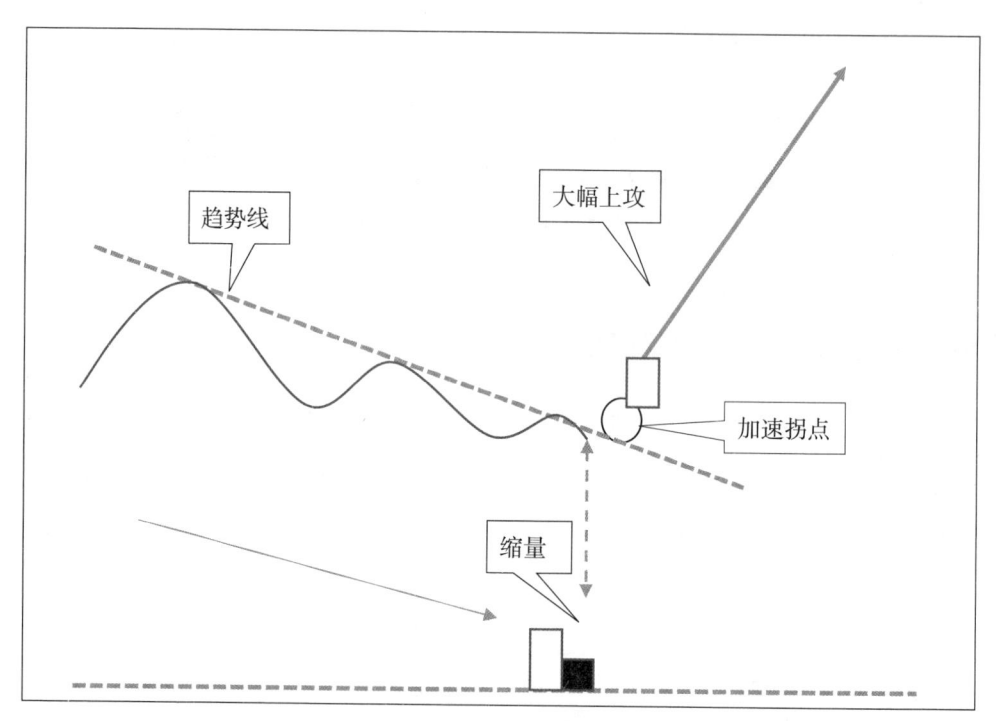

图4-17 沿趋势线缩量加速上攻图示

【实战案例】

下面来看一下美瑞新材的案例，如图4-18所示。

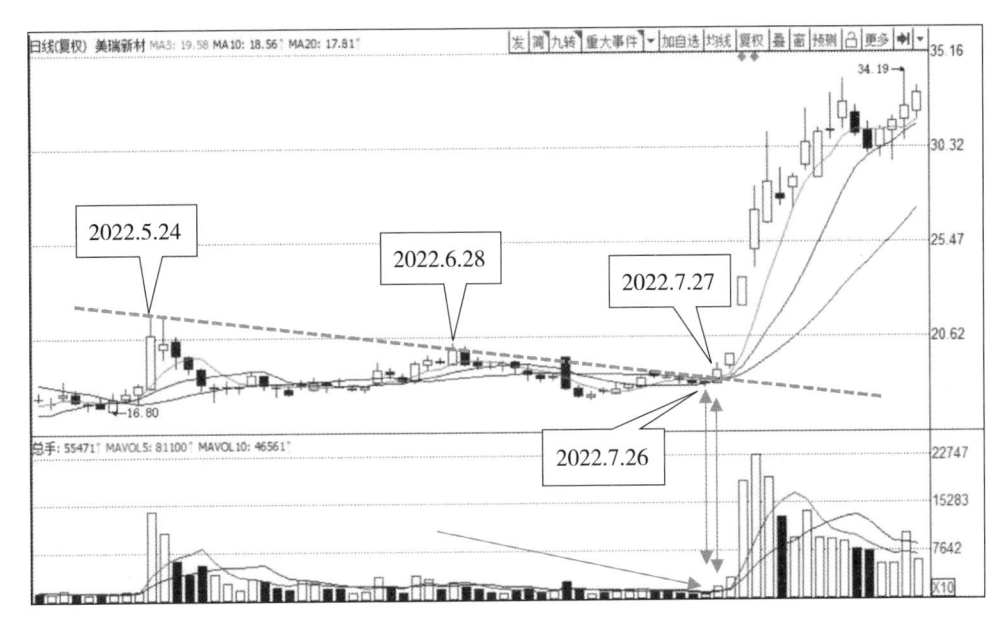

图4-18　美瑞新材（300848）日K线走势图

从图4-18中可以看出，美瑞新材的股价经过一波上涨后，自2022年5月24日创下短期高点后开始呈现调整迹象。

6月28日，该股股价再度形成一个高点后回落，并开始了一波小幅振荡下行走势。投资者可将股价振荡下行中所形成的明显高点连接，绘制出一根趋势线，即下降趋势线。此后，股价一直运行于趋势线下方。投资者可密切关注其后股价的走势情况。

2022年7月26日，该股股价已经来到了趋势线附近位置，但成交量却萎缩至极低水平，这意味着该股股价即将启动上攻模式，投资者可做好准备。

7月27日，该股股价突破上方趋势线的时刻，就是该股的暴利拐点。此后，该股股价迎来了一波快速上升行情。

暴利拐点44：倍量过峰后缩量回调

从本质上来说，这也是股价突破前期高点后回调遇支撑的一种特殊形态。股价以小倍量完成对前期高点的突破后，股价回调，成交量呈缩量（以二分之一以上为佳），说明股价存在很大的反转向上的可能。一旦股价启动突破，则意味着股价将迎来一波上升行情。如图4-19所示。

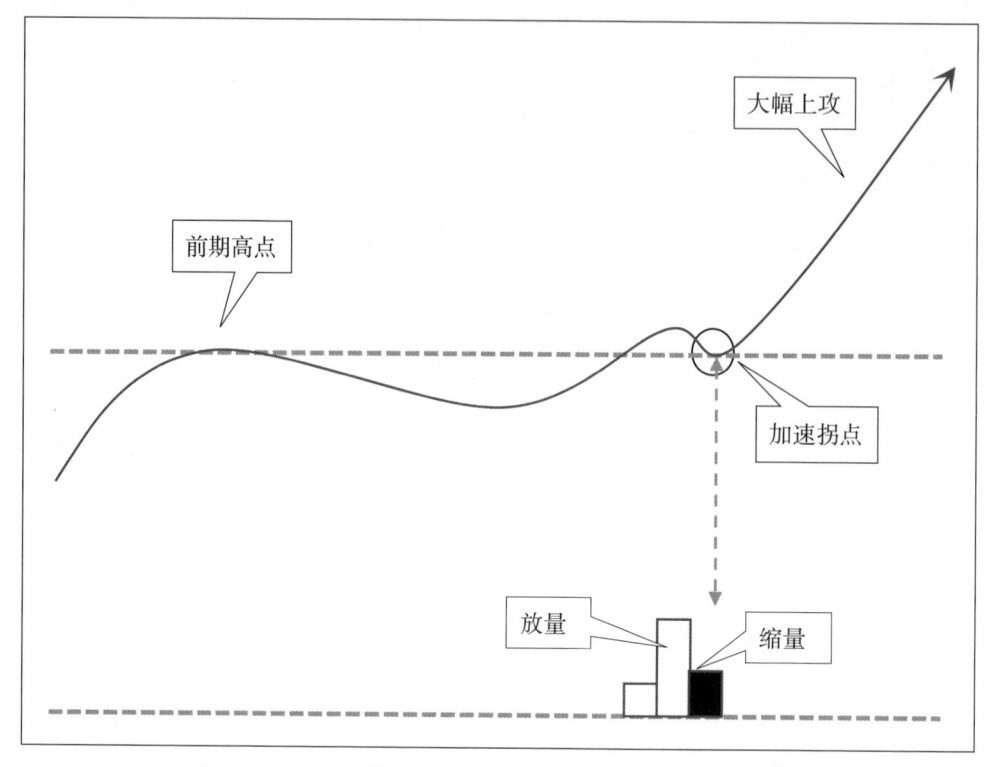

图4-19　倍量过前高缩量回调加速上攻图示

📈【战术解读】

这类暴利拐点的形成具有如下几个典型特征。

第一，股价在前期创出阶段高点后回调，股价自底部反弹后出现持续的小幅上升走势，这是行情转暖的一个标志。

第二，某一交易日，股价放量突破前期高点位置，成交量放大了数倍，一般以三倍左右为宜，不能出现天量。

第三，股价突破前期高点后没有继续上攻，而是出现了回调走势。成交量同步出现萎缩，以萎缩至前一日成交量二分之一以上为佳。

第四，股价回调至前期高点位置时，因受前期高点的支撑而重新上攻，此时就是股价重新开启强势上攻的临界点。

第五，通常来说，前期高点位置往往会聚集较多的获利盘，若股价能够完成对该位置的突破，则意味着这些套牢盘已经被消化，而且该位置会被很多人看成一个较佳的入场位置。因此，当股价再次回落至该位置时，很多场外资金就会入场买入股票，从而将股价向上推高，该股股价则借此发动一波上升走势。

📈【实战案例】

下面来看一下诺邦股份的案例，如图4-20所示。

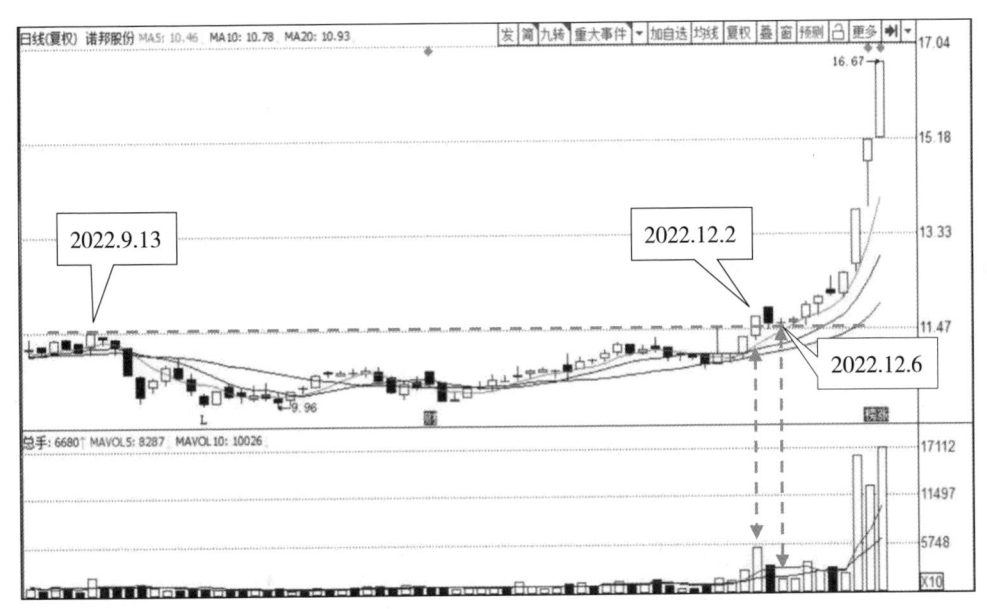

图4-20　诺邦股份（603238）日K线走势图

从图4-20中可以看出，诺邦股份的股价在2022年9月13日创下一个阶段高点后快速下跌。此后，该股股价出现止跌企稳迹象。

2022年12月2日，该股股价放量向上突破了9月13日的高点位置，当日成交量放大了一倍以上。此后的两个交易日，该股股价连续回调，成交量也同步出现萎缩态势，且基本上都是在二分之一左右的水平。

12月6日，该股股价回调至9月13日高点位置附近时，因受该点的支撑而重新上攻。

此后，该股股价经过几个交易日的盘整后，立即转入大幅上攻走势，标志着该股暴利拐点的来临。

第五章
涨停板引领暴利拐点

涨停是股价涨势最为迅猛的一种体现。通常来说，涨停板的出现，也是股价走势出现拐点的明确信号，即股价将进入加速上涨周期。

第一节　涨停板拐点的交易信号

一只股票能够涨停，与主力的运作密不可分。主力在即将拉升股价之前，必然会有一些预先准备的动作，这些动作或多或少地会在K线图上有所反映，如K线的某些异动、成交量或技术指标的异动等。本章内容试图通过对这些异动形态的分析，帮助投资者提升伏击涨停板的成功率。

暴利拐点45：涨停板引领股价上升

涨停板是股市中最美丽的风景线。当股价经过长时间的盘整或小幅上升后，突破拉出一个涨停板，意味着股价将要进入快速上升的轨道。这个涨停板出现的当日，就是股价暴利拐点出现的时刻，如图5-1所示。

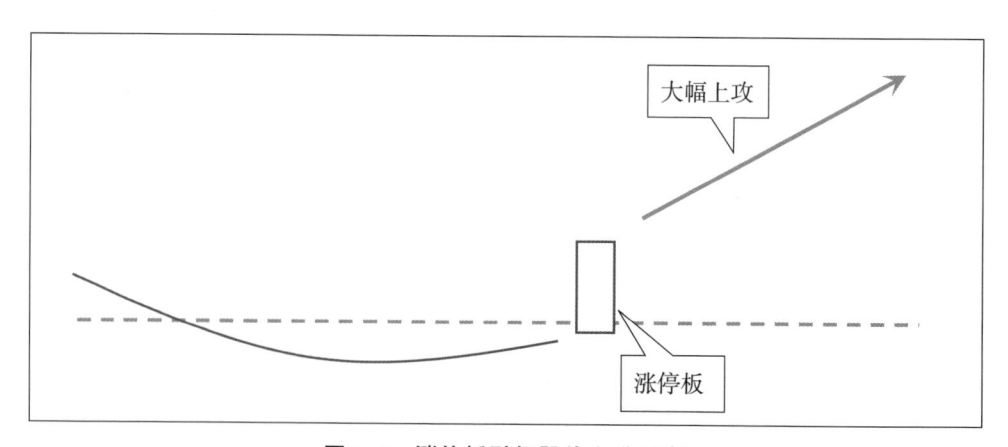

图5-1　涨停板引领股价上升形态

通常来说，涨停板的出现意味着大量资金的流入，以及市场上的投资者对股价后市普遍看好。因此，当股价在低位维持一段时间的振荡或小幅上升后，涨停板的到来是典型的股价启动信号，未来股价很可能会迎来一波快速上升行情。

【战术解读】

这类暴利拐点的形成具有如下几个典型特征。

第一，股价走出涨停板形态前，已经经历了一波较长时间的振荡或小幅上扬，一方面说明多空双方的力量趋于平衡，另一方面也说明多方正在逐渐积蓄实力，准备发动反攻浪潮。

第二，股价发动涨停的当日，若股价同步完成了对前期某些重要阻力位的突破，则未来股价继续上攻的概率更大。

第三，股价涨停后，若出现回调走势，只要股价没有跌破涨停板最低价或开盘价，就仍可认定股价的上行趋势没有被破坏。

第四，投资者可将涨停板的收盘价看成一个重要的入场参照位。若股价在涨停后的小幅高位调整阶段，在前面的涨停价位获得支撑，则可考虑入场买入股票；若股价涨停后立即转入回调，只要股价能够向上有效突破涨停板的收盘价，仍可考虑入场买入股票。

第五，涨停板出现的当日，就可看成股价运行趋势的转折日，也是股价暴利拐点的来临日。

【实战案例】

下面来看一下美利云的案例，如图5-2所示。

从图5-2中可以看出，美利云的股价经过一段时间下跌后，在2022年10月初出现了明显的企稳迹象。

10月12日，该股股价强势拉出涨停板。次日，该股股价跳空高开后小幅回落，在K线图留下了一根假阴真阳的K线。此后，该股股价出现了一波短暂的调整。

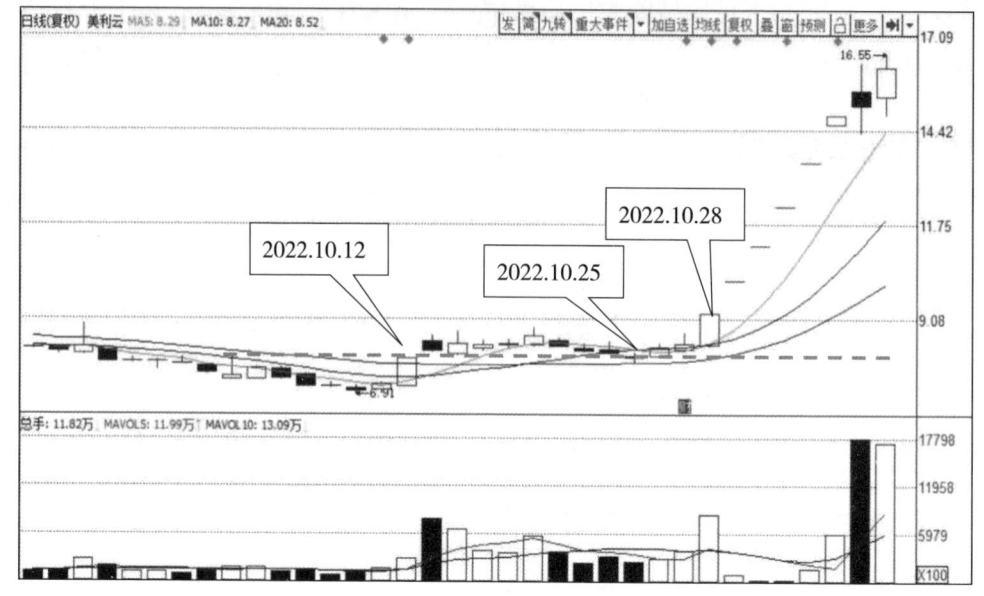

图5-2 美利云（000815）日K线走势图

10月25日，该股股价回调至10月12日涨停板收盘价附近时，因获得了足够的支撑而反向上升。

此后，该股股价正式进入快速上升轨道，自10月28日开始，更是连续拉出数个涨停板。

由此可见，10月12日该股股价的涨停，就是整个股票上升趋势启动的明确信号，也可以看成该股股价的暴利拐点位置。

暴利拐点46：涨停过顶暴利拐点

前期顶部位置往往会聚集较多的套牢盘，这些套牢盘势必会对股价未来的上升构成较大的阻力。而涨停板的出现则是主力坚决做多的一种表示，因此，当股价向上以涨停板形式完成对前期顶部区域的突破，就意味着主力已经决定加大拉升力度，股价正式进入加速上升行情。如图5-3所示。

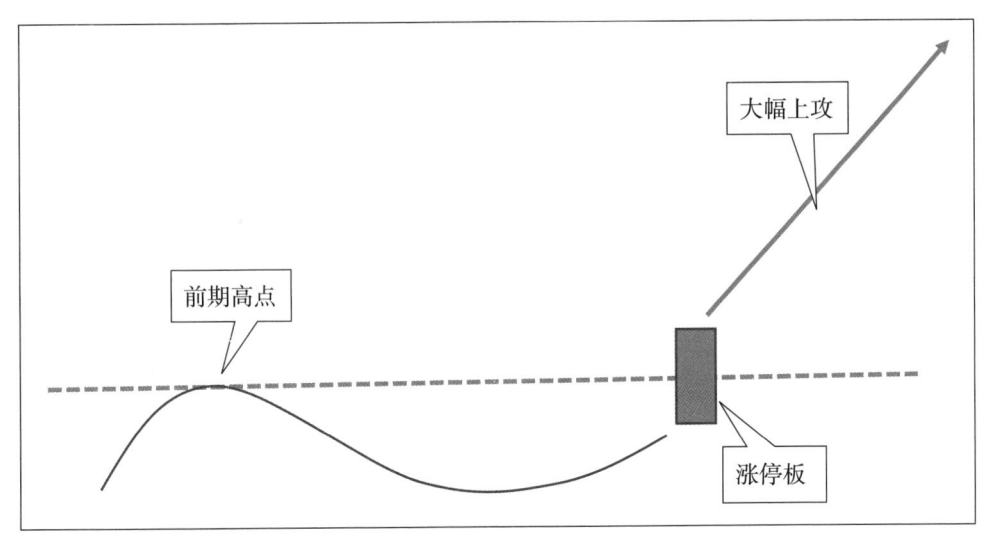

图5-3　涨停过顶加速上攻图示

通常来说，前期高点位置套牢盘较多，当股价来到前期高点附近时，就会受这些套牢盘的影响而出现回落。因此，当股价在低位维持一段时间的振荡或小幅上升后，以涨停板的形式突破了前期高点位置，是典型的股价加速上升信号，未来股价很可能会迎来一波快速上升行情。

📈【战术解读】

这类暴利拐点的形成具有如下几个典型特征。

第一，股价自前期高点位置回调后，再次来到前期高点附近时，就会因受该位置的阻力而常常收出一根带很长上影线的K线。

第二，某一交易日，股价放量上升，并以涨停形式突破了前期高点位置，则意味着主力已经加大拉升的力度，未来股价将开启大幅上升行情。

第三，股价以涨停形式突破前期高点位置时，成交量应该出现较为明显的放大，但不能出现天量。

第四，股价放量突破前期高点位置后，若出现回调走势，则前期高点位置可能会成为股价回调的支撑位置。当股价获得足够支撑,就可能重新开启一波上升行情。

📈【实战案例】

下面来看一下悦心健康的案例,如图5-4所示。

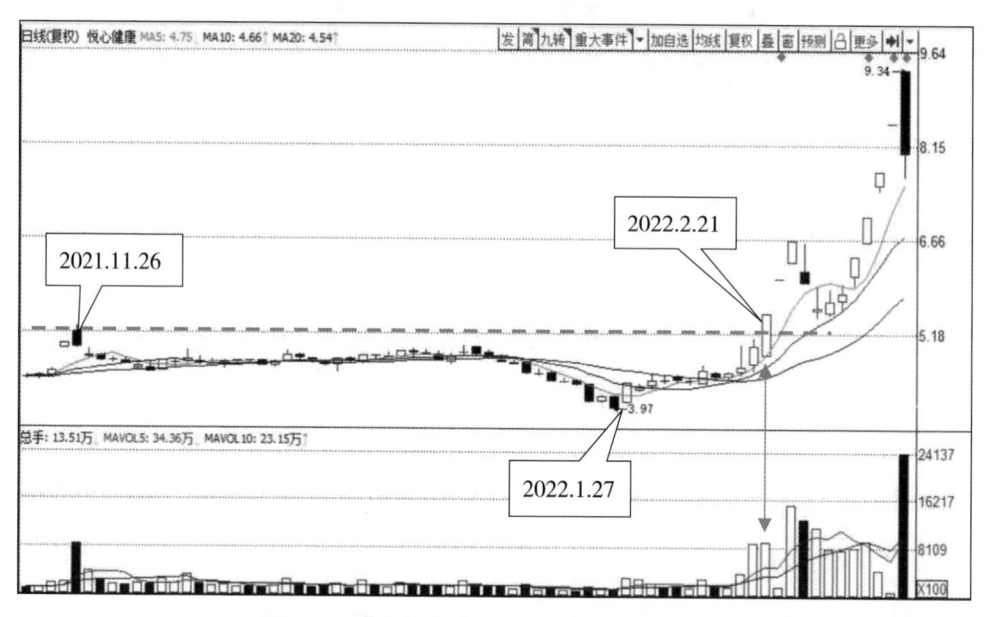

图5-4 悦心健康(002162)日K线走势图

从图5-4中可以看出,悦心健康的股价在2021年11月26日创下一个阶段高点后,进入振荡下行区间。该股股价在2022年1月27日一度触及3.97元的低点。

到了2月中旬,该股股价来到前期高点附近,因受到该位置的阻力而频频出现带长上影线的K线。

2月21日,该股股价放量向上突破2021年11月26日的高点位置,且成交量出现了放大态势。

此后,该股股价正式进入快速上升轨道,更是连续拉出数个涨停板。

由此可见,2月21日该股股价的涨停,就是整个股票上升趋势启动的明确信号，也可以看成该股股价的暴利拐点位置。

暴利拐点47：涨停回落再出发暴利拐点

股价连续拉出涨停板后，出现大幅回落。当股价在某一支撑位获得足够支撑后再度上升，且突破了之前的涨停价位，则意味着股价将迎来一波新的强势上升行情，如图5-5所示。

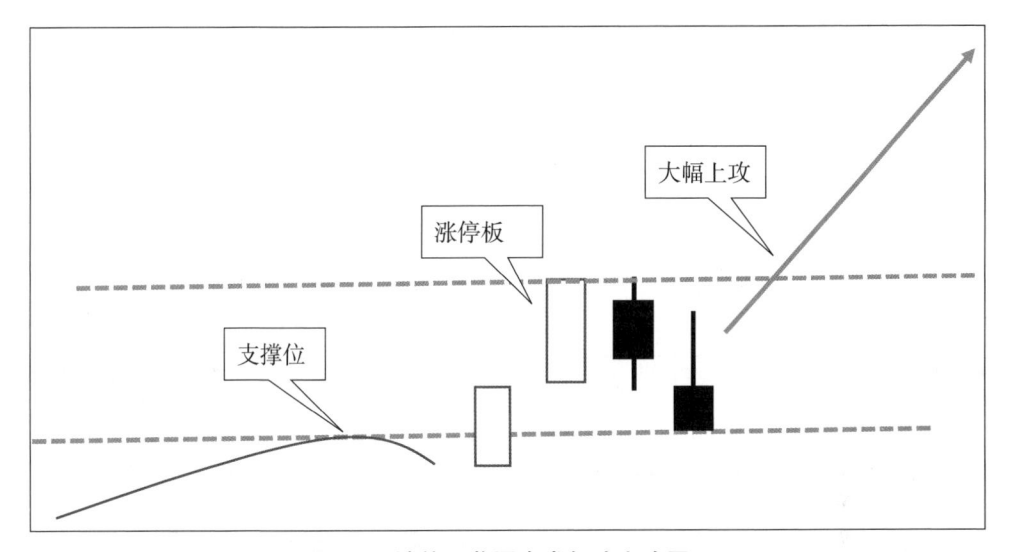

图5-5 涨停回落再出发加速上攻图示

从图5-5中可以看出，股价在连续涨停后出现回调走势，当其回落至某一支撑位时，因受该支撑位的支撑而重新出现上攻走势。其股价重新向上突破前期涨停最高价，意味着股价将要发动新一波的上攻走势，这也是股价迎来新的暴利拐点的时机。

【战术解读】

这类暴利拐点的形成具有如下几个典型特征。

第一，股价经过连续涨停，其中有很多资金存在兑现利润的需求，这也是股价会出现回落的根本原因。

第二，股价回落过程中，若成交量没有出现异常的放大，甚至出现了缩量，则意味着主力有很多资金并未流出，主力资金存在洗盘的可能，这也是股价未来能够继续上升的根基所在。

第三，当股价回落至某一前期支撑位，可以是股价的前期高点位置、中期均线位置，也可以是涨停板出现日的最高价或最低价等。

第四，股价K线回落至某一支撑位附近时，成交量同步萎缩至较低的水平，基本可以认定主力洗盘基本结束，未来股价将会反向上攻。

第五，股价获得支撑后出现反弹，只有股价重新向上突破了涨停位，才能认定股价重新步入了上升通道。

📈【实战案例】

下面来看一下百亚股份的案例，如图5-6所示。

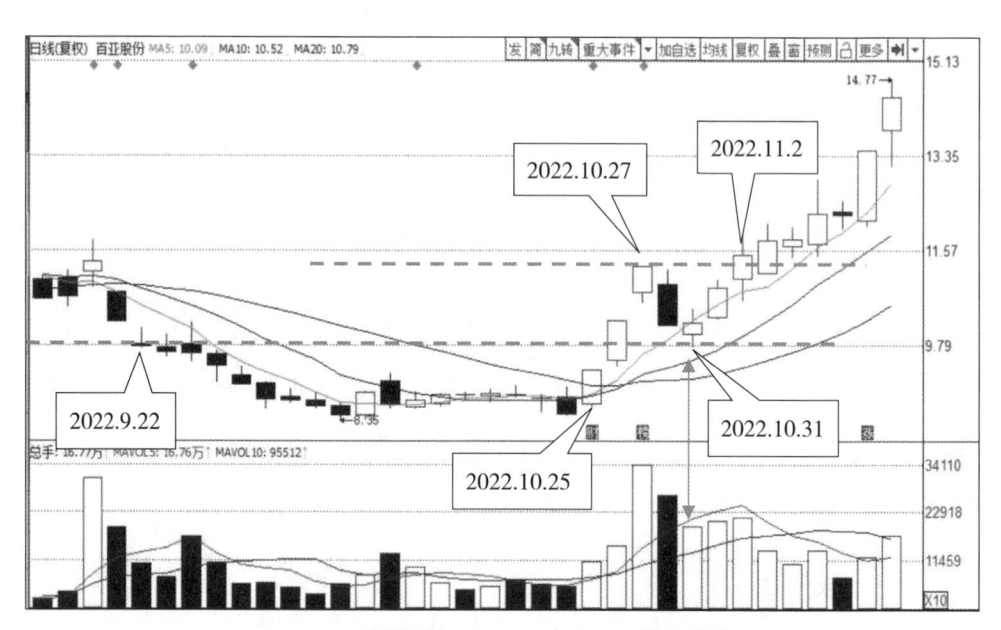

图5-6　百亚股份（003006）日K线走势图

从图5-6中可以看出，处于底部盘整区间的百亚股份在2022年10月25日突然拉出一个涨停板。此后，该股股价更是连续拉出了三个涨停板，强势尽显。

10月27日，该股股价涨停之后，出现了调整走势。从股价K线的走势来看，随着股价的大幅走低，成交量同步出现了较大幅度的萎缩。一方面说明有获利盘流出，另一方面也说明主力并没有全部撤出，存在洗盘的可能。

10月31日，该股股价缩量回调至9月22日向下跳空缺口附近，并在该位置获得了足够的支撑。

此后，该股股价反向上攻。保守型投资者可以耐心等待股价对10月27日高点的突破，激进型投资者可少量入场建仓。

11月2日，该股股价完成了对10月27日高点的突破，意味着股价将进入新一波的上攻行情，投资者可积极入场追涨。

此后，该股股价连续大幅上升。

第二节　K线涨停异动拐点信号

K线是股价走势最直接的反映，也是主力最喜欢做文章的一种技术分析工具。尽管借助单独的K线形态难以预判可能到来的涨停，但通过将一些特殊的K线形态与其他技术分析方法相结合，还是可以提升伏击涨停板的概率的。

暴利拐点48：增强版上升三法

增强版上升三法属于典型的看涨信号，通常是主力游资拉升前清洗浮筹常用的方法。次日，股价存在进一步挑战高点，甚至涨停板的可能，如图5-7所示。

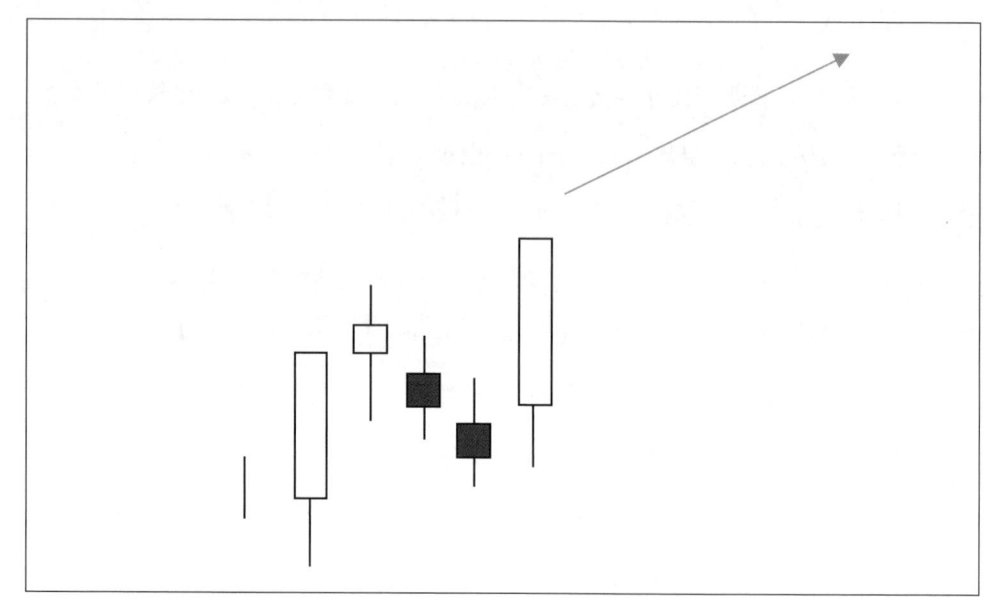

图5-7 增强版上升三法引领股价上攻

上升三法是K线上升形态中非常经典的一种。经典的上升三法，一般由两个中到大阳线和三根小阴线组成，三根小阴线属于上升途中的洗盘形态。增强版上升三法，一般由两根光头大阳线（后一根应为涨停阳线）和两到四根小阴（阳）线组成，且这几根小阴线或阳线多为带长上下影线的小实体K线。

【战术解读】

这类暴利拐点的形成具有如下几个典型特征。

第一，前后两个交易日的涨停阳线是主力游资进攻的信号，也是坚决做多的一种态度。只是最后一根涨停阳线未必会给散户太多的入场时间，许多游资还喜欢在盘中搞个偷袭。

第二，中间洗盘的长上下影线的阴线与阳线实体大小并不重要，数量一般为两根到四根，有时可能会更多一点，并不影响形态的成立。通常情况下，这几个交易日股价的波动幅度会非常大，目的就是将意志不坚定的散户吓退。

第三，最后一根光头阳线是整个形态成立的关键，该根阳线必须以涨停板收盘。

第四，增强版上升三法形态的出现，预示股价短线将有一波强势上升走势，因此，该形态也就具有比较典型的暴利拐点性质。

📈【实战案例】

下面来看一下中岩大地的走势情况，如图5-8所示。

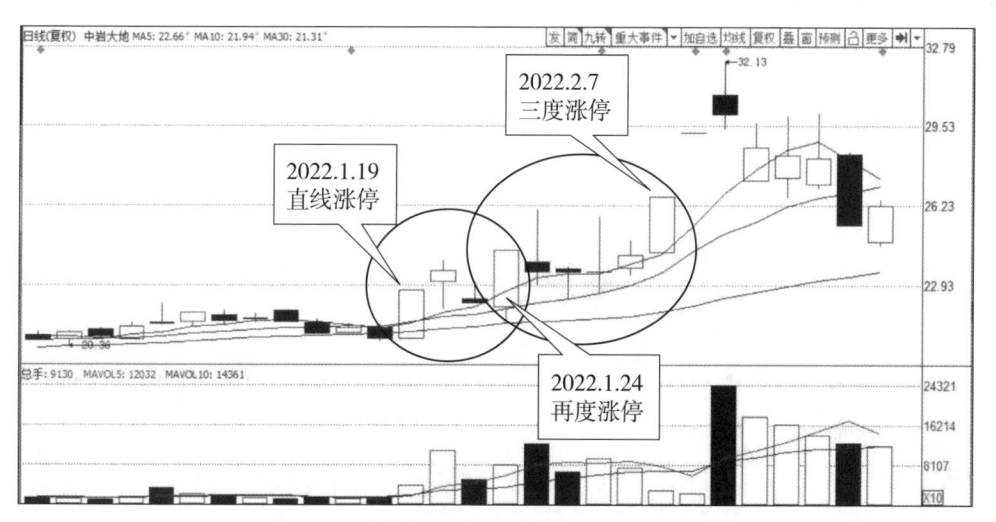

图5-8　中岩大地（003001）日K线走势图

从图5-8中可以看出，在基建热炒的背景下，2022年1月19日，中岩大地强势涨停。其后的两个交易日，该股股价出现强势振荡，1月24日，该股股价再度涨停，增强版上升三法形态正式成立。

不过，此后该股股价并未出现大幅上升，而是重新进入调整区间。2月7日，该股股价三度涨停，即二度形成增强版上升三法形态。

至此，主力的意图已经非常明显，即继续拉升，别无选择。

此后，该股先是封上一字板，接着又来了一次冲高。

主力游资采用涨停回调再涨停的方式，有一个明显的好处，即可以避开龙虎榜，以免暴露踪迹。毕竟在基建热炒的行情下，板块热度本身就比较高了，已经不需要游资主力亲自现身来带动股价了。

暴利拐点49：空中加油

股价经过盘整或缓慢上升后，突然出现空中加油形态，其后股价很可能会经过调整后进入强势上升通道。该形态就可以看成一个典型的暴利拐点信号。如图5-9所示。

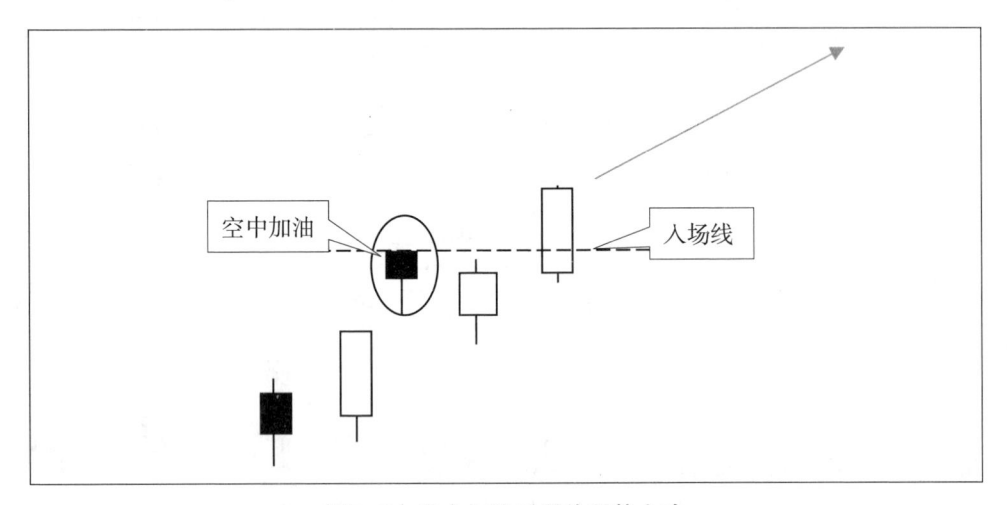

图5-9 空中加油后股价强势上攻

空中加油形态是指股价在跳空上升后，受到了空头的强力打压，股价K线以阴线报收，成交量同步放大。

该形态的出现一般由两种情况导致：其一，游资主力吸筹不充分，有必要通过大幅回调振荡完成吸筹操作；其二，游资之间的接力操作，前一波游资获利撤出后，后一波游资进入所形成的形态。

📈【战术解读】

这类暴利拐点的形成具有如下几个典型特征。

第一，股价在前一交易日大涨（通常为涨停）的基础上，大幅高开后回落，给人一种抛盘众多，股价即将回撤的感觉。

第二，空中加油出现当日，成交量通常会比前一交易日放大数倍以上，这属于典型的资金运作的痕迹。

第三，空中加油形态出现在股价启动初期，一般为看涨信号，当股价重新向上突破空中加油形态的最高点，即为入场信号。

第四，空中加油形态往往会成为股价由慢涨到快涨的一个拐点信号。特别是前期股价涨幅较小或横盘的股票，未来很有可能会进入强势上升区间。

【实战案例】

下面来看一下法尔胜的案例，如图5-10所示。

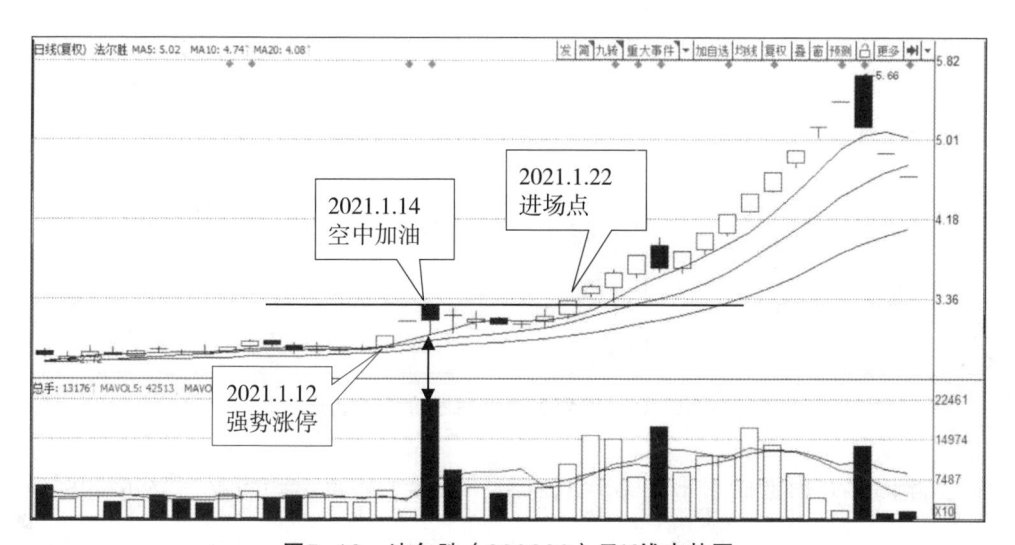

图5-10　法尔胜（000890）日K线走势图

从图5-10中可以看出，法尔胜的股价经过一段时间的振荡上扬后，于2021年1月12日强势涨停，1月13日更是走出了"一字板"形态，强势尽显。

1月14日，该股股价高开后出现放量走低态势，给人一种主力正在出货的感觉。此时投资者可保持关注，不可轻易入场。作为散户，当时是无法判断主力是出货还是换手接力的。

1月22日，该股股价强势启动，并向上突破了1月14日的最高价，这意味着空中加油形态正式成立，股价未来将会延续上升态势。

暴利拐点50：涨停多方炮

涨停多方炮是主力在股价启动前强势洗盘、吸筹时常见的一种形态，如图5-11所示。该形态是主力在底部吸筹时，为了让散户摸不清股价运行方向，并尽可能降低持仓成本而采用的急拉与急打相结合的一种建仓方式。无论是拉升至涨停板，还是拼命向下打压股价（有时甚至会出现跌停板），都是为了尽可能地在低位吸到足够的筹码。

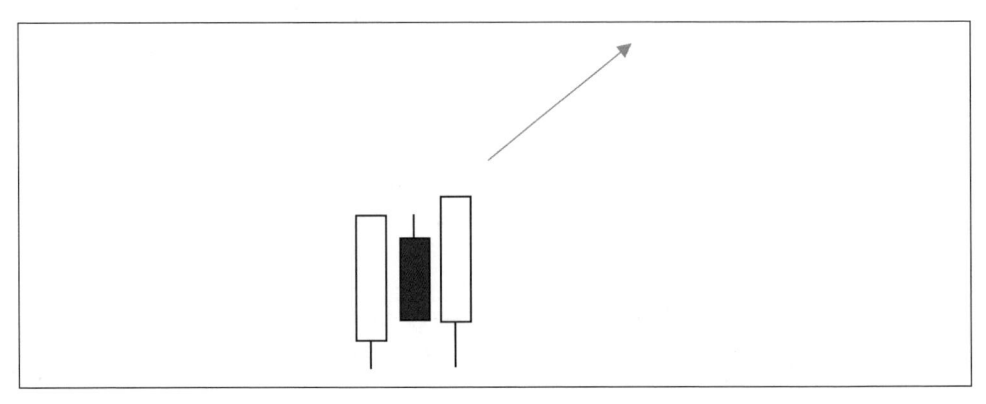

图5-11 涨停多方炮后股价强势上升

涨停多方炮本质上也是多方炮形态，是多方炮形态中看涨意义更强的一种形态，由两根涨停大阳线和一根大到中阴线共同组成。有时涨停多方炮还会出现一种变形，即叠叠涨停多方炮，由三根涨停大阳线夹杂着两根中到大阴线共同组成。

📈【战术解读】

这类暴利拐点的形成具有如下几个典型特征。

第一，涨停大阳线的出现，是该形态最主要的特征。

第二，通常来说，股价涨停的次日多会惯性冲高，而该形态的涨停次日，股价却直接走出了大幅下跌的态势，让前一交易日入场的投资者叫苦不迭。很多人不得不割肉离场，而这恰恰是主力的计谋。

第三，涨停多方炮是否会演变成叠叠涨停多方炮，也并非主力事先策划好的，而是根据市场环境、手中筹码情况而定的。若整个市场已经相当看好这只股票，且主力已经掌控了一定的筹码，此时主力就会直接向上拉升，而非再度回调，形成叠叠多方炮；反之，若手中筹码不够，则会继续强势振荡。

📈【实战案例】

下面来看一下栖霞建设的案例，如图5-12所示。

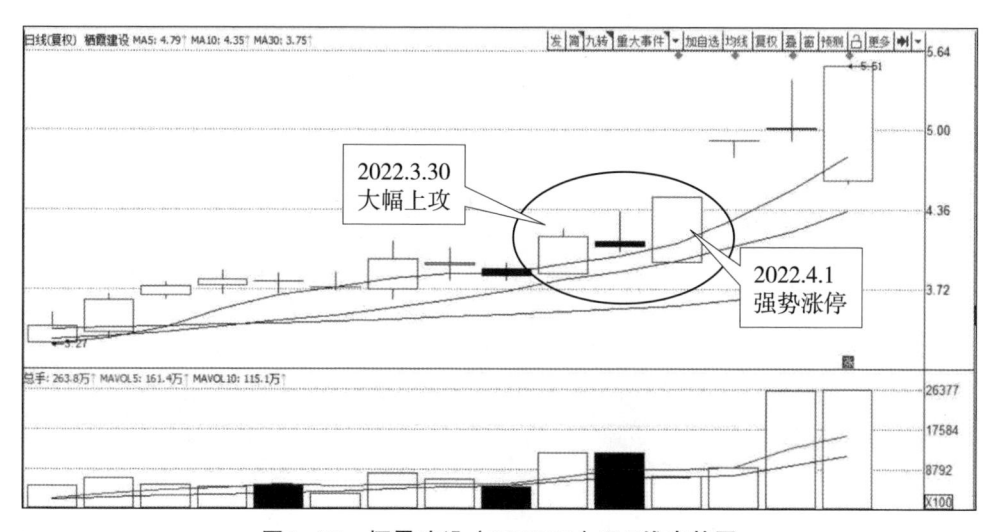

图5-12　栖霞建设（600533）日K线走势图

从图5-12中可以看出，栖霞建设的股价在2022年3月下旬随着基建的走高而出现了上升态势。2022年3月30日，该股股价大幅上攻，其后股价经历了短暂的调整。4月1日，该股股价再度强势涨停。至此，涨停多方炮形态正式形成，也就意味着股价继续看涨的可能性极高。

此后，该股股价连续大幅上涨。从这里也可以看出，涨停多方炮的形成，就是股价进入快速上升区间的暴利拐点。

第六章
技术指标提示暴利拐点

技术指标是证券市场中的专有名词，是人们通过对市场规律性的研究分析，依据一定的统计方法，运用一些复杂的数学模型或计算公式，通过计算机系统生成的某种指标值或图形曲线。它不仅是股市技术分析的研究成果，也是预测股价未来走势、指导投资者买卖的重要工具。

从本质上来说，技术指标就是通过对过去股价走势规律性的分析，来预测未来股价运行态势的一种股市分析工具。

通过对这些技术指标应用的总结，很多技术指标研究者和使用者提炼了多种研判股价上升拐点（暴利拐点）的技巧和方法。本章将对这些方法和技巧进行分类、汇总，以便投资者学习和使用。

第一节 均线拐点的交易信号

均线全称为"移动平均线"（Moving Average），英文简称为MA，是由美国投资专家葛兰碧（Joseph E. Granville）在1962年发明的。该指标是以"平均成本概念"为理论基础，采用统计学中"移动平均"的原理，将一定时间周期内的股价或指数的平均值标在价格图表中连成曲线，用来显示股价或指数的历史波动情况，并以此来预测后市的趋势走向，为投资者提供操作依据。

由于均线本质上反映了整个市场在某一时段内的平均持仓成本，股价K线大部分时间都会围绕均线运动，这也使得股价K线与均线的位置关系，以及短期均线与中长期均线之间的位置关系，往往能够对股价K线未来的走势起到一定的指示作用。

第一，股价K线与均线的位置关系。

通常来说，股价K线位于均线上方时，说明整个市场上大部分投资者处于盈利状态，股价走势呈强势；反之，若股价K线位于均线下方，则说明整个市场上大部分投资者处于亏损状态，股价呈弱势。

当股价K线自下而上突破均线，说明整个市场的做多力量占据优势地位，未来股价继续走高的概率很大；反之，当股价K线自上而下跌破均线，则说明整个市场的做空力量占据优势地位，未来股价很有可能会继续下跌。

当股价K线处于均线上方时，若其出现回调，则其在回调至均线附近时，很容易受到均线的支撑而重新上升；反之，股价K线若处于均线下方，当其反弹至均线附近时，很容易因受均线的阻力而重新下行。

第二，短期均线与中长期均线的位置关系。

短线均线通常以3日均线、5日均线为代表，与股价K线的关联比较紧密，会随着股价K线的振荡而波动，灵敏度较高；中长期均线所涉及的范围较为广泛，如10日均线、20日均线、30日均线、60日均线，甚至120日均线都包括在内。这些均线由于分析周期相对较长，受股价短线波动的影响较小。

因此，日常股价K线出现波动时，5日均线常常率先随之波动，其后才是中长期均线。

随着股价K线的波动，短期均线也会形成对中长期均线的突破：一般来看，短期均线向上突破中长期均线属于典型的看多信号，意味着股价未来很可能会继续上行；反之，若短期均线向下跌破中长期均线，则意味着股价未来很可能会继续下跌。

当短期均线处于中长期均线上方时，若股价出现回调，带动短期均线下行，则其在回调至中长期均线附近时，很容易受到中长期均线的支撑而重新上升；反之，短期均线若处于中长期均线下方，当股价反弹带动短期均线反攻，其反弹至均线附近时，因受中长期均线的阻力而重新下行。

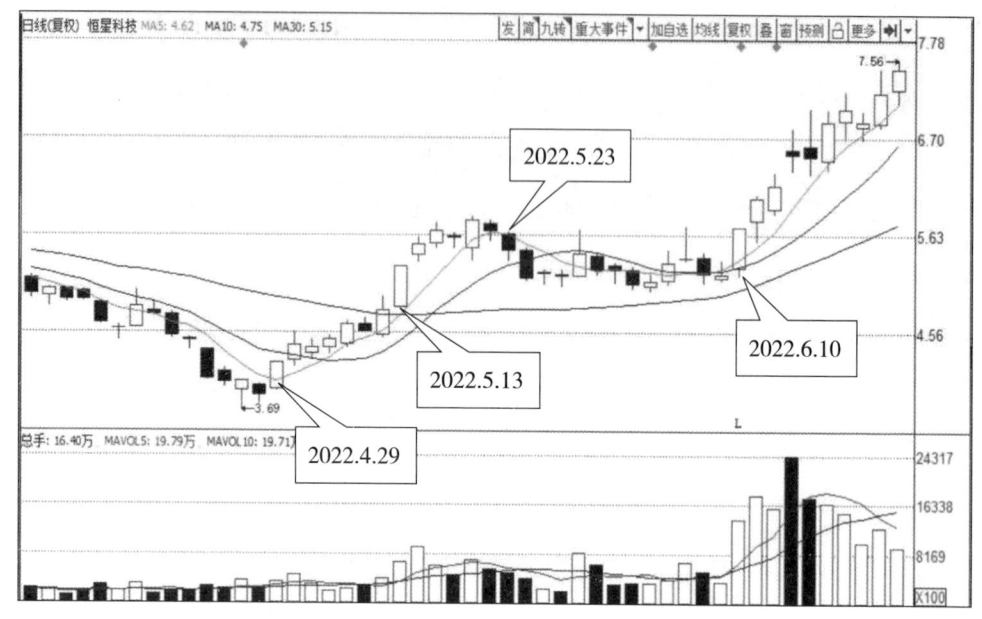

图6-1 恒星科技（002132）日K线走势图

如图6-1所示，恒星科技的股价自2022年4月底出现触底反弹走势。4月29日，该股股价放量上升，并向上突破5日均线，说明股价短线有走强的可能。

此后，该股股价持续上升，并带动5日均线拐头向上。5月13日，该股股价K线向上突破了30日均线，并带动5日均线同步向上突破了30日均线，这是典型的股价走强信号。

到了5月23日，该股股价向下跌破了5日均线，不过，5日均线、10日均线此时都位于30日均线上方，这说明此时股价的回落很可能属于短线的调整。

6月10日，该股股价重新上升，并突破了5日均线和10日均线，这是股价重新走强的一个显著信号。

暴利拐点51：出水芙蓉

股价经过一波横向盘整后，多空双方的实力进入均衡状态。股价突然走出出水芙蓉形态，意味着股价将进入快速上升行情。如图6-2所示。

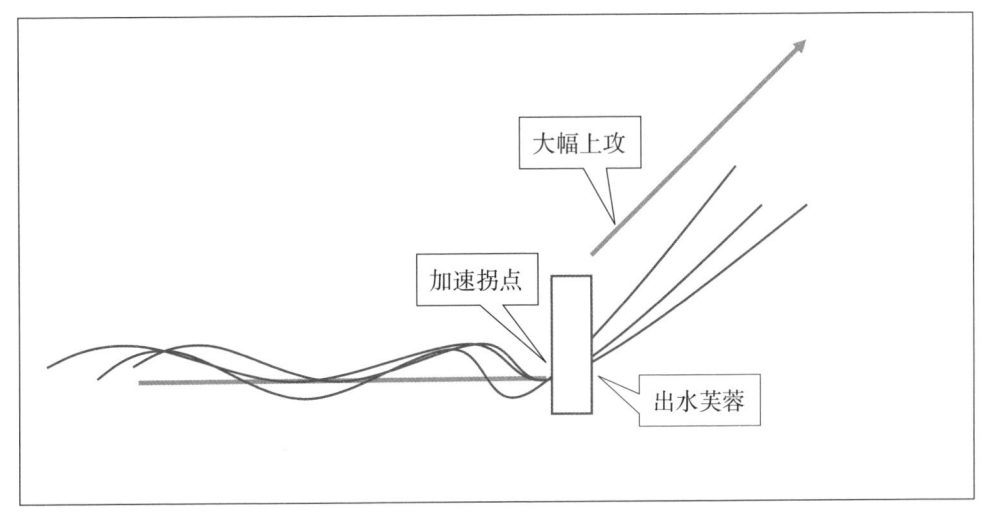

图6-2 出水芙蓉形态出现后加速上攻图示

出水芙蓉形态是指股价K线在盘整过程中，各条均线出现黏合状，某日股价大幅上涨，拉出一根大阳线，且此阳线一举突破多条均线。该形态属于强烈的看涨形态，很多强势股在上涨启动期都出现过此种形态。

📈【战术解读】

这类暴利拐点的形成具有如下几个典型特征。

第一，股价走出出水芙蓉形态前，已经经历了一波较长时间的盘整，多空双方的力量对比呈现出明显的均衡状态。

第二，随着股价盘整的持续，各条均线开始黏合在一起。通常来说，这属于典型的股价选择突破方向时的均线形态，投资者可密切关注股价的运行情况。

第三，某一交易日，股价突然出现放量上攻，多以涨停大阳线报收，这属于典型的股价启动信号。此时，各条均线由黏合状态转为多方发散排列，说明股价将要进入快速上攻区间。

第四，当股价突破各条均线，并位于各条均线之上时，就是买入该股的一个较好时机。

第五，成交量的变化。股价在盘整过程中，成交量应该呈萎缩状态，而股价突破多条均线时，成交量应该有明显的放大。

📈【实战案例】

如图6-3所示，大龙地产的股价经过一波盘整后，在2021年12月15日突然发动上涨行情，形成出水芙蓉形态，预示股价将要大涨。

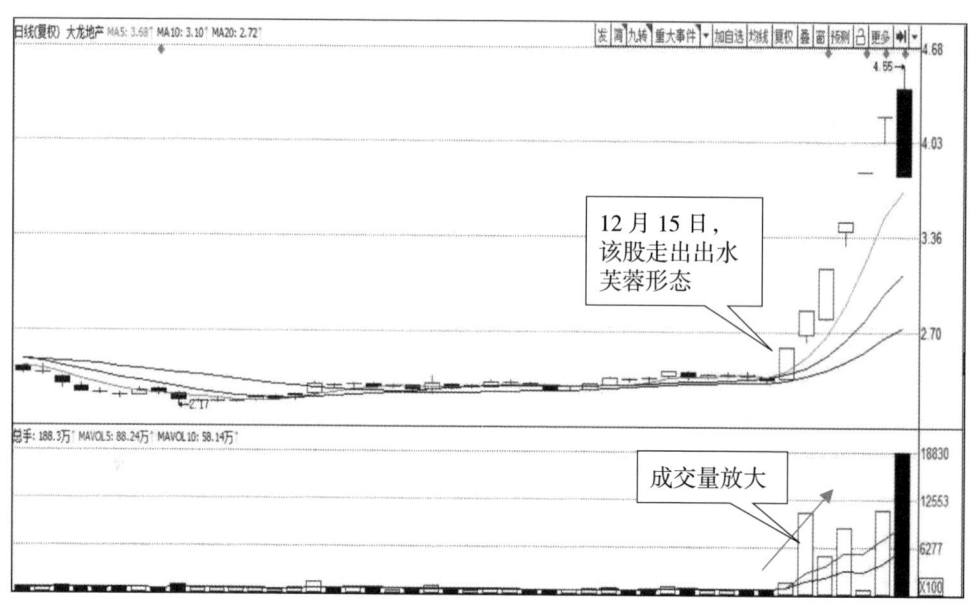

图6-3　大龙地产（600159）日K线走势图

2021年11月到12月期间，大龙地产的股价走出了一波盘整行情。该股的各条均线逐渐黏合在一起。

12月15日，大龙地产的股价发动了上涨行情，且当天的K线一举突破了多条均线的压制，形成出水芙蓉形态，预示该股股价将发动一波快速上涨。

12月15日当天,该股的成交量相比前几个交易日有明显的放大,说明有资金流入该股。

出水芙蓉形态出现当日,也可以看成该股股价暴利拐点来临时,更是投资者的最佳入场点位。

暴利拐点52:金凤还巢

股价经过一波小幅振荡后,股价K线与均线系统构建了典型的金凤还巢形态,意味着股价将迎来一波大幅上升行情,该形态具有典型的股价暴利拐点性质。如图6-4所示。

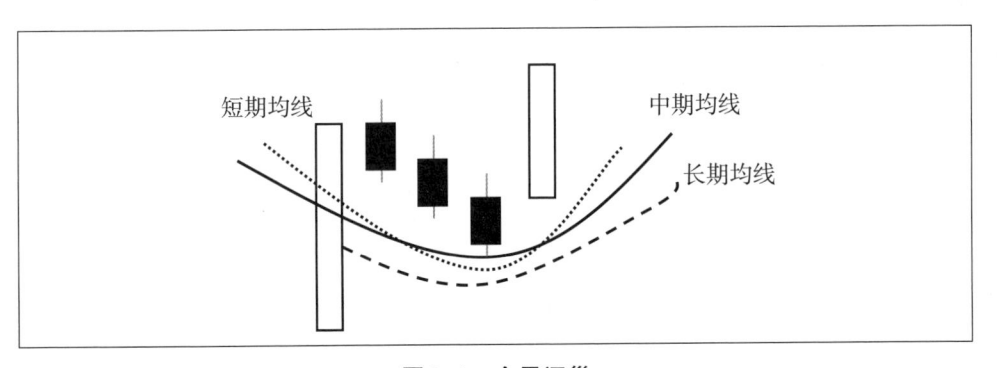

图6-4 金凤还巢

金凤还巢是指一根拔地而起的大阳线之后,股价出现回调,且在其回调至均线位置时,因受均线支撑而重新上攻的一种形态。金凤还巢是一种明显的上攻信号,暗喻股价在大幅上攻后稍作停顿,再度腾飞。

📈【战术解读】

这类暴利拐点的形成具有如下几个典型特征。

第一,金凤还巢形态一般出现在股价启动初期,第一根大阳线(涨停阳线最佳)将股价推向高点,此后股价回调小幅整理。股价整理时,成交量最好没有放大,一旦成交量放大,则该形态存在失败的可能。

第二，金凤还巢表示多方发力上攻后，经过短暂休整后再度出发，是强烈的看涨信号，投资者不宜继续看空。

第三，金凤还巢形态中，股价K线回调所遇均线以中期均线为佳，此时长期均线若仍能继续向右上方倾斜，则可坚定看好后市。

第四，第一根大阳线的实体越长，收盘价距离均线的位置越高，看涨信号越强烈。

第五，股价回调时，调整的幅度越小（不超过大阳线二分之一位为佳），未来继续上涨的动能越足。

📈【实战案例】

下面来看一下中农联合的案例，如图6-5所示。

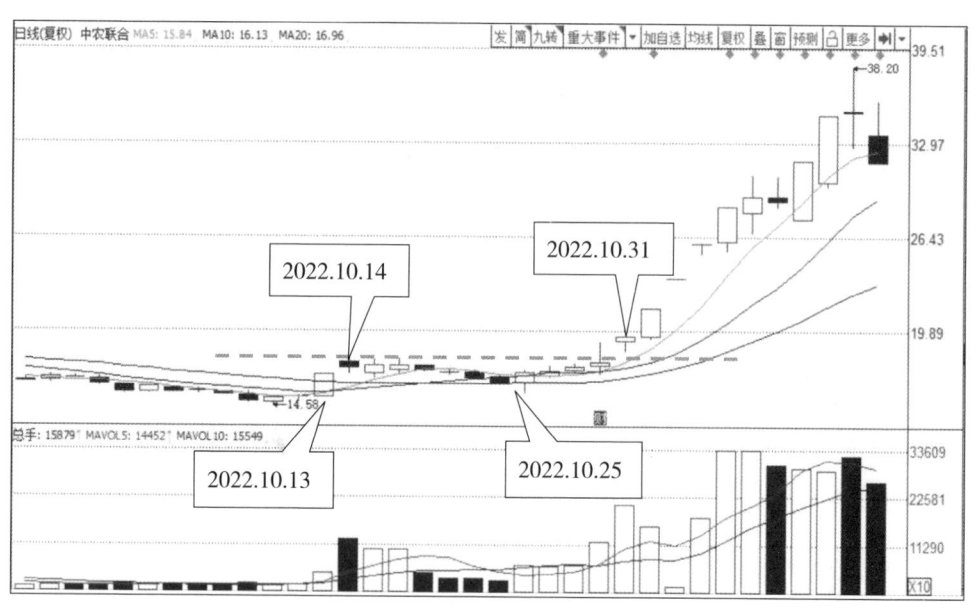

图6-5　中农联合（003042）的日K线图

从图6-5中可以看出，2022年10月13日，正在低位反复振荡的中农联合大幅拉升，并以涨停报收。自10月14日开始，该股股价连续多个交易日出现缩量调整走势。

10月25日，股价K线调整至10日均线位置时，因受10日均线支撑而重新启动。观察此时K线的位置可知，股价调整的幅度未达到10月13日阳线的二分之一，与此同时，当股价回调时，30日均线仍处于向右上方倾斜态势，这说明该股股价仍处于强势上行趋势。

10月31日，该股股价重新放量上升。至此，金凤还巢形态正式成立，投资者可积极入场追涨买入该股。

暴利拐点53：蜻蜓点水

股价经过一波小幅上升后，股价K线与均线构成了经典的蜻蜓点水形态，这意味着股价将迎来一波新的上涨。该形态的出现，本身就是股价暴利拐点来临的时刻，如图6-6所示。

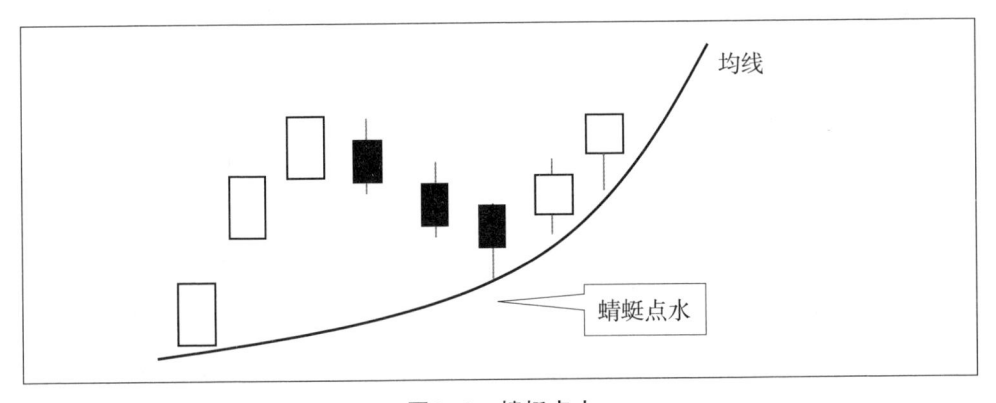

图6-6　蜻蜓点水

蜻蜓点水形态是指股价经过一段时间的拉升后出现调整走势，当股价K线的下影线触及某根中短期均线后，被迅速拉升而起。这是一种处于强势上升趋势中的股票的回调整理形态。

股价K线在回调过程中形成了经典的长下影线形态，这本身也是下方具有强支撑力量的表现，同时也反映了在空方的打击后，多方发力反攻后形成的一种形态。股价在均线位置，特别是中期均线位置获得支撑，可以看成多方背靠均线发动反击而形成的一种局面。

未来股价继续上升的概率极高。

📈【战术解读】

这类暴利拐点的形成具有如下几个典型特征。

第一，股价经过一波大幅上攻后出现回调走势时，成交量应该会同步呈现萎缩状态，这是主力洗盘的典型特征。

第二，股价K线在向均线靠拢时，最好是K线的下影线触及均线，说明股价在触及均线后被拉升而起。

第三，股价受到支撑而被拉升后，成交量也会同步呈现放大状态。

第四，股价向均线回调时，中短期均线可能会随之回调，但长期均线仍会呈向右上方倾斜态势，这是股价强势的典型特征。

📈【实战案例】

下面来看一下李子园的案例，如图6-7所示。

从图6-7中可以看出，2022年10月下旬以后，李子园的股价出现了一波振荡上攻走势。该股股价在上升过程中，曾出现了几次规模较大的调整走势。

11月21日，李子园的股价创下一段时间的最高点后出现回调走势。11月28日，该股股价回调至30日均线附近，因受均线的支撑而重新上扬。股价K线的下影线在踩到30日均线后，腾空而起，随后股价出现了大幅上攻走势。此形态就是典型的蜻蜓点水形态，投资者见到此种形态后，可立即入场追涨买入该股。

此后，该股股价正式进入一波快速上升行情。股价K线与均线形成蜻蜓点水形态时，就可以看成是股价暴利拐点出现的时刻。

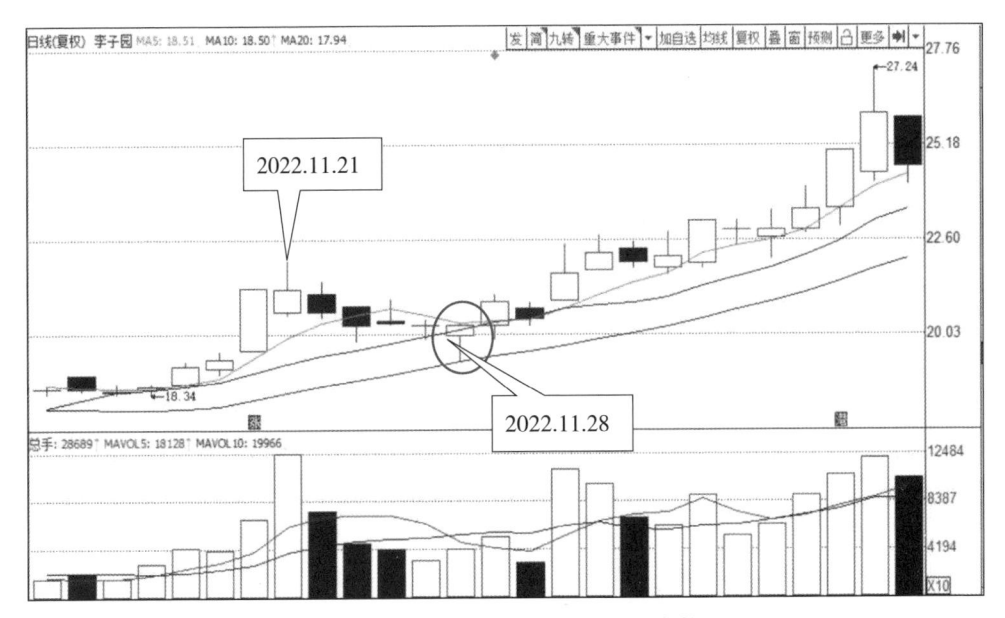

图6-7 李子园（605337）日K线走势图

暴利拐点54：均线"老鸭头"

股价K线与均线组合形成经典的"老鸭头"形态时，意味着股价经过短暂的回调后，将会重新进入上升通道。"老鸭头"形态具有典型的暴利拐点性质。如图6-8所示。

老鸭头形态是在运用移动平均线分析时出现的经典形态，是强烈的买入信号。老鸭头形态是由一组短期均线、中期均线和长期均线以及股价K线构成，是股价完成向上突破后，带动短期均线、中期均线向上突破长期均线，此后随着股价K线的回调，短期均线向中期均线靠拢，但没有形成对中期均线的突破，就说明中期均线对股价和短期均线有较强的支撑能力。此后，股价正式进入上升通道。

在运用老鸭头形态时，最常用的均线组合是5日均线、10日均线和50日均线。

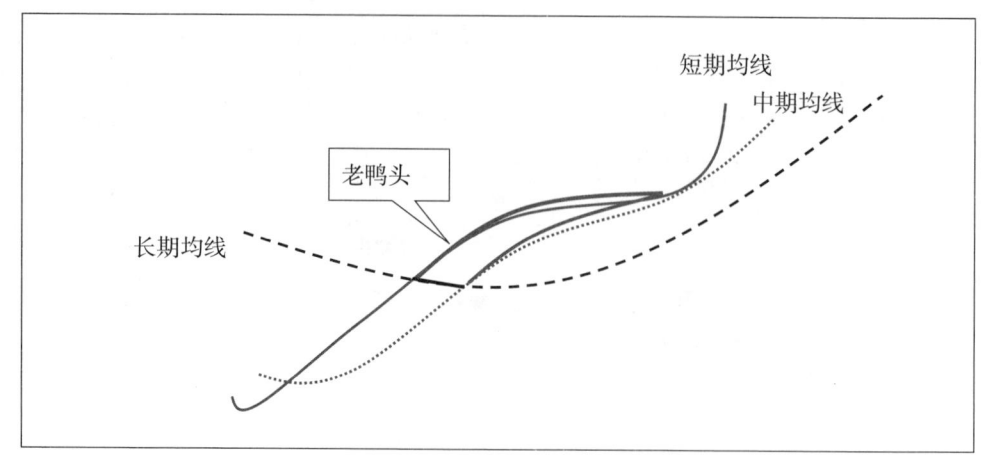

图6-8 老鸭头形态

📈【战术解读】

均线老鸭头形态，要求各条均线满足以下几个条件。

第一，5日均线和10日均线相继上穿50日均线。

第二，5日均线和10日均线上穿50日均线之后，5日均线出现阶段性高点。

第三，在5日均线达到高点后，逐渐向中期均线靠拢，下跌到10日均线后，再次被托起，并没有跌破10日均线。此时，三条均线呈多头排列。

一般情况下，当一只股票的均线出现"老鸭头"形态时，往往意味着后市有一段上涨行情，投资者可以短线买入该股。

"老鸭头"形态出现前，股价本身已经有了一段涨幅，但涨幅往往相对较小，且股价波动幅度也不大；"老鸭头"形态出现后，股价往往很快就会转入加速上升通道，这就使得"老鸭头"形态成了股价加速上升的"拐点"。

📈【实战案例】

下面来看一下富临运业的案例，如图6-9所示。

从图6-9中可以看出，富临运业的股价自2022年10月底开始启动了一波上升走势。该股股价连续出现小幅上升走势。

2022年11月15日左右，富临运业的股价连续上涨，5日均线、10日均线连续上穿50日均线。

此后，该股股价经过一波小幅上升后出现了回调走势，5日均线、10日均线相继调头向下，5日均线在跌到10日均线附近时，被10日均线支撑后重新开始上涨，"老鸭头"形态成立。

此后，该股股价正式进入强势上升区间，也就意味着股价K线与均线所构成的"老鸭头"形态就是股价上涨开启前的暴利拐点。

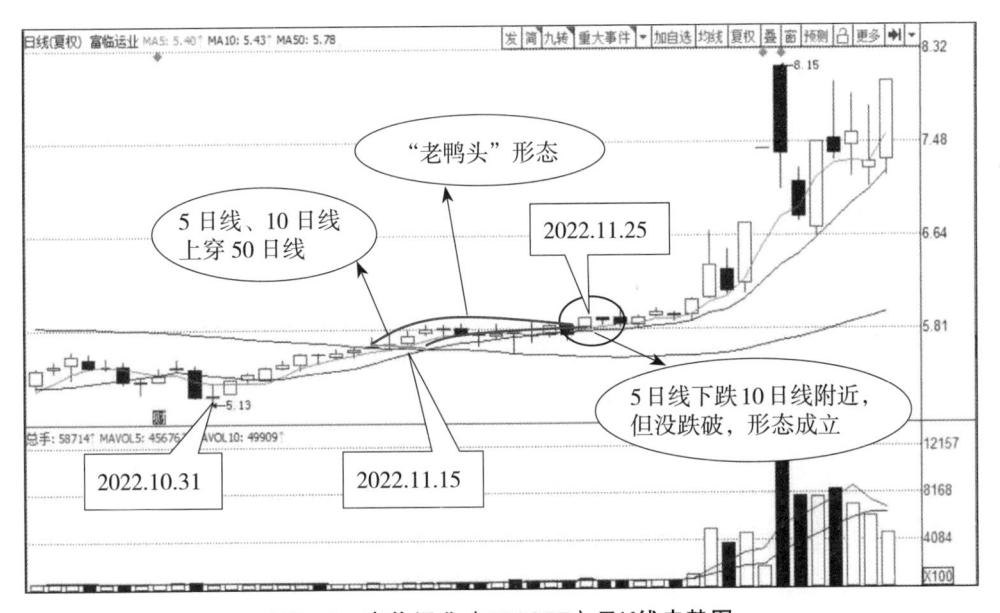

图6-9　富临运业（002357）日K线走势图

暴利拐点55："金蜘蛛"

均线金蜘蛛形态本质上属于均线金叉的一种特殊形态，是一种强烈的看涨形态，如图6-10所示。当股价K线经过一波上升后，带动短期均线、中期均线同步向上突破长期均线，形成金蜘蛛形态时，意味着股价将迎来一波快速上涨行情。

金蜘蛛又称为均线交叉向上发展，是价托的特殊形式，其形态特征是短期均线、中期均线和长期均线先是由上而下从发散逐渐收敛，在同一点形成交叉，然后三条均线继续向上发散，均线也由之前的空头排列转变为多头排列形状，如图6-10所示。相比于普通的金叉，金蜘蛛的看涨信号更强。

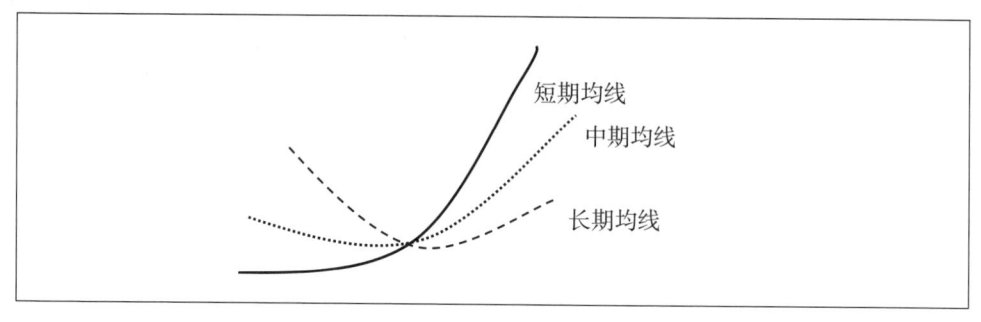

图6-10 金蜘蛛

【战术解读】

这类暴利拐点的形成具有如下几个典型特征。

第一，当大盘或个股的均线系统出现金蜘蛛形态时，投资者可以在向上发散的初始阶段买进。在日K线图中，金蜘蛛形态的最佳买入点一般为均线交叉向上发散的初期。

第二，之所以会出现金蜘蛛形态，是因为三根均线发生了共振，所以金蜘蛛形态对股价的支撑力比价托要更好一些。

第三，从成交量的角度来看，在金蜘蛛形态形成的过程中，成交量若能同步放大，则未来股价上涨的概率更高。

第四，金蜘蛛形态常常出现在一些黑马股中，因此，投资者一旦发现该形态就要抓住机会，及时买入。

📈【实战案例】

下面来看一下晨光股份的案例，如图6-11所示。

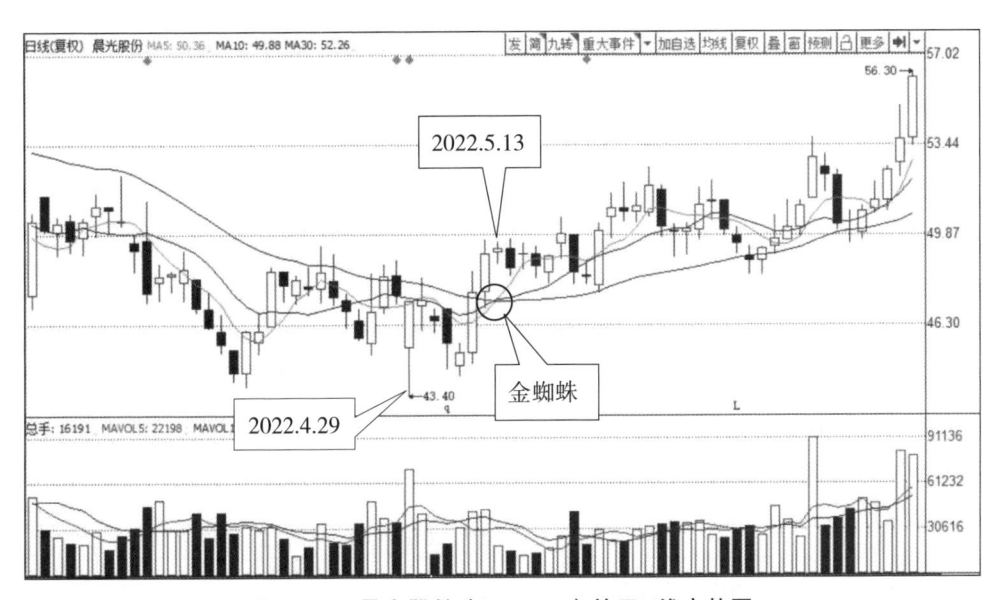

图6-11 晨光股份（603899）的日K线走势图

从图6-11中可以看出，2022年4月中旬，处于下行趋势中的晨光股份的股价出现了横向振荡态势，这很可能属于股价开始筑底的一个信号。

2022年4月29日，该股股价创下43.40元的低点后，开始反弹向上。

5月13日，晨光股份的股价经过多日的振荡盘整后启动了上涨行情，并于当日一举突破5日、10日和30日均线，且这三条均线形成了金蜘蛛形态，这说明该股未来走势向好，投资者宜追涨买入该股。

此后，该股股价进入了一波振荡上升行情。

暴利拐点56：均线"价托"形态

股价经过回调整理后重新上升时，短期均线会率先突破中期均线，而后再与中期均线分别上穿长期均线，就会形成一个尖头向上的不规范的三角形，这个三角形就称为"价托"，如图6-12所示。价托有将股价高高托起的意思，属于典型的看涨信号。

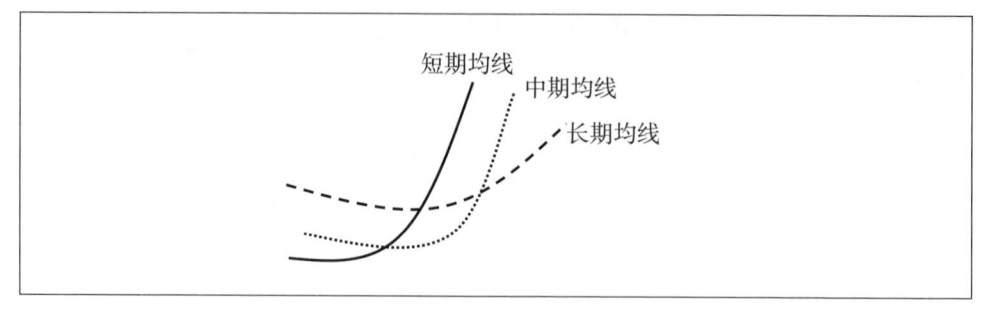

图6-12 价托

价托按照出现时间的不同又可以分为银山谷和金山谷两种形态。银山谷是指股价从底部启动上涨后，三条均线交叉所形成的第一个尖头向上的三角形。它的出现表示股价筑底成功，但是由于距离底部太近，有时主力为了试探上方的抛压，会在短暂反弹后进行洗盘。因此，银山谷更适合短线操作。金山谷出现在银山谷之后，也是一个尖头向上的三角形。金山谷的出现是对银山谷的再一次确认，说明多方在前次上攻的基础上准备更加充分，是比银山谷更为可靠的买入信号。如图6-13所示。

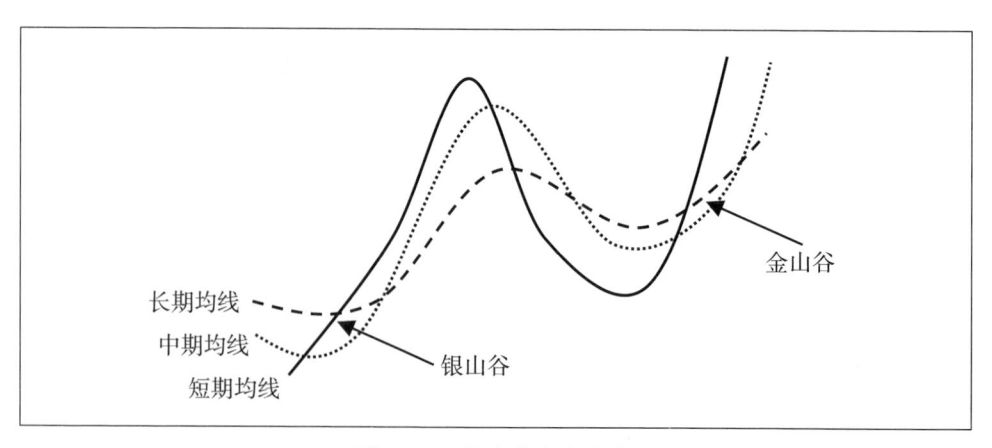

图6-13 银山谷和金山谷

📈【战术解读】

投资者在按照价托进行操作时，应注意以下几点。

第一，一个价托相当于多个黄金交叉，因而其所发出的买入信号要比金叉更强。价托出现后，股价一般都会迎来一波上升行情。

第二，股价K线向上穿越价托区域，属于典型的强势上涨信号，投资者可据此入场买入股票。

第三，价托形成后，股价可能会进入相对较高的价位，也可能出现调整走势，如果股价在某条均线上获得支撑，投资者也可买入。

第四，价托的三角形面积越大，未来的上涨空间可能会越大。

第五，在盘整行情中，均线的波动也会加剧，此时形成的价托是没有参考意义的。

第六，通常情况下，金山谷的位置会高于银山谷，但个别时候也会略低于银山谷。金山谷的位置越高，与银山谷的间隔时间越长，信号越准确，上升的潜力也就越大。

第七，银山谷出现之后，股价可能直接涨了上去，不一定会出现金山谷。

📈【实战案例】

下面来看一下百润股份的案例，如图6-14所示。

从图6-14中可以看出，2022年4月下旬，百润股份的股价在深跌之后连续小幅上涨。6月1日，5日均线向上突破了上升中的10日均线，形成金叉。两个交易日后，5日均线和10日均线先后突破了放平的30日均线，三条均线形成价托形态，激进的投资者可以适量买入。

2022年9月中旬，该股的5日均线、10日均线、30日均线再次走出价托形态，构成金山谷形态。此后，均线进入到多头排列状态，股价保持稳步攀升态势。

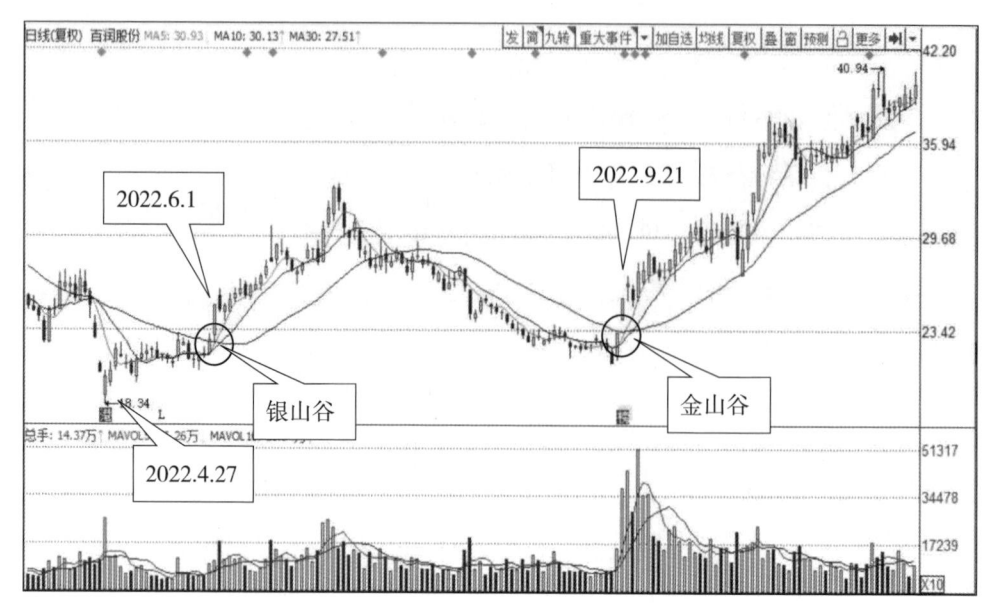

图6-14　百润股份（002568）日K线走势图

暴利拐点57：低位黏合，多头发散

股价经过一波快速下跌之后，进入相对低位区间。此后，股价开始横向振荡，各条均线就会随着股价的横向盘整而逐渐黏合在一处，如图6-15所示。

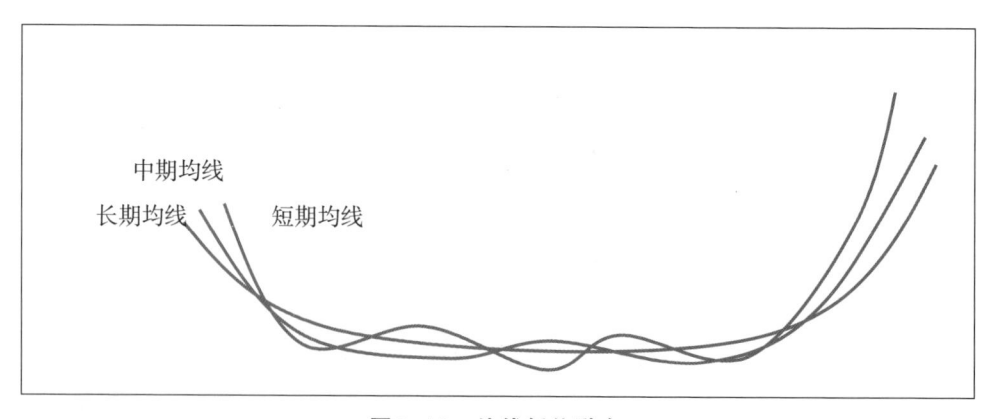

图6-15　均线低位黏合

📈【战术解读】

投资者在根据均线低位黏合进行操作时，应注意以下几点。

第一，股价经过长时间下跌后，在企稳的前提下，均线才会出现黏合，这说明股价正在选择突破方向。

第二，一般来说，底部黏合的时间对股价未来走势存在一定的影响。短时间的黏合存在无法完全消化上方套牢盘的情况，因而，未来股价下跌，即各条均线呈现空头发散排列的形态；反之，若股价盘整时间较长，均线经过长时间的黏合，套牢盘已经被消化完了，未来股价上行，呈现多头发散排列的概率较高。

第三，某一交易日，股价K线放量大涨，带动均线由黏合状态转为多方发散状态，则意味着股价暴利拐点的来临。

第四，股价黏合期间，成交量可能会出现持续的缩量状态，而当均线即将从黏合状态转为发散状态时，成交量会出现温和放大，这也是股价即将启动的一个典型迹象。

第五，均线低位黏合后上涨的可能性较大，但并不意味着黏合之后股价一定会上涨，投资者还要防备主力的诱多或诱空等行为。

第六，通常情况下，均线黏合的时间越长，未来上涨或下跌的幅度也越大。

📈【实战案例】

下面来看一下恒大高新的案例，如图6-16所示。

从图6-16中可以看出，恒大高新的股价自2022年5月中旬启动一波下跌走势，并很快进入底部盘整区域。该股股价在底部振荡盘整时，各条均线逐渐靠拢，并形成了黏合状态。这说明该股股价正在选择突破方向，投资者宜密切关注该股其后的走势。

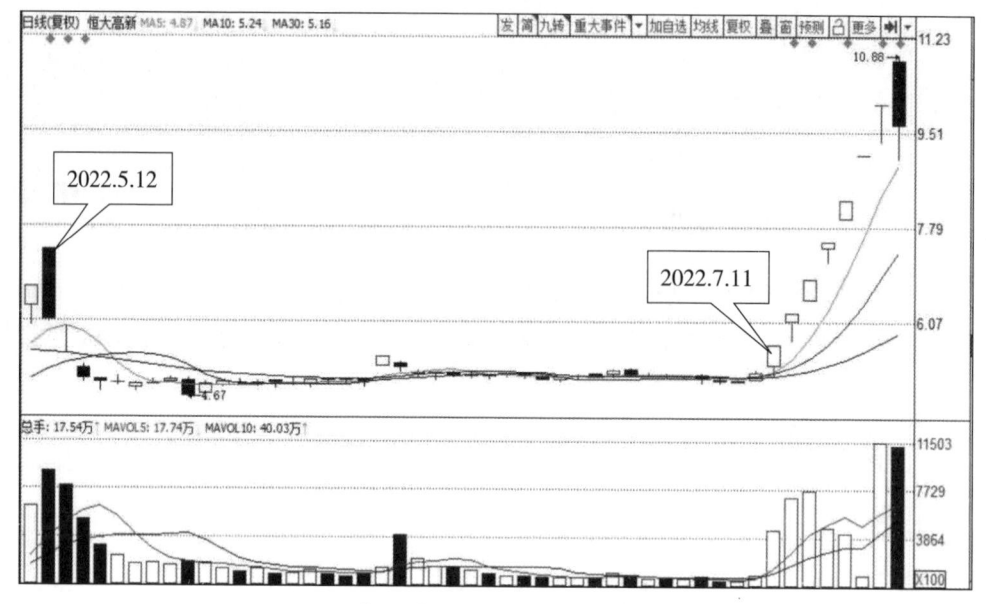

图6-16 恒大高新（002591）日K线走势图

2022年7月11日，该股股价向上突破整理区域，各条均线开始呈多头发散排列，这说明股价上涨空间已经打开，投资者宜追涨买入该股。

第二节 MACD 指标拐点的交易信号

MACD指标英文全称是Moving Average Convergence and Divergence，中文全称为指数平滑异同移动平均线，是由美国人杰拉尔德·阿佩尔（Gerald Appel）在移动平均线的基础上重新发展出来的一种技术指标。

如图6-17所示，MACD指标主要由DIFF快线、DEA慢线、MACD柱线、0轴四部分构成。MACD指标能够成为很多炒股软件的默认首选指标，可见其应用的广泛性。这也从侧面说明了该指标是被历史检验过的最有效和最实用的指标之一。

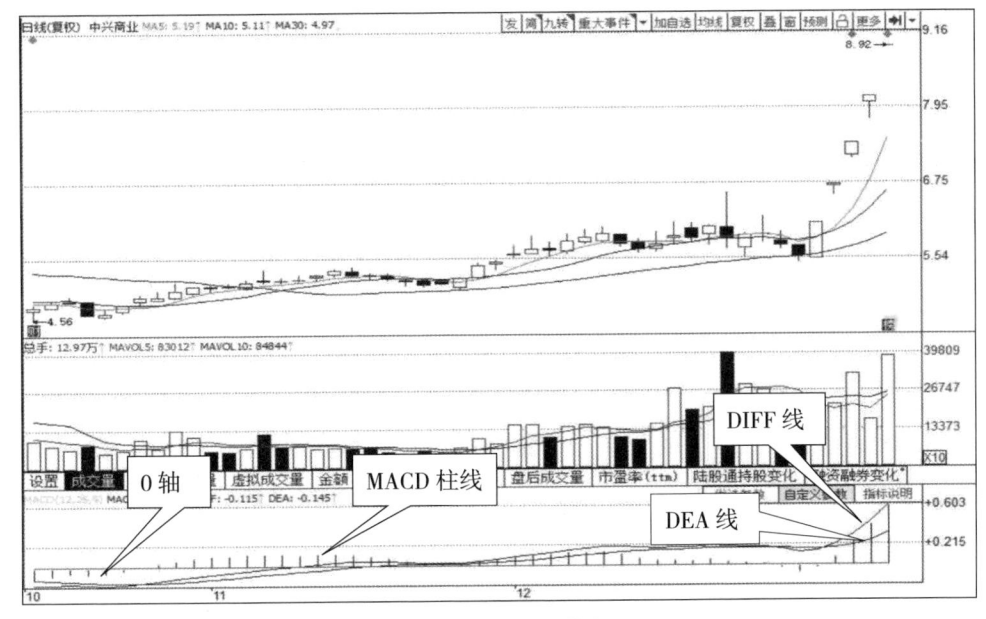

图6-17 MACD指标

在MACD指标中，DIFF线是整个指标系统的核心，DEA线是DIFF线的移动平均线，MACD柱线反映的是两者之间的差值。因此，DIFF线的参数设置也是整个MACD指标参数设置的核心。

DIFF是快速平滑移动平均线（EMA1）与慢速平滑移动平均线（EMA2）之间的差值，快慢只是时间参数不同，快速是短期的，而慢速则是长期的。DEA是连续一段时间内DIFF的算术平均值，因此DEA有自己独自的时间参数，即平滑的天数（M）。

从其基本构成也可以看出，MACD指标与均线指标也存在一定的关联，是基于均线指标再度开发而形成的一种技术分析指标。这也使得MACD指标在很大程度上与均线指标存在一定的关联性。

在MACD指标应用方面，多从以下几个角度入手。

第一，MACD指标的交叉。

MACD指标中，DIFF快线对DEA慢线的每次穿越往往都带有很强的交易指示含义：当DIFF线自下而上突破DEA线，属于典型的看涨形态；反之，当DIFF线自上而下跌破DEA线，则属于典型的看跌形态。

第二，MACD指标对0轴的突破。

在MACD指标体系中，0轴是一个重要的多空力量对比分界线。当MACD指标运行于0轴上方时，说明多方占据较大的优势；反之，若MACD指标运行于0轴下方时，则说明空方占据较大的优势。因此，MACD指标每次对0轴的突破，实质上都是多空力量对比的一次转变。

当MACD指标自下而上突破0轴，意味着市场已经转暖，多方开始占据优势地位，投资者可以考虑入场交易了；反之，当MACD指标自上而下跌破0轴，则意味着市场已经转差，空方开始占据优势地位，投资者应该减仓或清仓。

第三，MACD指标走势的形态。

在实战中，MACD指标的两条指标线和MACD柱线也会根据股价K线的波动而呈现各种形态，其中有些形态的出现往往意味着股价可能会迎来一波上涨，而另外一些形态的出现，则意味着股价有转入下行趋势的可能。

下面来看一下以岭药业的案例，如图6-18所示。

从图6-18中可以看出，在2022年上半年，以岭药业的股价一直呈现振荡下行态势。到了8月下旬，该股股价出现加速赶底态势，MACD指标也一直运行于0轴下方区域，说明空方一直占据明显的优势地位。

8月底，股价开始触底反弹。9月30日，该股股价向上突破多条均线，并放量上升，MACD指标同步出现底部金叉形态，这也意味着股价即将出现上涨态势。

此后，该股股价经过一波调整后，于10月14日重新开始上升，而此时MACD指标同步自下而上突破了0轴，也就意味着多方开始占据了优势地位。

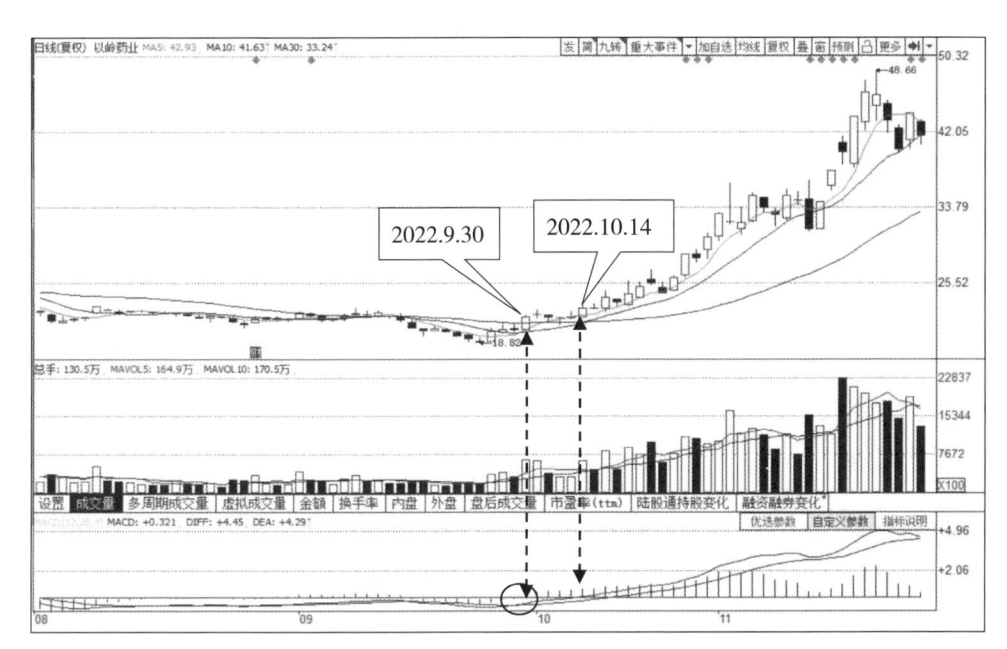

此后，该股股价正式进入快速上升通道。

图6-18　以岭药业（002603）日K线走势图

暴利拐点58：MACD指标0轴金叉

通常情况下，MACD指标出现黄金交叉，即DIFF线自下而上突破DEA线，都能带动股价出现一波上升态势。不过，股价上升的幅度和持续时间还是有所不同的。这就是高质量黄金交叉与其他黄金交叉的区别，如图6-19所示。我们所要寻找的暴利拐点，实质上也应该是建立在高质量黄金交叉的基础之上的。

📈【战术解读】

一般情况下，富有质量的黄金交叉应该满足以下几项条件。

第一，DIFF快线自下而上穿越DEA慢线时，交叉点应位于0轴附近位置（以上方附近位置为宜），说明此时多头已经占据了主导地位。

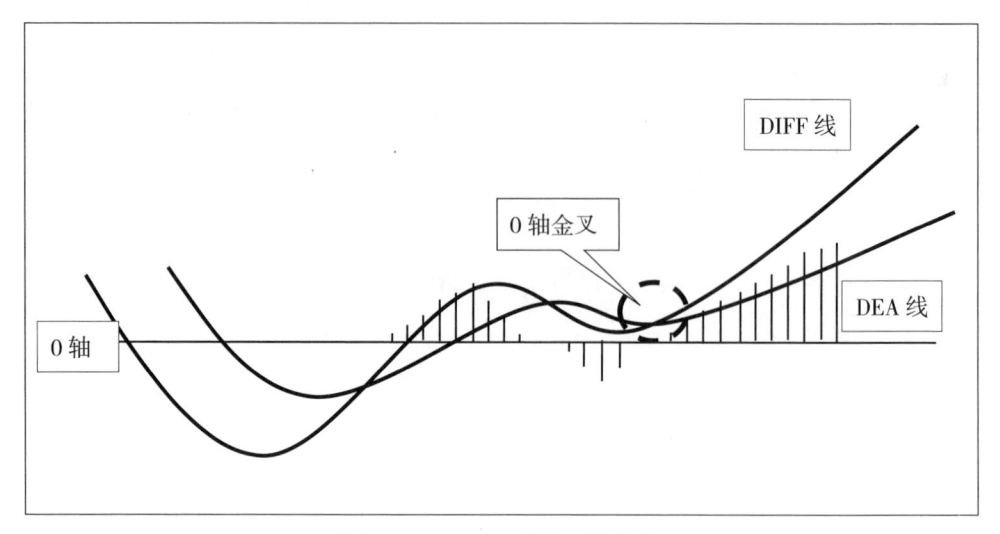

图6-19　MACD指标0轴金叉

第二，股价经过一波下跌行情之后，MACD指标出现低位黄金交叉，尽管也可能会带动股价的上行，但此波段行情很可能属于反弹走势，投资者需要谨慎操作。

第三，投资者交易时，尽量选择0轴上方的第一个金叉买入。交叉点距离0轴不能过远，过远则有超买迹象，股价存在回调风险。也就是说，黄金交叉距离0轴越近，成色越高。

第四，金叉出现时，如果股价K线呈现突破形态，而成交量同步放大，则可增强黄金交叉的可信度。

【实战案例】

下面来看一下全聚德的案例，如图6-20所示。

从图6-20中可以看出，全聚德的股价自2022年10月中旬开始触底反弹。10月27日，该股股价K线向上穿越30日均线遇阻，此时DIFF线完成了对DEA线的穿越，形成了低位金叉。投资者观察该金叉可以发现，该交叉点处于0轴下方，且距离0轴较远，这说明此时仍为空方占据主导地位，此时的金叉成色不足，未来能否形成一波上升，还要看反弹的高度如何，以及股价能否突破重要阻力位。

其后，该股股价经过短暂的反弹后重新进入调整行情。11月30日，该股股价再度发力上攻，MACD指标在0轴附近位置形成了黄金交叉，由于该交叉点就在0轴上方附近，属于成色较高的金叉，投资者可积极入场。该位置也是该股暴利拐点出现的位置，此后该股股价掀起了一波快速上升走势。

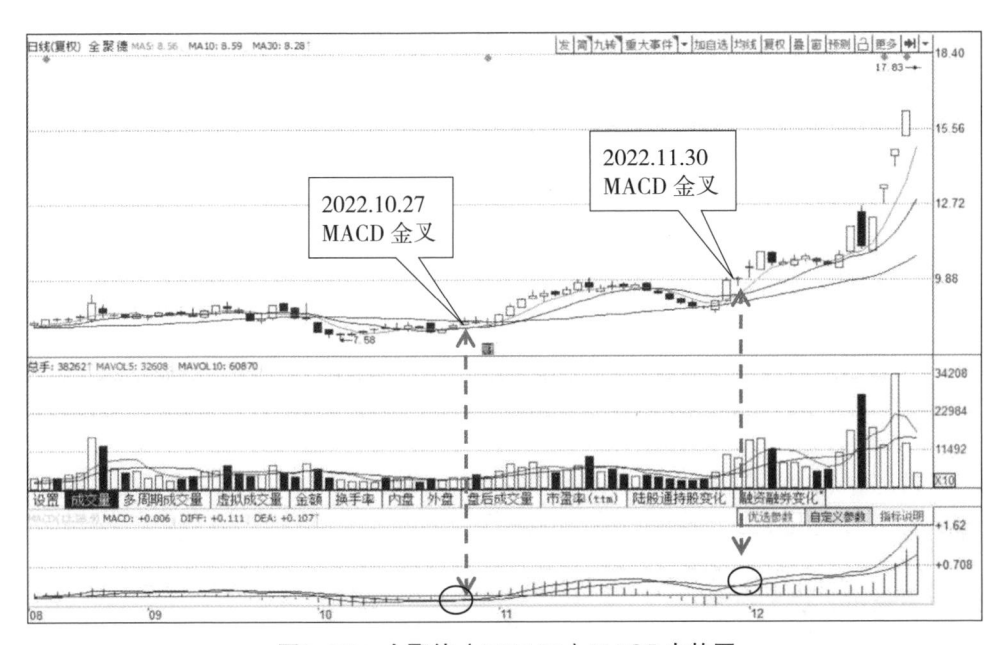

图6-20　全聚德（002186）MACD走势图

暴利拐点59：天鹅展翅

天鹅展翅形态是指随着股价触底反弹，DIFF线与DEA线在0轴下方形成金叉后，继续上扬，MACD柱线同步拉长。其后，随着股价的调整，DIFF线向DEA线靠拢，但未跌破DEA线，而MACD柱线同步萎缩至0轴。接着，股价因受支撑而重新上攻，DIFF线高高跃起，MACD柱线同步快速拉升，犹如天鹅展翅飞翔。如图6-21所示。

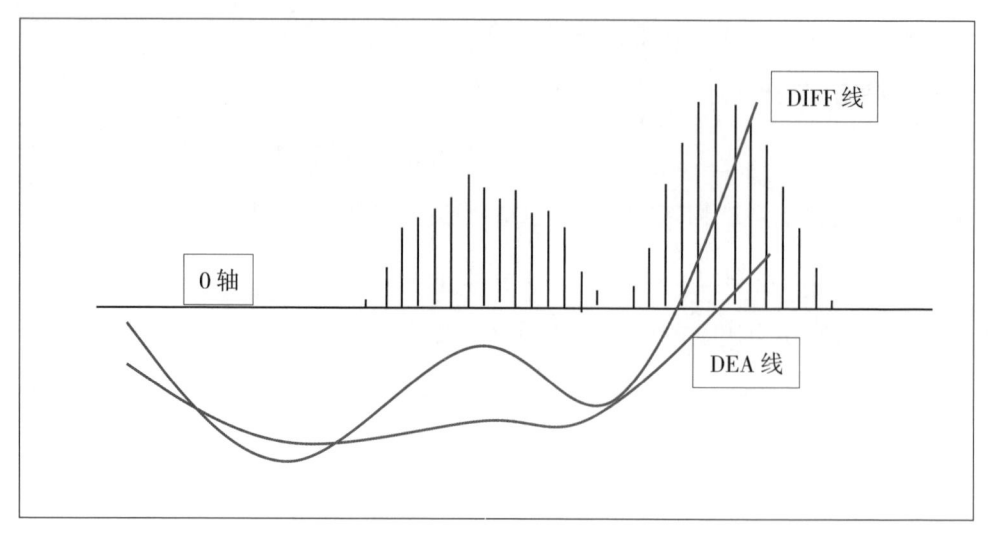

图6-21 天鹅展翅形态

📈【战术解读】

天鹅展翅形态属于典型的看涨信号。该形态出现后，股价一般都会迎来一波可观的上涨。其具体操作要点如下。

第一，股价经过一段时间的下跌后，出现反弹走势，很多套牢盘以及底部入场抢反弹的获利盘都存在兑现的需要。因而，股价在反弹一段时间后，就会重新进入调整行情。

第二，股价在回调时，DIFF线由于灵敏度高于DEA线，往往会率先有所反应，并随之下行。此时，由于DEA线还处于上升趋势，二者相遇后，DIFF线被DEA线高高托起，而此时股价与MACD柱线同步向上。这说明股价的回调已经结束，将会重新进入上升通道。

第三，随着股价的上行，若MACD指标快速向上突破0轴，则更可印证股价上升趋势的确立，投资者可积极入场做多。

第四，股价回调时，若成交量同步萎缩，而当DIFF线被DEA线托起后，成交量同步放大，则更可印证股价即将进入上升趋势。这也常常可以看成股价暴利拐点来临的时刻。

📈【实战案例】

下面来看一下五粮液的案例，如图6-22所示。

从图6-22中可以看出，自2022年下半年开始，五粮液的股价进入加速下行通道。随着股价的振荡下行，MACD指标也同步下行。

10月底，五粮液的股价出现触底反弹迹象。11月4日，该股股价向上突破了10日均线，且MACD指标出现了低位金叉。由于该金叉距离0轴较远，成色有些不足，投资者可继续保持观望或少量建仓。

此后，该股股价出现了一波振荡调整走势，股价又创出下行以来的新低，DIFF线开始向DEA线靠拢。11月29日，该股股价放量上攻，DIFF线受DEA线支撑而大幅回升，MACD柱线同步拉长，说明该股即将结束回调走势，将会迎来新一波的上攻。至此，天鹅展翅形态正式成立，投资者可积极入场买入股票。

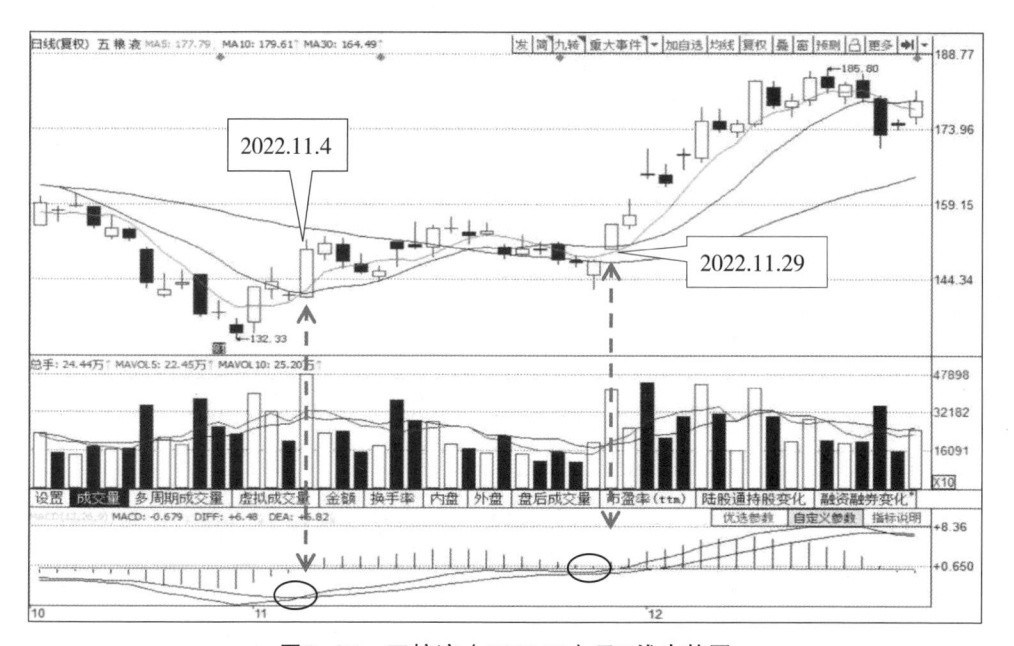

图6-22　五粮液（000858）日K线走势图

暴利拐点60：佛手向上

佛手向上形态与天鹅展翅形态十分相似，只是MACD指标线的位置以及DIFF线与DEA线靠拢的程度稍有不同。在佛手向上形态中，MACD指标的金叉距离0轴较近，且金叉之后DIFF线和DEA线双双突破了0轴，此后DIFF线出现回调，在没有与DEA线完全靠拢时被DEA线托起。如图6-23所示。

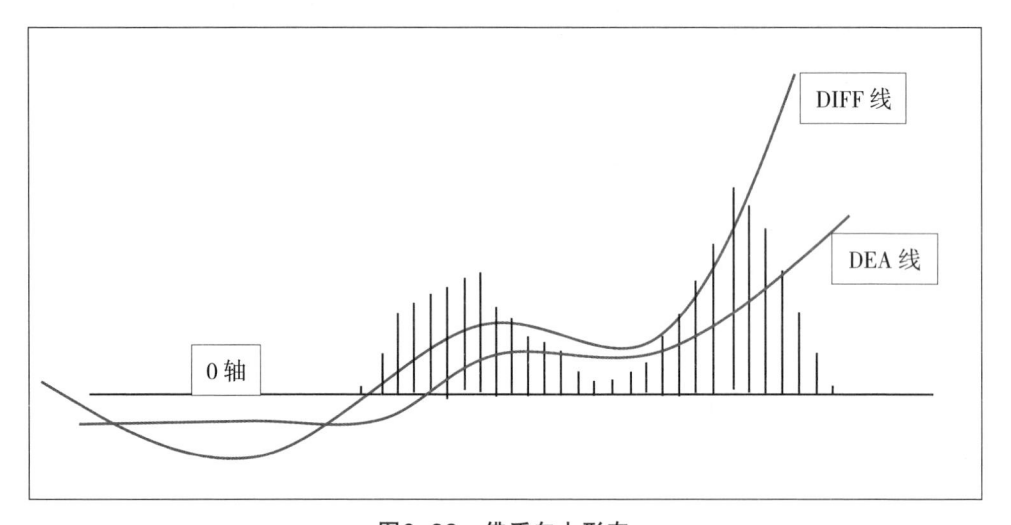

图6-23　佛手向上形态

📈【战术解读】

佛手向上形态的看涨信号强于天鹅展翅形态，该形态出现后，股价一般都会迎来一波可观的上涨。其具体操作要点如下。

第一，股价触底后出现反弹走势，MACD指标同步出现黄金交叉，且交叉点位于0轴下方不远处。该位置金叉的成色要比天鹅展翅形态中的金叉更高，未来股价上升的概率也更大。

第二，随着股价的上升，DIFF线和DEA线双双突破0轴，此后，随着股价的调整，MACD指标同步回调，在回调时，DIFF线由于灵敏度高于DEA线，往往会率先有所反应，并随之下行。此时，由于DEA线还处于上升趋势，二者即将形成死叉后，DIFF线被DEA线高高托起，而此时股价与MACD柱线同步向上。这说明股价的回调已经结束，将会重新进入上升通道。至此，佛手向上形态正式成立。

第三，股价回调时，若成交量同步萎缩，而当DIFF线被DEA线托起后，成交量同步放大，则更可印证股价即将进入上升趋势。

📈【实战案例】

下面来看一下奥锐特的案例，如图6-24所示。

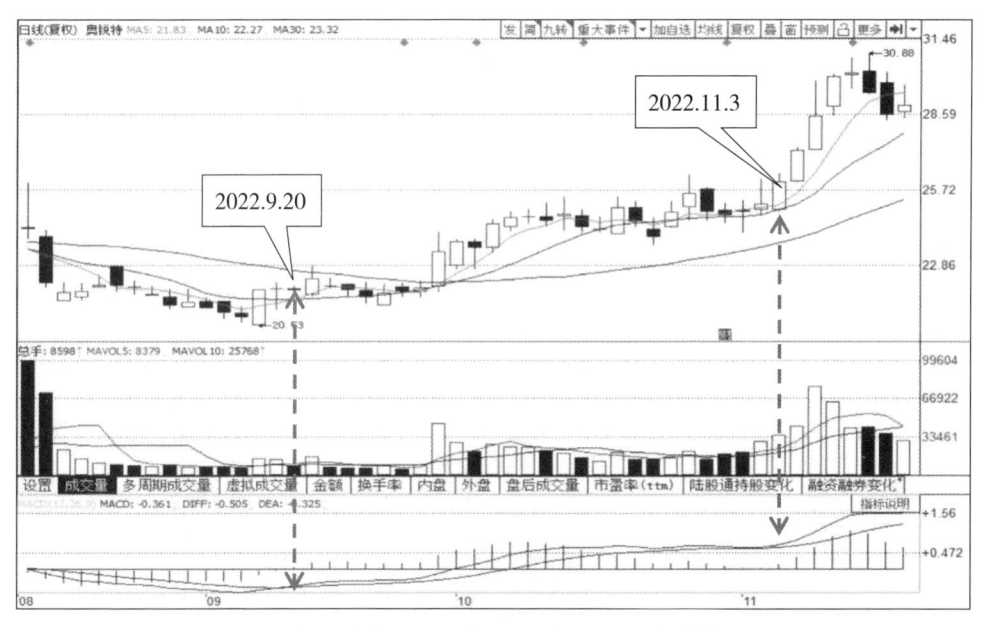

图6-24　奥锐特（605116）MACD指标走势图

从图6-24中可以看出，自2022年3月中旬开始，奥锐特的股价进入了下行通道。随着股价的振荡下行，MACD指标也同步下行。

9月初，奥锐特的股价出现触底反弹迹象。9月16日，该股股价向上突破了30日均线，9月20日，该股股价收出十字线，与此同时，MACD指标出现了低位金叉。由于该金叉在0轴下方且距离0轴较近，激进型投资者可少量入场。随后，随着股价的振荡上扬，DIFF线和DEA线先后向上突破0轴。

此后，该股股价出现了一波振荡调整走势，DIFF线开始向DEA线靠拢。11月3日，该股股价经过一段时间的横向盘整后大幅上攻，DIFF线受DEA线支撑而大幅回升，MACD柱线同步拉长，这说明该股即将结束回调走势，将会迎来新一波上攻。至此，佛手向上形态正式成立，投资者可积极入场买入股票。

实战中，佛手向上是一种比天鹅展翅形态更为可靠的强势买入信号。见到此信号后，投资者可积极入场做多。

暴利拐点61：小鸭出水

小鸭出水形态也与天鹅展翅形态十分相似，先是股价自底部向上反攻，DIFF线与DEA线同步上行，当DIFF线遇0轴受阻后出现下行，与DEA线形成0轴附近的死叉。但股价的回调很快结束，DIFF线重新上行与DEA线形成金叉，且两根曲线快速向上突破0轴，犹如小鸭出水一般。如图6-25所示。

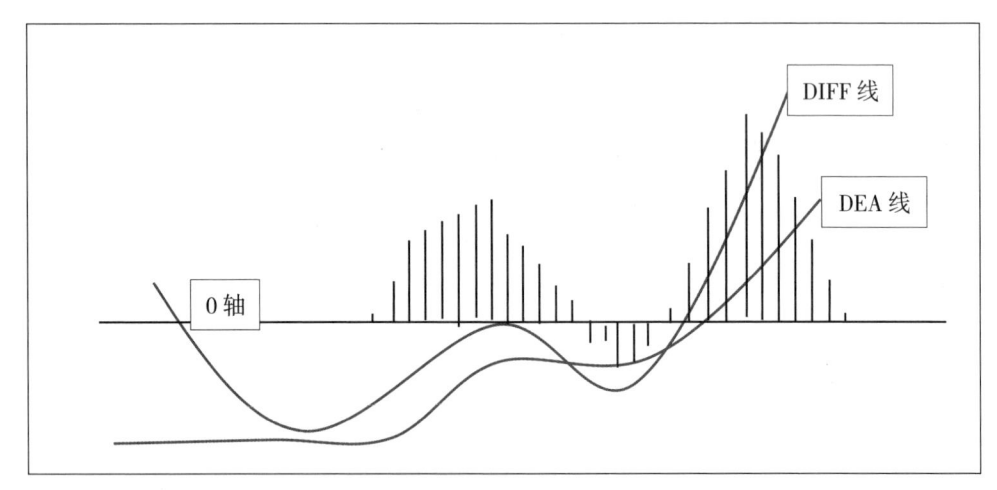

图6-25　小鸭出水形态

📈【战术解读】

小鸭出水形态是一种强势看涨信号。该形态出现后，股价一般都会迎来一波可观的上涨。其具体操作要点如下。

第一，股价触底后出现反弹走势，当其反弹至0轴附近时，由于受到空方的强力阻击而出现调整走势。这种调整属于股价反弹或反转途中，必然会出现的一种整理走势。

第二，随着股价的回调，MACD指标出现死叉形态。但由于股价在回调过程中受到支撑后很快重新进入上行通道，MACD指标重新出现金叉，且金叉出现后DIFF线和DEA线快速突破0轴，这说明多空力量对比出现了逆转，多方开始掌控市场的主动权了。

第三，由于小鸭出水形态的金叉肯定在0轴附近，因而，该金叉的成色一般较高，投资者可在金叉出现时开始建仓，待MACD指标向上突破0轴时加仓。

第四，股价回调时，若成交量同步萎缩，而当MACD指标出现金叉后，成交量同步放大，则更可印证股价即将进入上升趋势。

【实战案例】

下面来看一下精伦电子的案例，如图6-26所示。

从图6-26中可以看出，自2020年3月中旬开始，精伦电子的股价进入了振荡下行通道。随着股价的振荡下行，MACD指标也同步下行。

5月中旬，精伦电子的股价出现触底反弹迹象。6月初，该股股价反转至高点位置后，MACD指标同步达到0轴位置。此后，MACD指标因受0轴的阻力而出现下行态势，并于6月17日出现死亡交叉形态。此后，该股股价继续下行，成交量同步出现了萎缩态势。

7月3日，该股股价放量向上突破了30日均线，且MACD指标在0轴下方不远处出现了金叉。由于该金叉在0轴下方距0轴较近，激进型投资者可少量入场。随后，随着股价的振荡上扬，DIFF线和DEA线先后向上突破0轴。至此，小鸭出水形态正式成立，投资者见到此形态可积极入场做多。

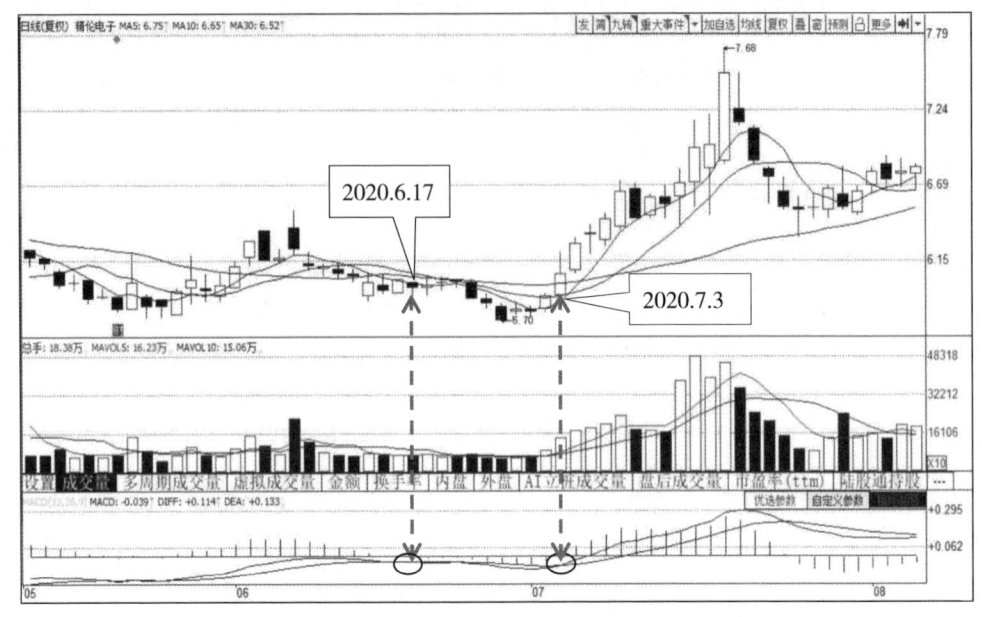

图6-26 精伦电子（600355）MACD指标走势图

暴利拐点62：空中缆车

空中缆车形态是指随着股价的回调，DIFF线在回落时跌破了DEA线，但很快又重新向上突破了DEA线，比较类似于MACD指标的高位金叉。若股价回调前刚刚出现黄金交叉，此时的金叉也可以被看成是MACD指标的二度金叉。如图6-27所示。

📈【战术解读】

空中缆车形态是一种典型的看涨信号。该形态出现后，股价一般都会迎来一波可观的上涨。其具体操作要点如下。

第一，股价经过一段时间的上涨后，出现了回调走势，而MACD指标仍运行于0轴上方，说明多方仍占据主导地位。

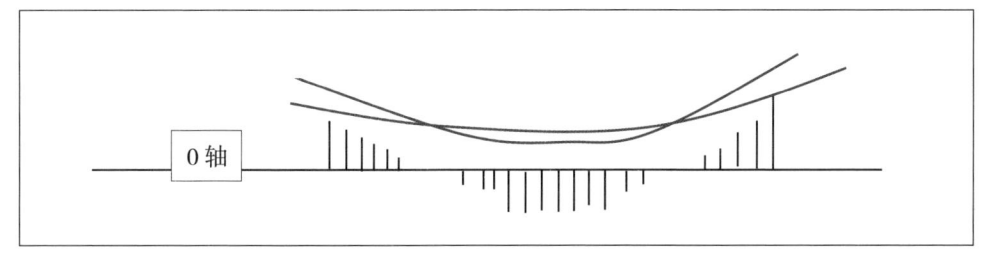

图6-27 空中缆车形态

第二，DIFF线随着股价的回调而跌破DEA线，形成高位死叉，由于MACD指标位于0轴上方，投资者可将其看成减仓信号，而无需清仓。随后，随着股价反弹，DIFF线重新向上突破DEA线形成黄金交叉时，投资者可重新加仓。

第三，空中缆车形态有时与MACD指标二度金叉形态重合，属于强烈的看涨信号。

第四，MACD指标高位死叉出现时，若成交量出现萎缩；而当MACD指标重新形成金叉时，成交量同步放大，则可增强股价上升的概率。

【实战案例】

下面来看一下多瑞医药的案例，如图6-28所示。

从图6-28中可以看出，自2022年10月中旬开始，多瑞医药的股价自底部启动振荡上升走势。随着股价的振荡上行，MACD指标也同步进入0轴上方区域。

11月中旬，多瑞医药的股价出现调整迹象，DIFF线随之出现回落。

11月23日，该股股价再度下行，DIFF线向下跌破DEA线，形成高位死叉。鉴于此时MACD指标仍位于0轴上方，投资者可适当减仓。

此后，该股股价经过几个交易日的盘整后重新上行。12月7日，该股股价大幅放量上攻，DIFF线向上穿越DEA线形成黄金交叉。至此，空中缆车形态正式成立。

由于黄金交叉点在0轴上方附近，该位置的交叉含金量较高，这是典型的看涨信号。

综合以上分析，投资者可在此时积极入场买入股票。

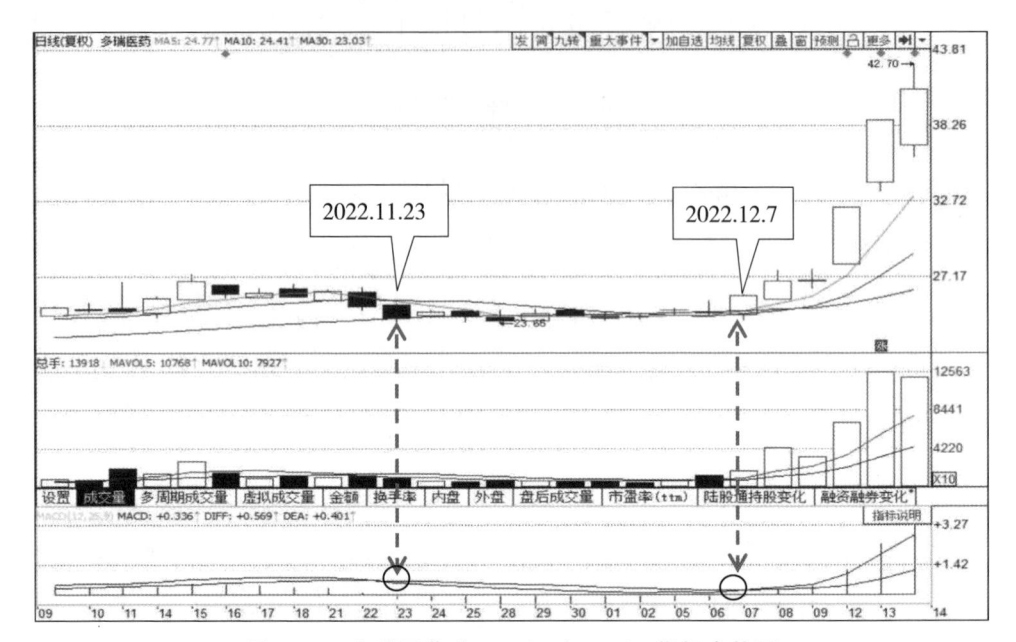

图6-28 多瑞医药（301075）MACD指标走势图

暴利拐点63：海底电缆

海底电缆形态与空中缆车形态非常相似，其区别在于空中缆车形态中MACD指标线在0轴上方，而海底电缆形态中的MACD指标线在0轴下方。不过，海底电缆形态仍属于典型的看涨形态，如图6-29所示。

📈【战术解读】

海底电缆形态是一种典型的看涨信号，不过，相对空中缆车来说，可能看涨意义稍弱。该形态出现后，股价一般也会迎来一波上涨。其具体操作要点如下。

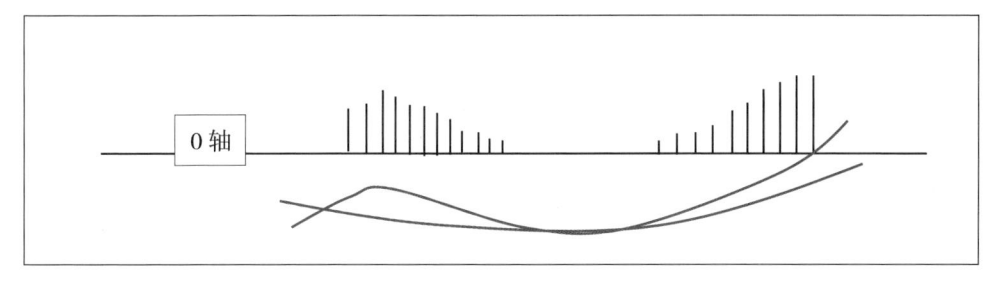

图6-29　海底电缆形态

第一，股价自底部反弹后，出现了回调走势，DIFF线随之回调，鉴于此时MACD指标位于0轴下方，投资者宜清仓。

第二，当DIFF线回调至DEA线附近时，因受DEA线支撑并与其黏合一处，说明股价下行受到强力支撑，下行空间有限，投资者需密切关注股价其后的走势，随时准备入场。

第三，DIFF线拐头向上，意味着股价上升趋势重新启动。不过，鉴于此时MACD指标仍位于0轴下方，投资者不可全仓参与。

第四，DIFF线与DEA线黏合一处时，若成交量同步萎缩，而当DIFF线拐头向上时，成交量同步放大，更可增强股价上升的概率。

第五，过DIFF线拐头向上后，MACD指标的两条指标线快速向上突破0轴，则可考虑加仓买入。

【实战案例】

下面来看一下科达制造的案例，如图6-30所示。

从图6-30中可以看出，自2020年9月底开始，科达制造的股价自底部启动振荡上升走势。随着股价的振荡上行，MACD指标也同步上行。

10月中旬，科达制造的股价出现调整迹象，DIFF线随之出现回落，很快DIFF线与DEA线黏合在一起，呈直线形态。观察此时的成交量可知，此时成交量极度萎缩。不过，由于此时MACD指标仍位于0轴下方，投资者最好离场观望。激进型投资者可留有少量筹码。

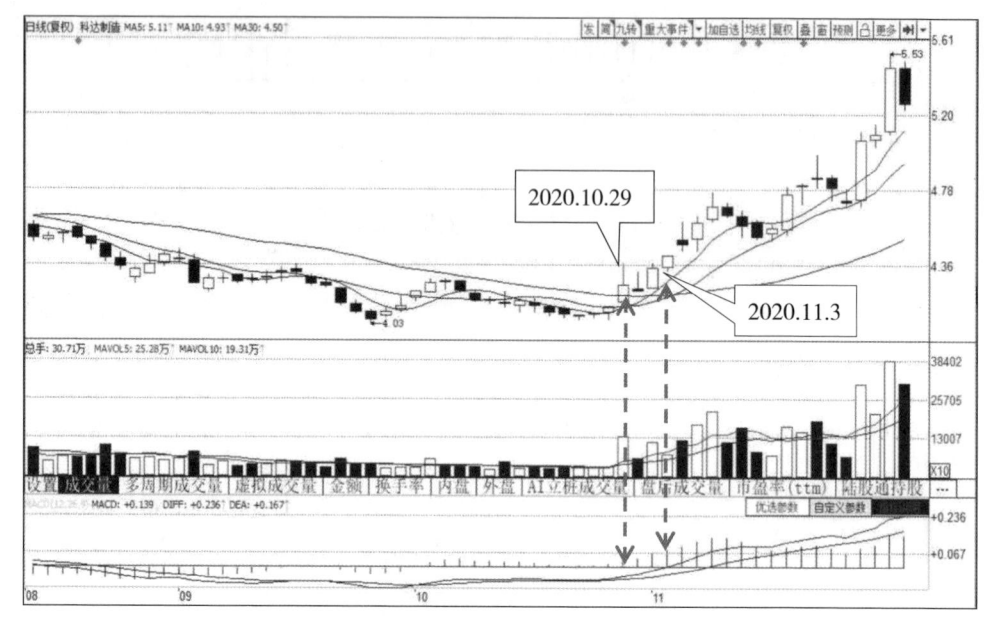

图6-30 科达制造（600499）MACD指标走势图

10月29日，该股股价放量向上，而DIFF线同步拐头向上。至此，MACD指标中的海底电缆形态正式成立。鉴于此时MACD指标仍位于0轴下方，投资者可少量入场建仓。

11月3日，该股股价继续上行，DIFF线向上突破0轴，投资者可考虑加仓买入。

随后，该股股价出现了一波快速振荡上升行情。

暴利拐点64：鳄鱼嘴

股价自底部启动上升，MACD指标在0轴下方形成黄金交叉后，向上突破了0轴，此后MACD指标的DIFF线和DEA线呈黏合状态，并贴近0轴运行。接着，随着股价的启动，DIFF线拐头向上，与DEA线分开，形似"鳄鱼张嘴"。如图6-31所示。

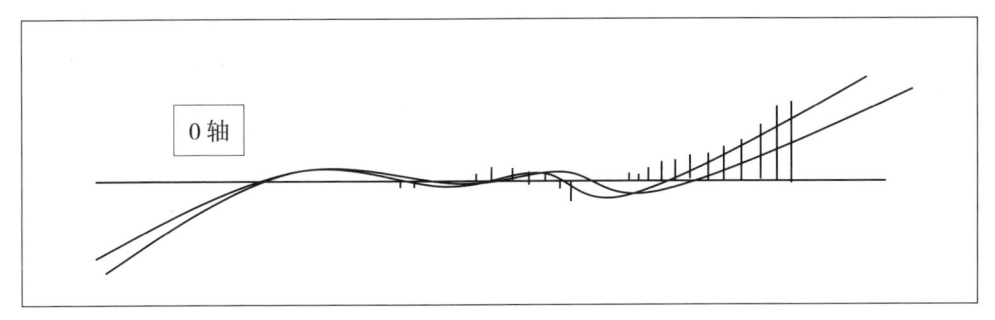

图6-31　MACD指标"鳄鱼嘴"形态

📈【战术解读】

MACD指标"鳄鱼嘴"形态的具体要求如下。

第一，MACD指标随股价反弹向上突破0轴后，很快就出现了回落态势，期间与0轴并未形成较远的距离。

第二，随着股价的回调，DIFF线与DEA线黏合在一处，且运行于0轴上方（期间偶尔跌破0轴不影响对该形态的判断），黏合在一起的时间越长，未来股价上涨的幅度可能越大。

第三，MACD指标在0轴上方黏合时，成交量同步呈现萎缩状态；当DIFF线拐头向上时，成交量出现放大态势。

📈【实战案例】

下面来看一下北方稀土的案例，如图6-32所示。

从图6-32中可以看出，北方稀土的股价自2021年3月启动了振荡上升行情。6月3日，该股股价创下阶段高点后回调，MACD指标同步在突破0轴后出现回落态势。DIFF线与DEA线黏合一处，并在0轴上方运行。

7月5日，该股股价放量上攻，DIFF线拐头向上，形成鳄鱼嘴形态。投资者见到此形态可立即入场追涨买入该股。

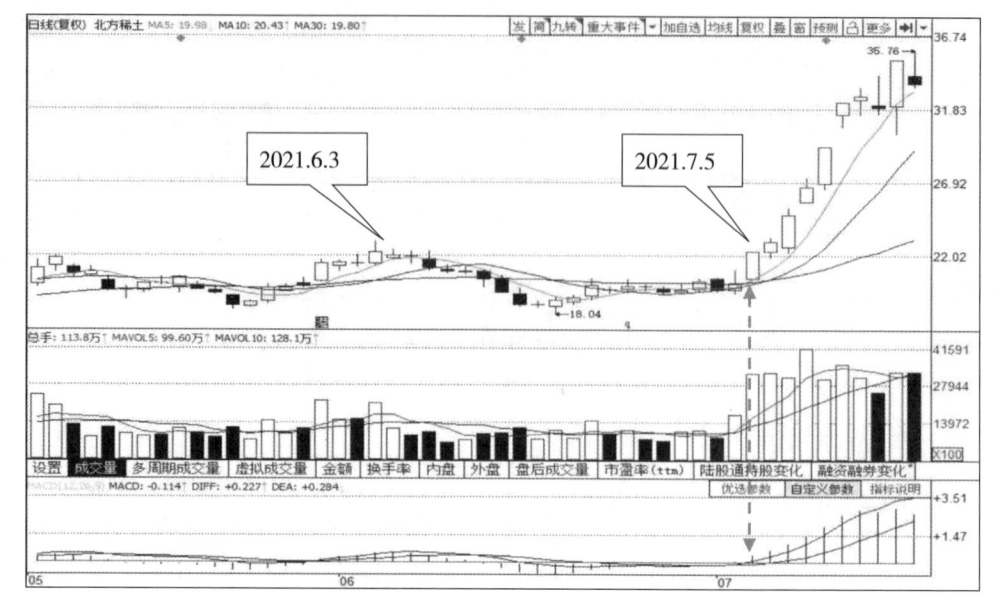

图6-32　北方稀土（600111）MACD指标走势图

暴利拐点65：空中加油

股价经过一段时间上涨后出现回调走势，MACD指标中的DIFF线随之回落，在其与DEA线即将相交时，由于股价重新上攻，导致DIFF线再度拐头向上，这就是典型的MACD指标"空中加油"形态，属于典型的看涨信号，如图6-33所示。

【战术解读】

MACD指标"空中加油"形态的具体要求如下。

第一，股价经过一段时间的上涨后出现回调，DIFF线同步回落，且MACD柱线开始出现"缩头"形态。

第二，随着股价的回调，DIFF线与DEA线靠近但并未相交时重新上扬，即MACD柱线并未萎缩至0轴时重新开始拉升，这是股价重新上行的迹象。

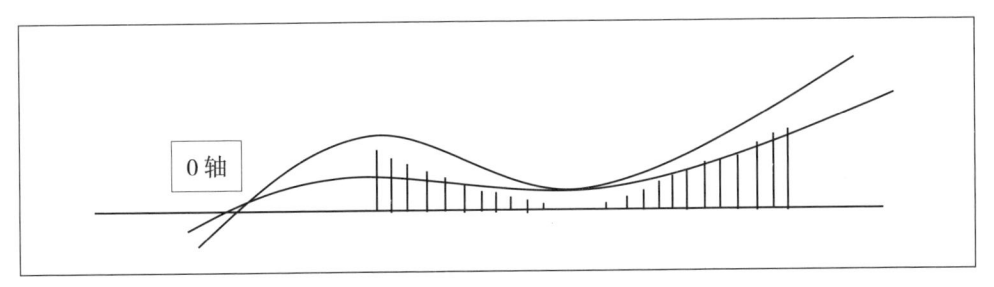

图6-33 空中加油形态

第三,"空中加油"形态本质上属于股价上涨途中的一个洗盘或调整,股价未来上涨的概率极高。

第四,股价回调时,成交量同步萎缩,而当DIFF线重新上扬时,成交量同步放大,则可增大股价上涨的概率。

【实战案例】

下面来看一下南天信息的案例,如图6-34所示。

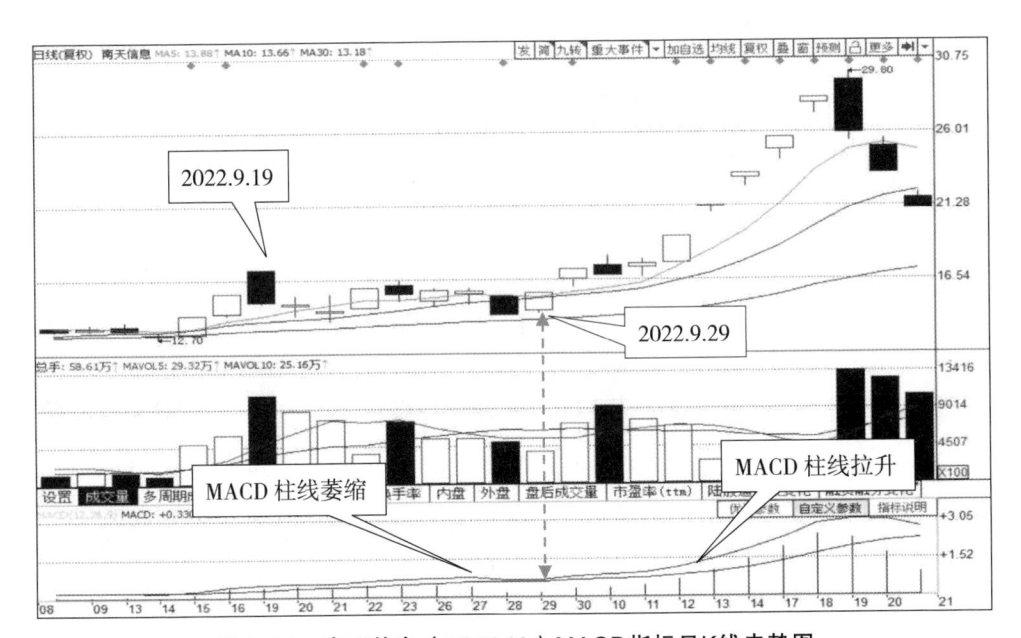

图6-34 南天信息(000948)MACD指标日K线走势图

从图6-34中可以看出,南天信息的股价自2022年4月底启动了上升行情，MACD指标随之上扬，DIFF线和DEA线先后穿越0轴。

9月中旬，该股股价出现调整，DIFF线开始向DEA线靠拢，MACD柱线随之出现萎缩态势。9月28日，该股股价大幅下挫，DIFF线接近DEA线，但并未相交。9月29日，该股股价重新上升，DIFF线同步拐头向上，MACD柱线同步拉长。至此，MACD指标"空中加油"形态成立，投资者可积极入场建仓或加仓。

此后，该股股价出现了一波上涨行情。

暴利拐点66：二度金叉

二度金叉猎杀强势股，是指当MACD指标中的DIFF快线与DEA慢线连续两次形成黄金交叉时，预示股价将会发动一波快速上涨行情。很多涨停股在启动前也会出现MACD指标二度金叉的形态。如图6-35所示。

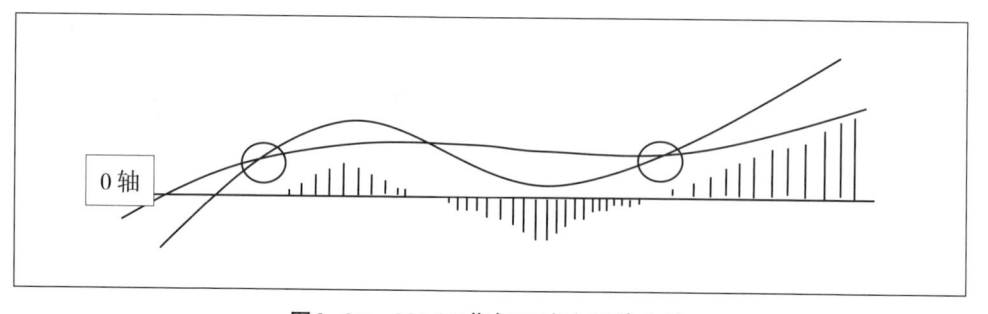

图6-35 MACD指标二度金叉擒牛股

通常来说，MACD指标在0轴上方形成黄金交叉形态，往往预示着股价将迎来一波上涨。此后，若股价出现回调后，在0轴上方再度形成黄金交叉形态，就意味着MACD指标在0轴上方连续形成了两次黄金交叉，这属于典型的增强版买入信号。

【战术解读】

二度金叉猎杀强势股的具体要求如下。

第一，DIFF快线与DEA慢线两次形成黄金交叉时，必须全部位于0轴上方，这说明多方一直占据主导地位，而股价的调整只是启动前的洗盘操作。

第二，两个金叉之间的死叉时间不能太长，而且越短越好。金叉之间间隔的时间过长，说明这个金叉分别代表了两个不同的上升波段，也就失去了组合的力量和效果。

第三，两个金叉出现期间，成交量应该出现温和放大，但不能出现巨量。

第四，MACD指标在短期内形成的两个金叉应该是相对简单的交叉，而非缠绕式交叉。也就是说，如果MACD指标出现了连续的缠绕，频繁地交叉，则此形态无效。

第五，股价在重新上涨的同时MACD指标出现第二个黄金交叉，预示该股马上要进行大幅拉升，投资者宜迅速跟进买入股票。

【实战案例】

下面来看一下安妮股份的案例，如图6-36所示。

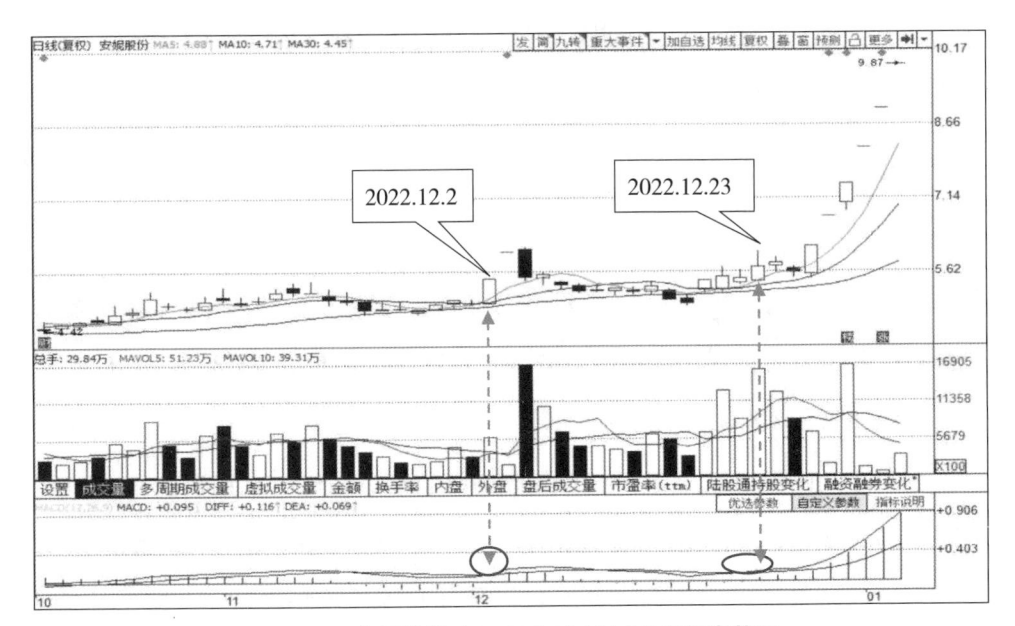

图6-36　安妮股份（002235）MACD指标走势图

从图6-36中可以看出，安妮股份的股价经过一段时间的振荡上涨后出现下行走势。

2022年12月2日，该股股价重新开始上攻，并以涨停报收，MACD指标在当日出现了黄金交叉形态，且该交叉点位于0轴上方位置，说明该黄金交叉成色较高，未来股价将会继续看涨。

其后，该股股价短暂上冲后出现了一段时间的整理。2022年12月23日，该股股价再度冲高，MACD指标在当日再度出现黄金交叉形态，且在金叉出现时，成交量同步放大，意味着股价将会出现大幅上升走势，投资者可积极入场买入股票。

这就意味着该股的MACD指标在短期内出现了两次黄金交叉形态，且交叉点全部位于0轴上方位置，这属于强烈的买入信号，也就意味着该股股价暴利拐点的来临。

第三节　布林线指标拐点的交易信号

布林线，又称布林带，英文简称为BOLL，是由美国人约翰·布林格（John Bollinger）发明并以其名字命名的。该指标是根据统计学中的标准差原理求出股价的信道区间，从而划定股价的波动范围，并预测未来可能的走势，同时利用波带显示股价安全的高低价位。如图6-37所示。

布林线由三条曲线组成，分别是上轨线、中轨线和下轨线，其中上轨线和下轨线之间的区域构成了BOLL指标的价值通道，即布林通道，而中轨线为股价波动的中轴线。在布林线指标体系中，中轨线一般会默认为20日均线，上轨线和下轨线则是在中轨线基础上加减一定的标准差（一般为2个标准差）而获得的。

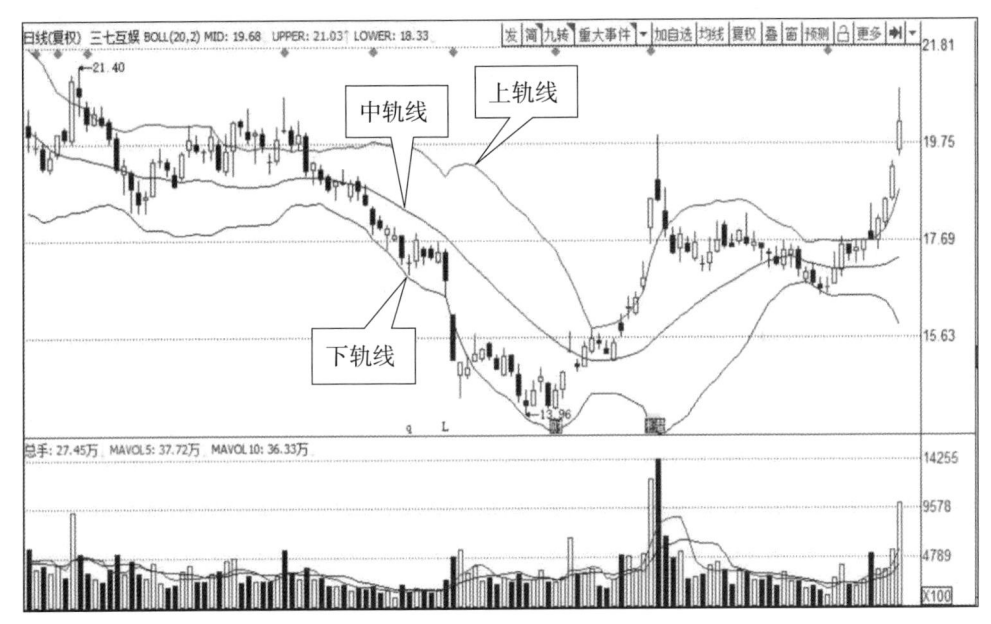

图6-37 布林线指标示意图

通常来看,布林线指标具有以下几项典型的交易含义。

第一,阻力与支撑。

布林线的上轨线、下轨线和中轨线都具有很强的支撑与阻力作用。当股价回调至各条轨道线附近时,都可能因为受到支撑而重新进入上升通道;反之,若股价上涨或反弹至各条轨道线附近时,也会因轨道线的阻力而重新进入调整行情。

第二,股价强势信号。

布林线的中轨线本质上就是一条20日均线,因而对研判股价中期运行趋势具有重要的意义。当股价自下而上突破中轨线时,同时布林线通道的喇叭口开始放大,则意味着股价将进入一波上升行情。

第三,股价波动方向与幅度的展示。

布林线指标中的喇叭口会随着股价波动幅度的变化而变化。当股价波动幅度变大时,喇叭口就会越开越大;反之,则会越开越小。同时,当股价处于上升趋势时，整个布林通道也会呈现向右上方倾斜的态势；反之，则会向右下方倾斜。

投资者通过布林线喇叭口的状态就可以大致判断股价的运行态势。

第四，股价超买与超卖的识别。

股价K线在绝大多数时间都会运行于布林通道之内。当股价偏离布林通道，比如向上突破布林线上轨或跌破布林通道下轨，意味着股价很可能会出现反向运行的态势，以促使股价重新回到布林通道之内。

下面来看一下惠博普的案例，如图6-38所示。

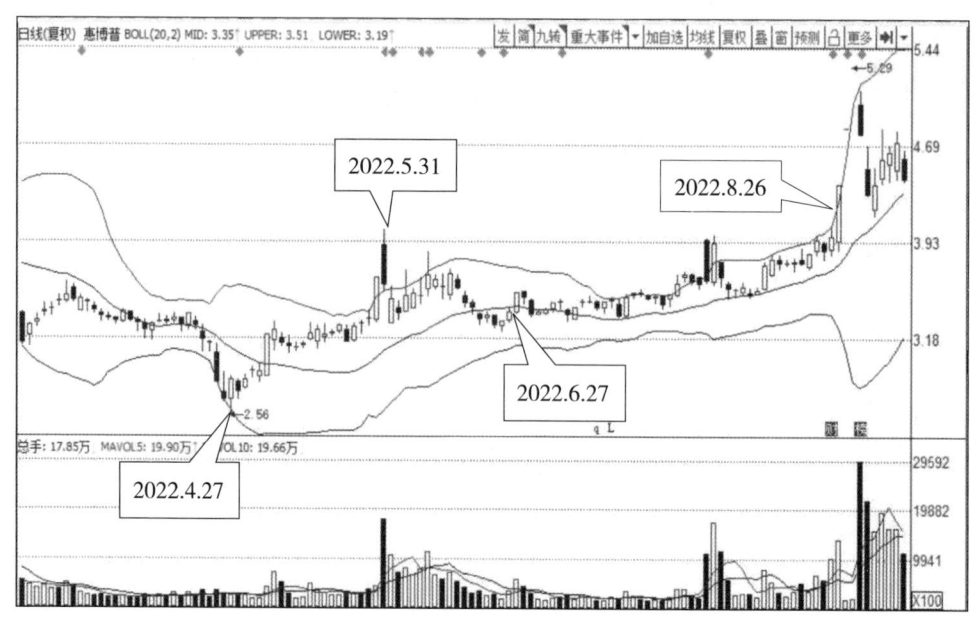

图6-38　惠博普（002554）布林线指标走势图

从图6-38中可以看出，惠博普的股价经过一段时间的下跌后，在2022年4月27日触及布林线下轨线后出现反弹，并展开了一波反攻走势。

2022年5月31日，该股股价突破布林线上轨后出现回落，并很快回归到布林通道之内。此后，该股股价更是跌破了布林线中轨，此时布林通道喇叭口开始收缩，说明股价波动幅度开始变小。

6月27日,该股股价重新突破了布林线中轨,并一直沿着中轨线振荡上升。整个布林通道呈现出向右上方倾斜的态势,这是股价处于上升态势的一种表现。

2022年8月26日,该股股价加大上攻幅度,喇叭口重新开始放大,这是典型的股价启动快速上攻的信号。

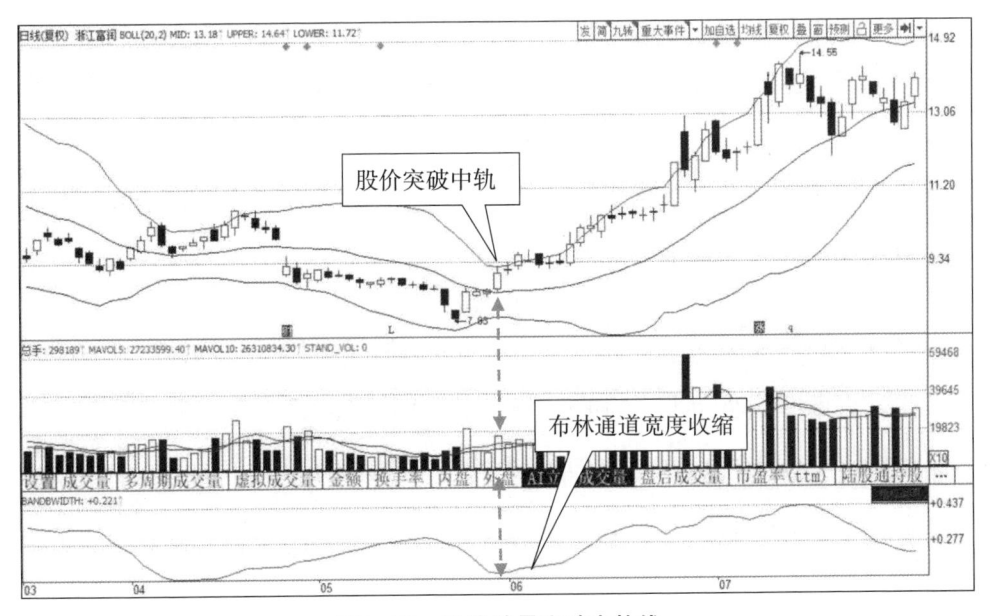

暴利拐点67：股价放量突破中轨线

股价放量突破中轨线,是股价中期波段启动最显著、最主要的一个特征。

股价K线放量完成对布林线中轨的突破,意味着股价中线走强的趋势基本确立。如图6-39所示。

图6-39　股价放量突破中轨线

【战术解读】

从图6-39中股价K线与布林线之间的位置关系,可以看出如下几个特征。

第一，股价经过一段时间的振荡上升后，出现了加速上攻的态势。从K线形态上来看，这属于典型的触底回升走势。股价的触底回升能否最终演化为股价运行趋势的反转，其实主要就是看能否完成对中轨线的有效突破。

第二，股价K线对中轨线的有效突破需要具备这样几个特征：其一，成交量温和放大；其二，股价突破中轨线后能够站稳中轨线（连续三个交易日没有跌破中轨线）。

第三，当股价突破中轨线时，布林通道的喇叭口迅速放大，这也是股价进入高波动区间的一个显著特征。投资者可借助布林通道宽度指标来观察布林通道喇叭口的波动情况。

第四，从成交量方面来看，当股价向上突破时，成交量出现了明显的放大，这也是股价进入上行通道的显著特征。

第五，当股价完成对中轨线的突破后，中轨线的方向也会呈现拐头向上的态势，这说明股价中线运行趋势已经进入上升通道，比较有利于投资者进行中线交易。

基于以上判断，投资者更可以在股价向上突破中轨线时入场追涨，并在股价跌破中轨线时执行卖出操作。

【实战案例】

下面来看一下金力永磁的案例，如图6-40所示。

从图6-40中可以看出，金力永磁的股价在2022年上半年出现了一波振荡下跌走势。到2022年4月底，该股股价K线在触及布林线下轨后出现振荡反弹走势。

与此同时，该股股价在振荡过程中，布林通道的喇叭口越来越窄，说明股价波动幅度越来越小，正在选择未来的突破方向，投资者宜密切关注该股其后的走势。

2022年5月9日，该股股价放量向上突破了布林线中轨，与此同时，布林线通道的倾斜方向开始转向右上方，这说明该股股价运行趋势已经发生了改变。

此后，该股股价开始沿着布林线中轨振荡上行，说明股价已经进入了上升通道。股价向上突破布林线中轨时，就是该股股价的暴利拐点。

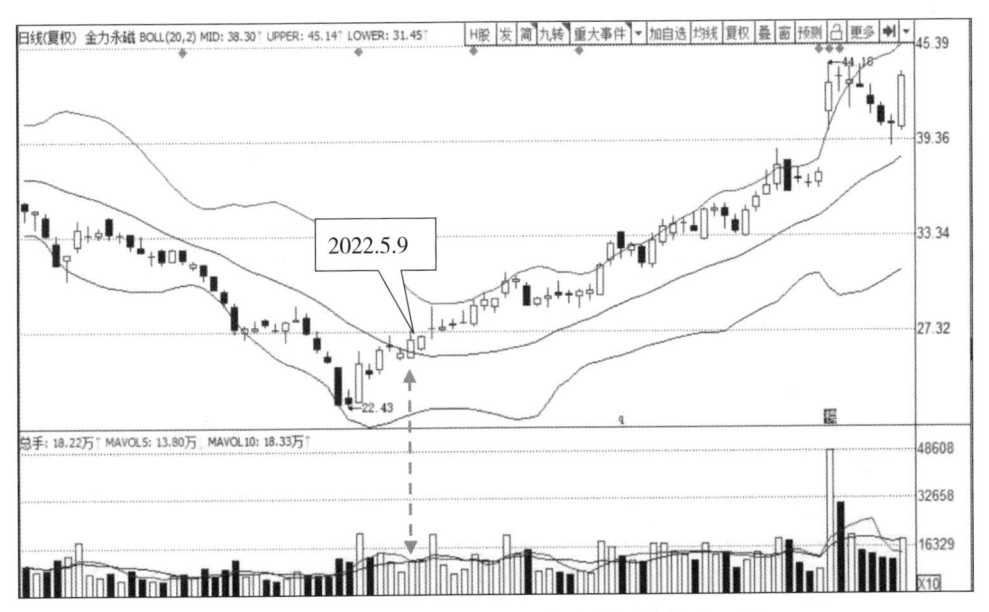

图6-40　金力永磁（300748）布林线指标走势图

暴利拐点68：回调中轨遇支撑

通常来说，股价的上涨行情都不是一蹴而就的，在其上涨过程中，可能会出现若干次的回调整理，若股价回调至中轨线位置，因受中轨线支撑而再度上升，则意味着股价中线仍可看高一线，如图6-41所示。

📈【战术解读】

从图6-41中股价K线与布林线之间的位置关系，可以看出如下几个特征。

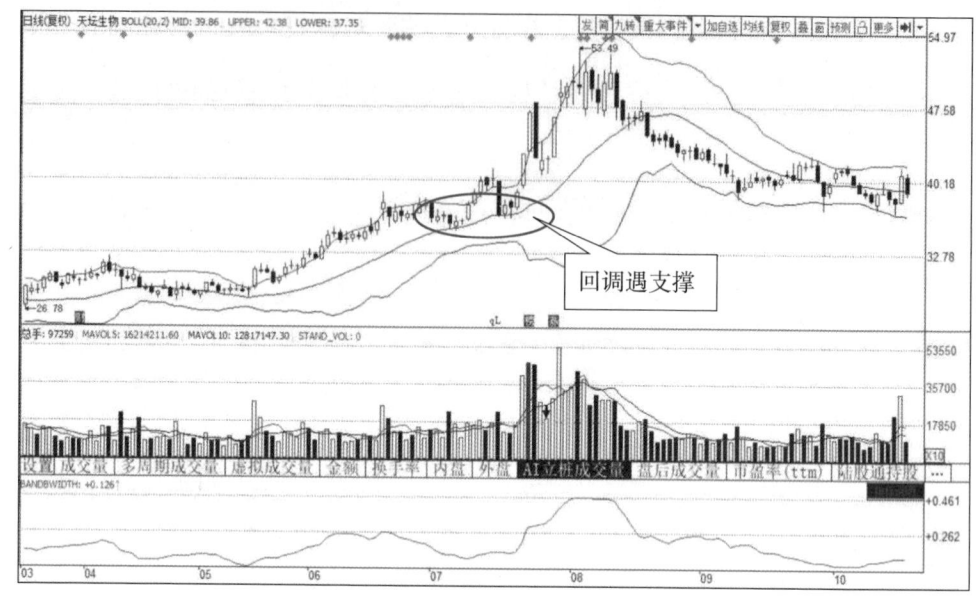

图6-41　股价回调遇中轨线支撑

第一，股价K线一直运行于布林线中轨之上，说明股价处于强势上升趋势，持股投资者只需耐心持股即可。

第二，当股价出现回调走势，且其连续回调至布林线中轨位置，均因中轨线的支撑而重新上攻，说明中轨线的支撑能力很强。股价偶尔跌破中轨线，并快速拉起，仍可认定中轨线对股价的支撑有效。

第三，观察该股的成交量可知，当股价向中轨线回调时，成交量呈现了萎缩状态，其后，当股价受到支撑上攻时，成交量同步放大，这属于典型的价量同步形态，说明股价运行比较健康，未来还有继续上攻的可能。

第四，从布林通道的情况来看，当股价回调时，布林通道同步收缩；而股价遇支撑上扬时，布林通道的喇叭口开始重新放大，这也是股价启动的一个显著特征。

基于以上判断，投资者更可以在股价回调遇中轨线支撑而重新上升时入场加仓。

📈【实战案例】

下面来看一下新安股份的案例，如图6-42所示。

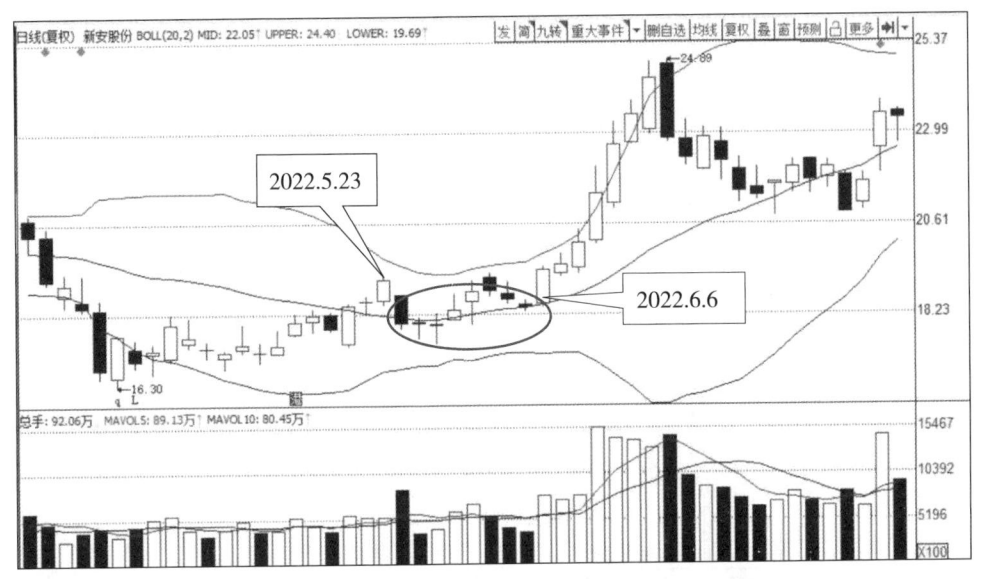

图6-42　新安股份（600596）布林线指标走势图

从图6-42中可以看出，新安股份的股价自2022年4月底启动了一波上涨行情。该股股价在突破布林线中轨后，一直运行于中轨线与上轨线之间的区域，说明股价上升趋势良好，持股投资者可耐心持股待涨。

2022年5月23日，该股股价触及短线高点后出现了小幅回调。在5月26日和6月5日，股价两度触及了布林线中轨，均因布林线中轨的支撑而重新上攻。观察该股的成交量变化情况可知，在股价回调时，成交量呈现萎缩态势，在股价遇支撑上攻时，成交量开始放大，这属于一种良性的价量结构。

6月6日，该股股价脚踩布林线中轨大幅放量上攻，这更加可以说明中轨线对股价具有较强的支撑作用。未来该股股价将转入上升趋势。

暴利拐点69：触下轨反弹后过中轨

很多保守型投资者对股价触及下轨之后的反弹仍持谨慎态度。股价处于下行趋势，即使偶尔反弹，也随时可能夭折，因此，通过中轨线确认下轨线支撑的有效性，确实是一个不错的选择。如图6-43所示。

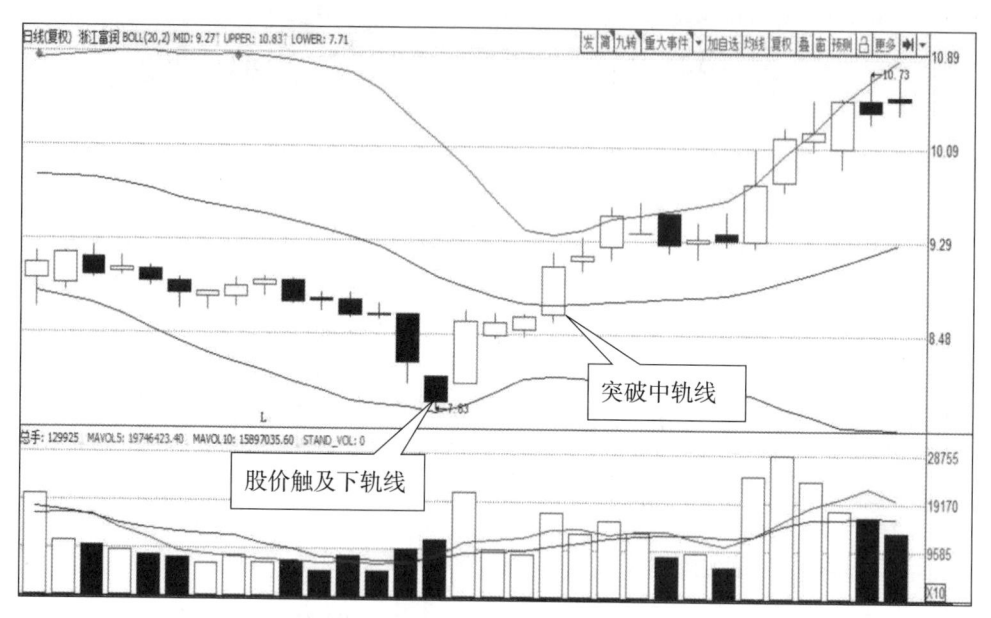

图6-43　股价触及下轨后反向突破中轨

📈【战术解读】

从图6-43中股价K线与布林线之间的位置关系，可以看出如下几个特征。

第一，股价经过一段时间的下跌后，在触及下轨线后反向上攻，并突破了中轨线，说明该股股价存在中线走强的可能。

第二，股价上攻过程中，成交量出现了明显的放大，这是股价上行的基本保障。

第三，股价触及下轨线反弹时，布林通道的喇叭口同步收缩，而当股价突破中轨线后，布林通道的喇叭口重新开始放大，这说明股价即将进入上攻趋势，投资者可考虑积极入场。

由于股价K线对中轨线的突破本身就可以看成买入信号，此时，股价触及下轨反弹向上突破中轨，其实只是一种买入信号的强化，比较适合保守型投资者。

📈【实战案例】

下面来看一下派能科技的案例，如图6-44所示。

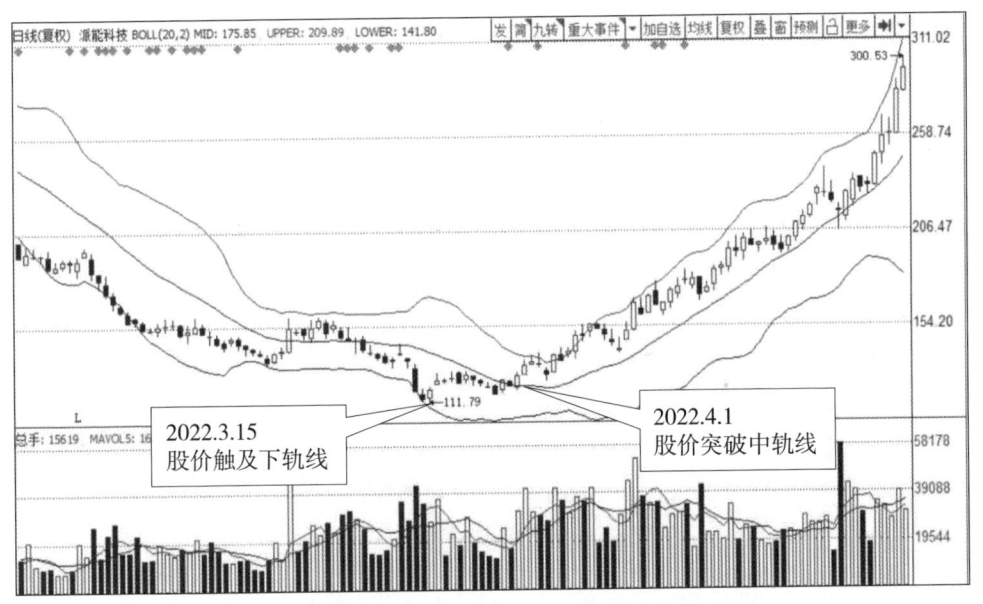

图6-44　派能科技（688063）布林线指标走势图

从图6-44中可以看出，派能科技的股价在2021年8月开始出现了一波振荡下行走势。该股股价在振荡下跌过程中，曾于2022年3月15日触及布林线下轨线，说明该股股价下行趋势有终结的可能。

此后，该股股价出现振荡筑底态势。与此同时，布林通道的喇叭口开始收缩，说明该股股价很有可能正在重新选择突破方向。

不过，该股股价在反弹至中轨线附近时，并没有立即完成突破，而是受中轨线阻力而出现小幅回落态势。此时投资者不可轻易入场，只需保持观望即可。

2022年4月1日，该股股价放量向上突破中轨线，至此，股价反弹行情基本确立，投资者可考虑追涨买入该股。

该股股价触及下轨线到突破中轨线的这一过程，就是股价运行趋势发生反转的过程，也是投资者需要重点关注的一个阶段，更是股价暴利拐点出现的时刻。

暴利拐点70：股价翻身沿上轨运行

股价翻身突破，是指股价从下跌（或假跌）状态，突然转为强势上攻状态的一种形态。这是黑马股启动常见的一种运行态势。很多投资者还没有从股价下行的态势中回过神来，股价已经进入了强势上攻区间。如图6-45所示。

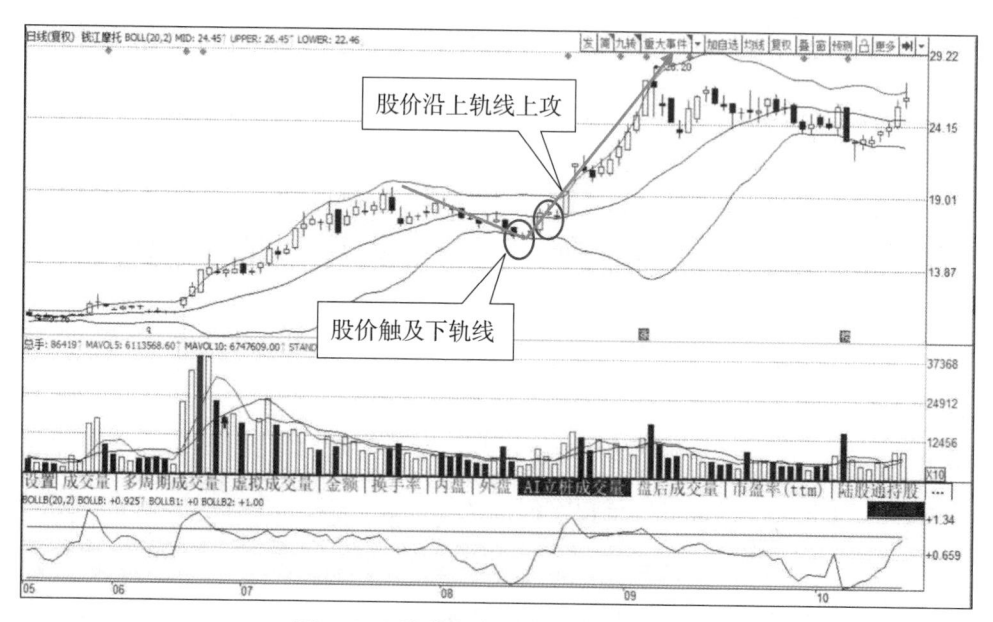

图6-45 股价翻身上攻突破上轨形态

【战术解读】

从图6-45中股价K线与布林线之间的位置关系，可以看出如下几个特征。

第一，股价经过一段时间的横向盘整后，出现了一波下行走势，给人一种即将向下突破的感觉，股价K线甚至已经触及了布林线下轨，这是典型的行情转弱信号，投资者是不应该入场的。

第二，当投资者对走势不抱希望时，该股股价突然反向上攻，连续向上突破布林线中轨和上轨，强势特征一览无余。

第三，当股价反向上攻后，布林通道的喇叭口迅速放大，这也是股价进入高波动区间的一个显著特征。

第四，股价K线从下轨到触及上轨所用的时间非常短（一般在五个交易日以内），也是这类股票走势的一个典型特征。若持续时间过长，则无法体现股价短线运行的强势。

第五，从成交量方面来看，当股价向上突破时，成交量出现了明显的放大，这也是股价进入上行通道的显著特征。

基于以上判断，投资者可在股价向上突破中轨线时建仓买入，激进型短线交易者更可以在股价向上突破上轨线时进行加仓。

【实战案例】

下面再来看一下皖维高新的案例，如图6-46所示。

从图6-46中可以看出，皖维高新的股价在2022年6月到7月期间，出现了一波振荡盘整走势。该股股价在振荡过程中，布林通道的喇叭口越来越窄，说明股价波动幅度越来越小，正在选择未来的突破方向，投资者宜密切关注该股其后的走势。

2022年7月下旬，该股股价出现下跌走势，8月2日，股价更是跌破了布林线的下轨，弱势尽显，给人一种股价即将启动快速下跌的感觉。与此同时，该股的成交量出现了连续萎缩态势。

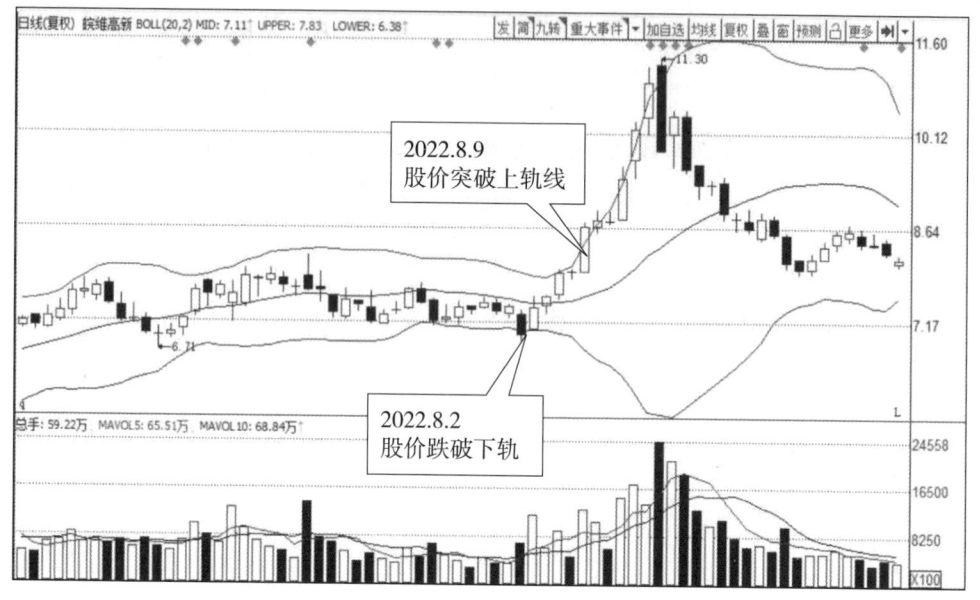

图6-46　皖维高新（600063）布林线指标走势图

其后，该股股价振荡回升，并很快在回归布林线下轨之后向上突破了布林线中轨。8月9日，该股股价更是向上突破了布林线上轨，强势股特征开始显现。观察布林通道可知，此时布林通道的喇叭口开始放大，且成交量也同步放大，以上诸多信号都说明该股即将进入快速上升通道，激进型短线交易者可迅速入场买入该股。当然，由于此时该股股价已经向上突破上轨线，因而，投资者宜保持合理的仓位，控制风险。

此后，该股股价沿布林线上轨运行，投资者可在股价回归布林通道内部时减仓，并在股价跌破布林线中轨时清仓。

暴利拐点71：股价脚踩上轨线

在布林线指标体系中，股价K线向上突破布林线上轨是一个重要的信号，即股价进入强势上攻区间。此后，若股价能够脚踩上轨线上行，则说明股价处于强势上攻状态。很多短线牛股都具备这一典型的特征。如图6-47所示。

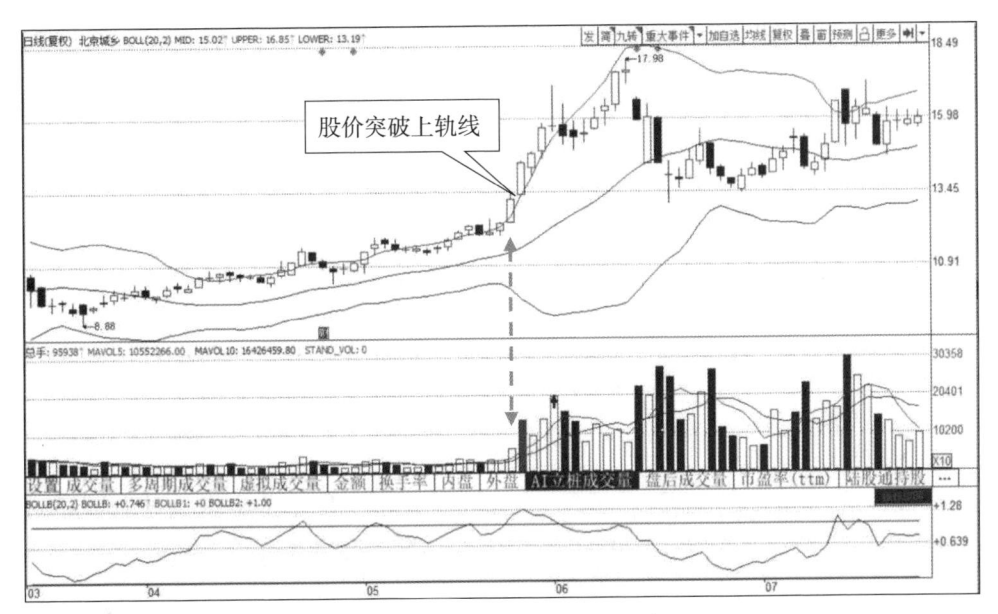

图6-47　股价脚踩上轨线形态

📈【战术解读】

从图6-47中股价K线与布林线之间的位置关系，可以看出如下几个特征。

第一，股价经过一段时间的振荡上升后，出现了加速上攻态势。从K线形态上来看，这属于典型的慢牛加速形态，因而股价的上涨趋势非常明显。

第二，股价K线突破布林线上轨之前，已经在很长时间内出现了沿上轨线运行态势，这本身也是一种强烈的看涨信号。而5月26日股价对上轨线的突破，只是股价短线冲锋的一个信号。

第三，当股价加速上攻后，布林通道的喇叭口迅速放大，这也是股价进入高波动区间的一个显著特征。

第四，从成交量方面来看，当股价向上突破时，成交量出现了明显的放大，这也是股价进入上行通道的显著特征。

第五，股价脚踩布林线上轨固然是强势的显著特征，但也可能属于最后的疯狂。一旦股价重回布林通道内部，则很可能会出现一波调整，甚至是反转。

基于以上判断，激进型短线交易者更可以在股价向上突破上轨线时入场追涨，并在股价回归布林通道内执行减仓操作。

📈【实战案例】

下面来看一下紫金矿业的案例，如图6-48所示。

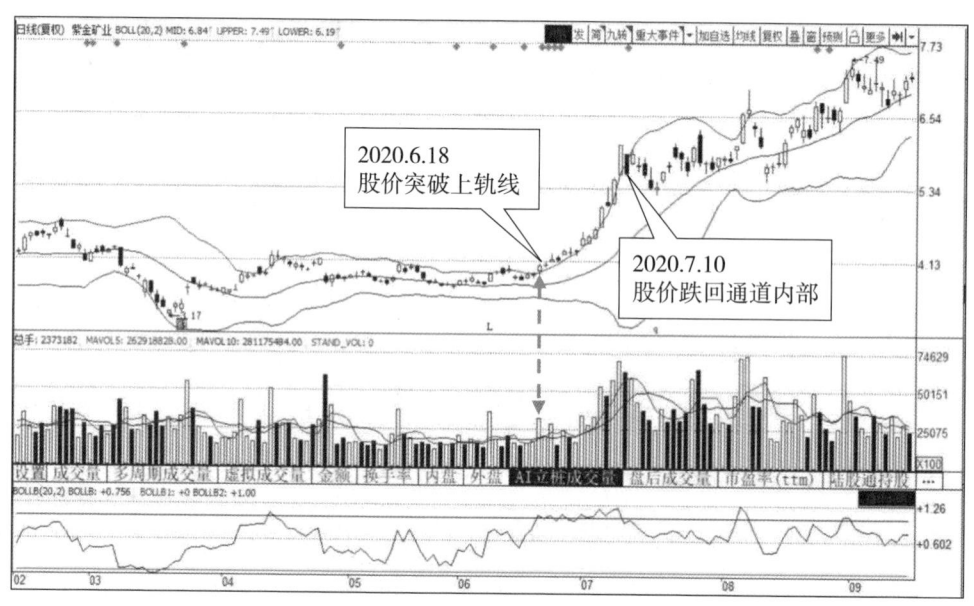

图6-48　紫金矿业（601899）布林线指标走势图

从图6-48中可以看出，紫金矿业的股价在2020年4月到6月期间，出现了一波横向盘整走势。该股股价在振荡过程中，布林通道的喇叭口越来越窄，说明股价波动幅度越来越小，正在选择未来的突破方向，投资者宜密切关注该股其后的走势。

2020年6月18日，该股股价在前几个交易日振荡上行的基础上再度上攻，并顺利突破布林线上轨，说明股价进入了快速上涨区间。观察当日的成交量可知，成交量放大比较明显，这也是股价即将启动大幅上攻的迹象。

此后，该股股价一直脚踩布林线上轨运行，这是典型的持续强势信号。持有该股的投资者只需持股待涨。

7月10日，紫金矿业的股价正式跌回布林通道内部，投资者可考虑适当减仓，若其后股价跌破中轨，则宜清仓。

暴利拐点72：潜龙出水战法

潜龙出水战法，是指股价经过一段相对较长时间的下跌，布林通道逐渐收缩，且开始逐渐出现横向运行态势，此后股价波动幅度突然放大，布林通道宽度指标拐头向上，股价向上突破中轨线，直至上轨线，有时会突破上轨线。这意味着股价横向运行态势终结，将迎来一波上升行情。如图6-49所示。

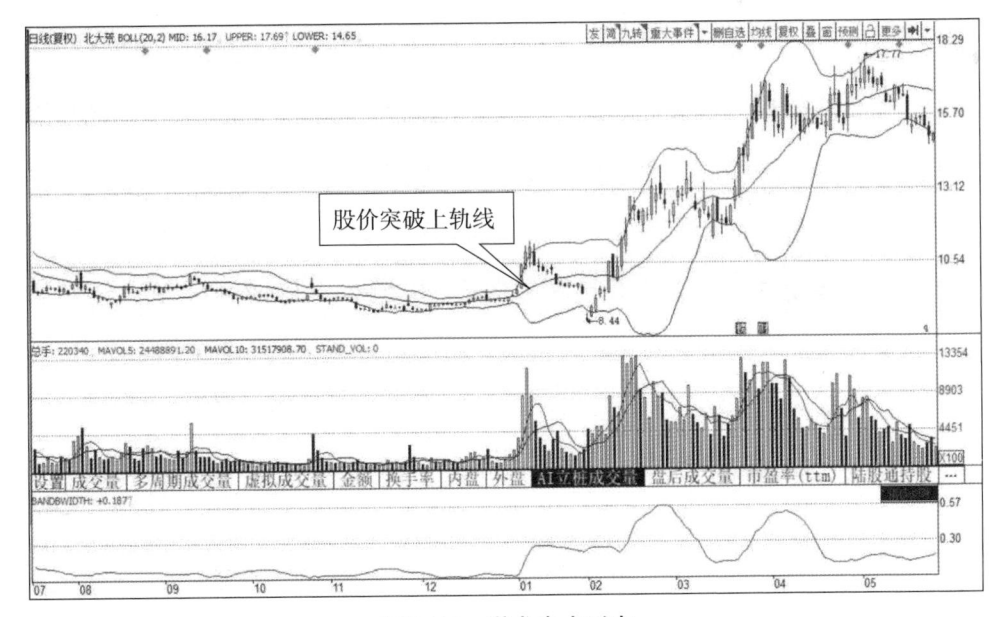

图6-49 潜龙出水形态

股价经过一段时间的振荡走低后，布林通道的喇叭口逐渐收缩。某一交易日，股价K线突破布林线上轨，与此同时，布林通道宽度指标大幅拐头向上。也就是说，从此之后，布林通道宽度指标脱离之前的底部振荡区域开始上行。

此后，布林通道随着股价的波动而呈现有规律的缩放，但布林通道始终向右上方倾斜，说明该股股价进入振荡上扬趋势，中长线投资者可择机入场建仓。

📈【战术解读】

从图6-49中股价K线与布林线之间的位置关系，可以看出如下几个特征。

第一，股价经过一段时间的下跌后，开始横向整理，其波动范围也会随之减弱，布林通道就会呈现收缩状态，且整体上从向右下方倾斜到放平。

第二，股价经常低波动振荡后，突然向上拉升，随后股价进入高波动区间，意味着股价开始进入上升通道。这就如同一条在水下蛰居多时的龙，开始腾空而起，未来股价的涨势必然十分可观。

第三，由于股价在启动前已经经过了较长时间的下跌和横向振荡，因而，当股价开始进入高波动区间后，无论股价如何波动，最后大概率还是会呈现上升走势，即或在初期会有一个向下的动作，也会很快向上拉升。

第四，面对这类形态的股票，投资者在股价开始进入高波动区间后，可以先试探性少量建仓，当股价向下回调至中轨线或下轨线并反弹时，进行加仓。这类股票上攻的持续时间往往很长，机会有很多，投资者不用着急。

第五，股价在底部盘整过程中，若布林通道的方向开始转向右上方倾斜，则未来上攻的概率更高。

📈【实战案例】

下面来看一下裕兴股份的案例，如图6-50所示。

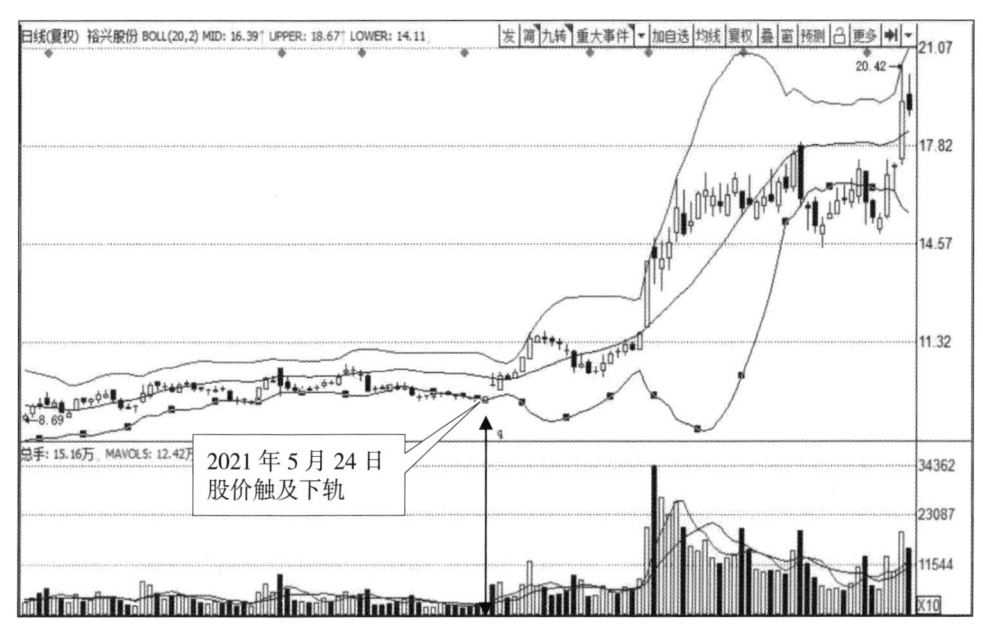

图6-50　裕兴股份（300305）布林线指标走势图

从图6-50中可以看出，裕兴股份的股价自2020年下半年开始进入了下跌通道。进入2021年后，该股股价开始横向振荡盘整走势。随着股价振荡走低，布林通道的喇叭口逐渐收缩。

不过，观察该股的布林通道可以发现，整个布林通道还是呈现了典型的向右上方倾斜态势，说明整个市场正在转暖。

2021年5月24日，该股股价触及布林线下轨后，出现反弹走势。股价K线很快向上突破了布林中轨，与此同时，布林通道的喇叭口开始放大，意味着股价已经重新进入了大幅波动区间。联系此时股价已经显露出明显的上攻动作，更可印证股价即将转入上升趋势。

此后，布林通道随着股价的波动而呈现有规律的缩放，但布林通道始终向右上方倾斜，这说明股价进入了振荡上扬趋势，中长线投资者可择机入场建仓。

暴利拐点73：上轨线突破前高

布林线的上轨会因股价波动幅度的放大而向上运动，同理，当股价经过一波上涨后出现回调，布林线的上轨势必也会随之回撤。其后股价再度上行，布林线上轨也会随之上扬，若上轨线突破前期高点，则意味着股价可能迎来新一波的短线上攻行情。该技巧与股价突破前期高点的技法在理论上有些相似，即股价上升动能已经超越了上一次，那么未来继续上攻的概率就会变得非常大。如图6-51所示。

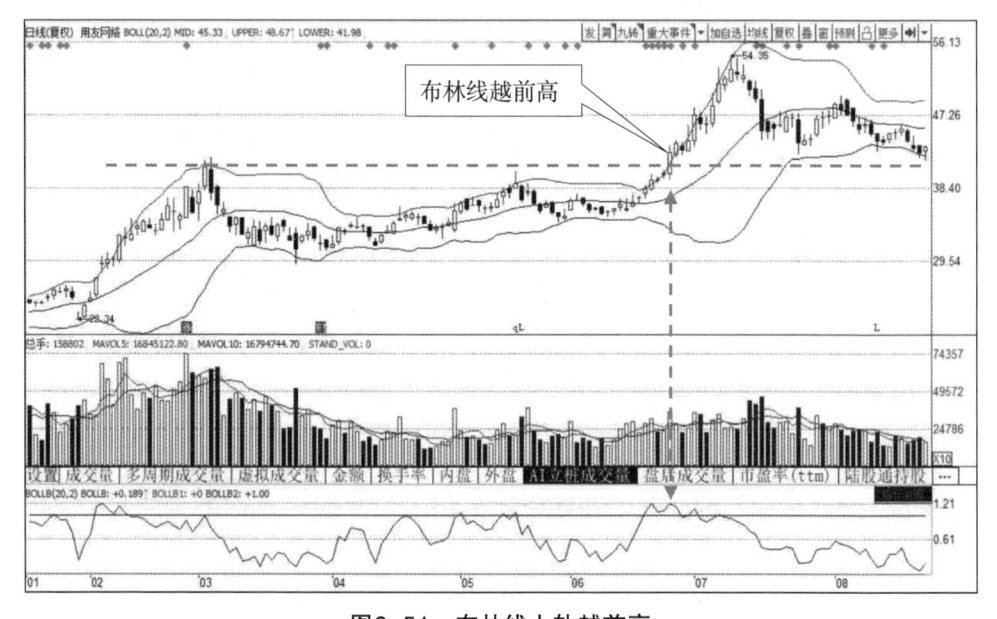

图6-51 布林线上轨越前高

📈【战术解读】

从图6-51中股价K线与布林线之间的位置关系，可以看出如下几个特征。

第一，股价在创出前期高点之后出现调整，当布林线上轨突破前期高点时，股价也同步突破了前期高点。也就是说，在大多数情况下，股价K线与布林线是同步创出新高的，当然，有时也存在不一致。

第二，布林线上轨突破前高的同时，股价K线同步向上突破了上轨线。这也是股价短线强势的一个显著特征。此时若股价仍停留在上轨线内部，紧贴上轨线，则股价未来上涨所持续的时间可能会更长。

第三，从成交量方面来看，当股价向上突破时，成交量出现了明显的放大，若能突破前期高点的成交量更佳。

第四，布林线上轨完成对前期高点的突破后，若股价出现回调，且回踩至上轨线或中轨线位置再度上扬，投资者可考虑加仓买入。

【实战案例】

下面来看一下明冠新材的案例，如图6-52所示。

从图6-52中可以看出，明冠新材的股价在2021年12月10日创出阶段高点后出现了回调整理，与此同时，布林线的上轨也在创出高点后拐头向下收缩。

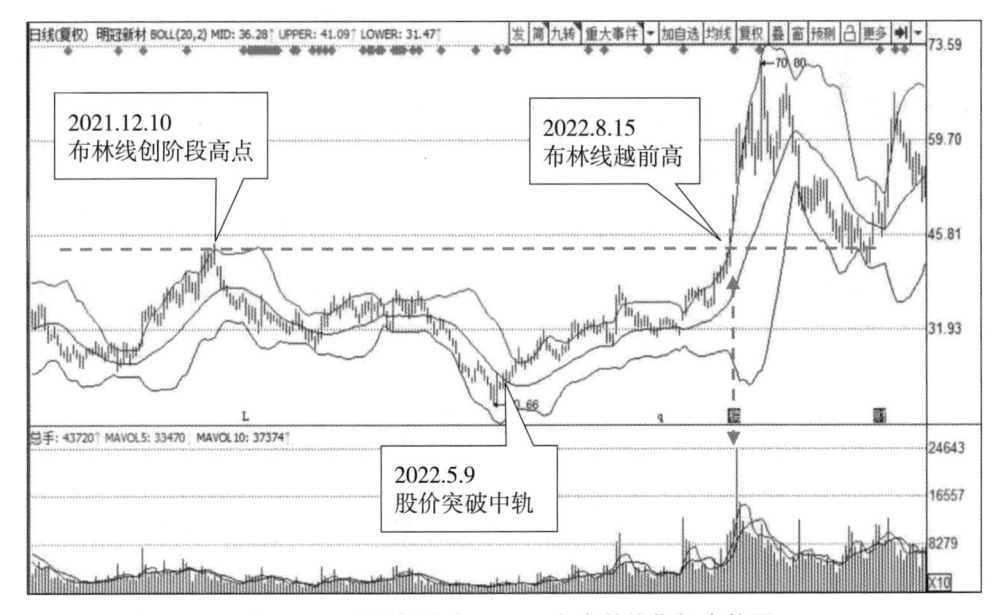

图6-52 明冠新材（688560）布林线指标走势图

其后，该股股价经过了几个月的横向盘整，布林通道的喇叭口呈现明显的收缩状态。进入2022年4月底后，该股股价自低位启动上攻，股价K线向上突破了布林线中轨，且来到上轨线附近。

2022年8月15日，该股股价大幅上攻，并突破了布林线上轨，与此同时，当时的布林线上轨线突破了2021年12月10日布林线上轨线的最高点。

投资者据此可入场买入该股。观察股价K线与布林线上轨的位置关系可以看出，股价K线虽然贴近上轨线但并未突破上轨，只是沿着上轨线向上运行，这说明该股股价上攻可能会持续较长时间，投资者可积极入场做多。

第四节　KDJ指标组合拐点的交易信号

KDJ指标又称随机指标，是一种在市场上应用非常广泛的技术分析工具。主要被用来反映市场上买卖力量的强弱和超买超卖现象，能够在股价尚未上升或下降之前发出准确的买卖信号。

如图6-53所示，KDJ指标主要由曲线K、曲线D、曲线J、中轴50线四部分构成。同时，因股价所处的短线趋势不同，KDJ指标的三条指标线也会呈现完全不同的排列方式。

KDJ指标的研判可以从以下几个方面入手。

第一，50线分强弱。

在KDJ指标中，50线是一条非常重要的多空力量均衡线。当KDJ指标（主要以曲线K为准）运行于50线上方时，说明股价处于相对高位，即多方占据优势地位；当KDJ指标运行于50线下方时，说明股价处于相对低位，即空方占据优势地位。

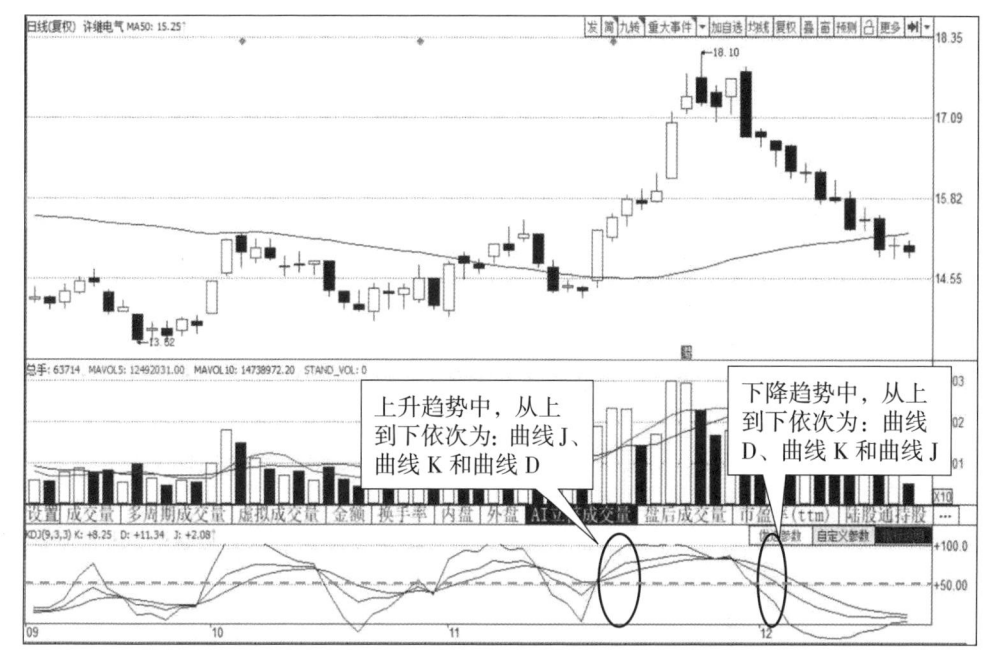

图6-53 KDJ指标图示

第二，超买功能。

随着股价的上扬，KDJ指标中的曲线K进入80线上方超买区，说明股价短线走强，但回调的风险也在逐步增加。持股投资者可继续持仓，持币投资者一般不宜再追加仓位。

KDJ指标自80线上方区域跌破80线位置时，可执行减仓或离场操作。

第三，超卖功能。

与80线上方区域相对的是20线下方的超卖区域。随着股价的下行，KDJ指标中的曲线K进入20线上方超卖区，说明股价短线走弱，但反弹的可能也在逐步增加；KDJ指标自20线下方区域向上突破20线位置时，可执行买入操作。

第四，买卖点判断。

KDJ指标中曲线K与曲线D的交叉，是KDJ指标最重要的一种形态，也是对其后股价运行趋势最具影响的一种形态。

通常情况下，大家习惯将曲线K自下而上穿越曲线D形成的交叉称为黄金交叉，就如同股价K线自下而上穿越了均线，因而，股价K线未来继续上升的概率很大。将曲线K自上而下穿越曲线D形成的交叉称为死亡交叉，就如同股价K线自上而下穿越了均线，因而，股价K线未来继续下跌的概率很大。

下面来看一下惠博普的案例，如图6-54所示。

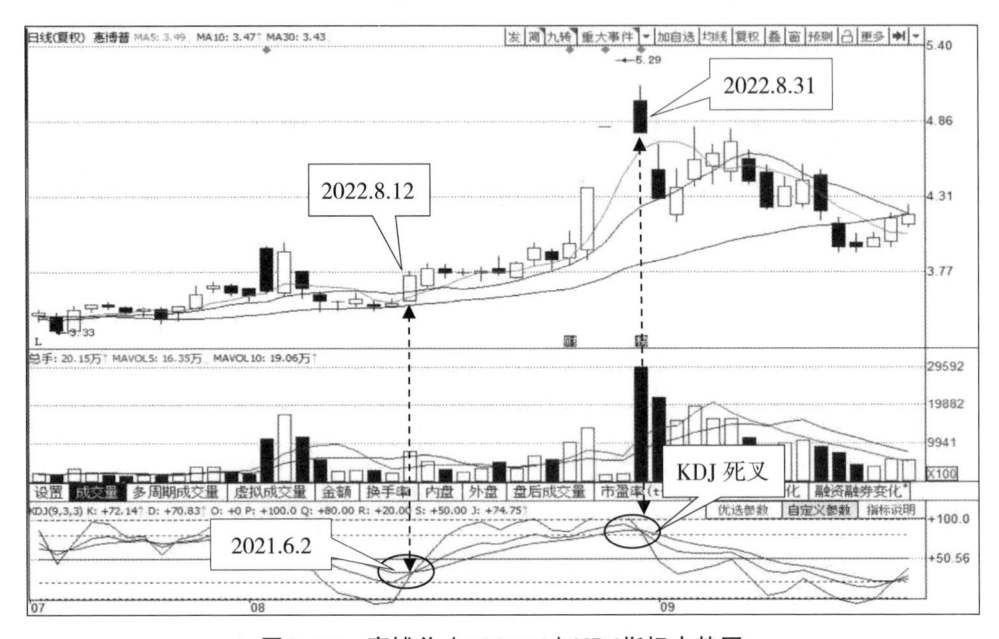

图6-54　惠博普（002554）KDJ指标走势图

从图6-54中可以看出，惠博普的股价在2022年年中出现了一波振荡上升走势，KDJ指标同步振荡。

进入8月份后，该股股价出现了回调，KDJ指标同步进入超卖区域，说明这种下跌无法持续很长时间。8月12日，该股股价大幅上攻，KDJ指标同步出现低位金叉，且从超卖区域返回正常区间，这属于典型的市场转暖买入信号。

8月31日，该股股价经过几个交易日大幅上攻后出现跌停走势，KDJ指标跌破超买区，且同步出现死叉形态，这属于典型的卖出信号。

暴利拐点74：多头风洞

KDJ指标多头风洞是指股价调整过程中，曲线K与曲线D形成死叉后，很快又与曲线D形成金叉。KDJ指标出现多头风洞，往往意味着股价将会出现一波短线上升走势，如图6-55所示。

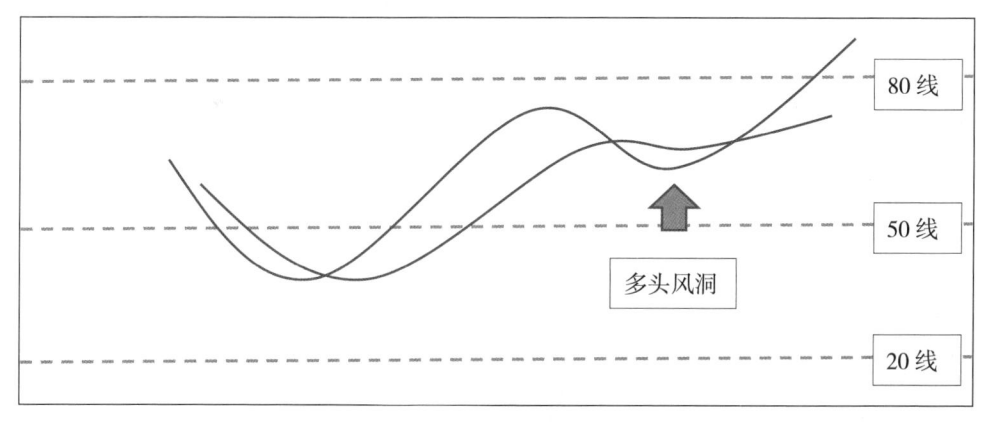

图6-55　KDJ指标"多头风洞"形态

【战术解读】

KDJ指标出现"多头风洞"形态，往往属于股价在拉升过程中，因主力洗盘而出现的一种形态。KDJ指标在50线上方出现金叉后，股价可能会迎来一波上涨行情。该形态的具体操作要点如下。

第一，股价经过一段时间的上涨后，很多获利盘需要清理，否则主力继续向上拉升股价就会存在困难。因此，上涨趋势中的股价往往会出现多次回调。

第二，股价在回调时，曲线K由于灵敏度高于曲线D，往往会率先有所反应，并随之下行。此时，由于曲线D还处于上升趋势，二者很快就会出现高位死叉。死叉出现时，KDJ指标的两条曲线全部位于50线上方，说明多头仍占据绝对的优势地位，未来恢复上升的概率极大。

第三，股价回调时，若成交量同步萎缩，而当KDJ指标出现金叉时，成交量同步放大，则更可印证股价即将进入上升趋势。

第四，KDJ指标再度出现高位金叉时，曲线K和曲线D均位于50线附近位置，意味着多头风洞形态的正式成立，投资者可积极入场。

第五，当股价处于横向盘整时，KDJ指标可能会频繁地出现交叉，此时，在死叉之后出现的金叉，不能将其看成多头风洞。

↗【实战案例】

下面来看一下国电电力的案例，如图6-56所示。

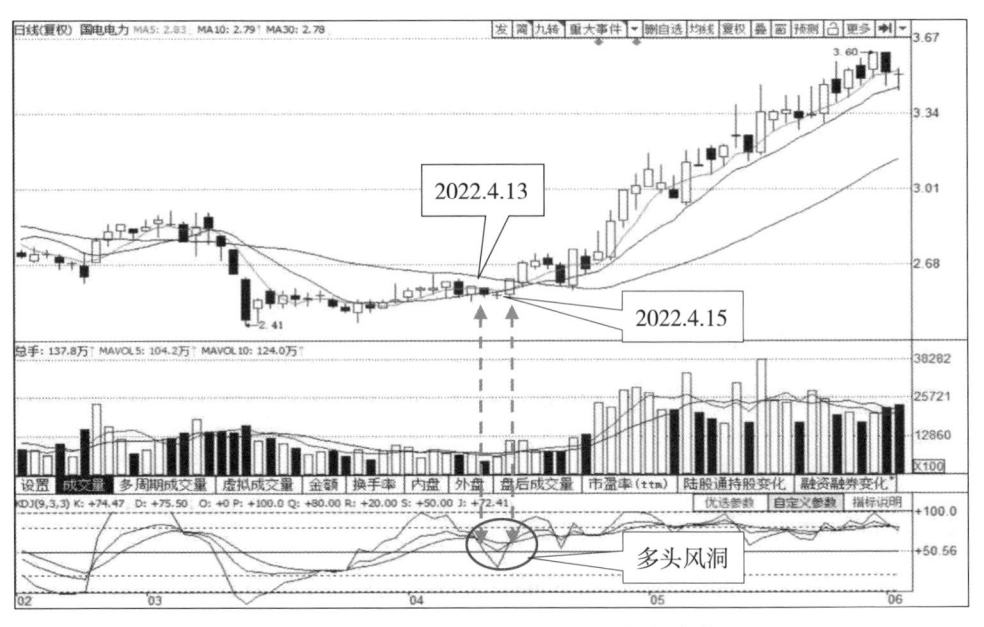

图6-56　国电电力（600795）KDJ指标走势图

从图6-56中可以看出，自2022年3月下旬开始，国电电力的股价开始触底反弹。随着股价的振荡上行，KDJ指标也同步上升。

4月初，国电电力的股价经过一段时间的上涨后出现振荡调整走势，KDJ

线指标开始逐渐走低。4月13日,曲线K向下跌破了曲线D在50线形成了高位死叉,不过,此时KDJ指标仍位于50线上方,保守型投资者可少量减仓,激进型投资者可继续持股。

4月15日,该股股价再度放量上攻,曲线K重新向上突破曲线D在50线附近形成高位金叉。至此,KDJ指标多头风洞形态正式成立。这也是该股股价暴利拐点出现的时刻,短线投资者可积极买入。

暴利拐点75:低位三线开花

股价经过一段时间的下跌后,KDJ指标逐渐在低位区域形成黏合状态,此后,当股价出现启动迹象,KDJ指标同步拐头向上,在形成低位金叉后突破50线,则意味着股价将进入新一轮上涨行情。

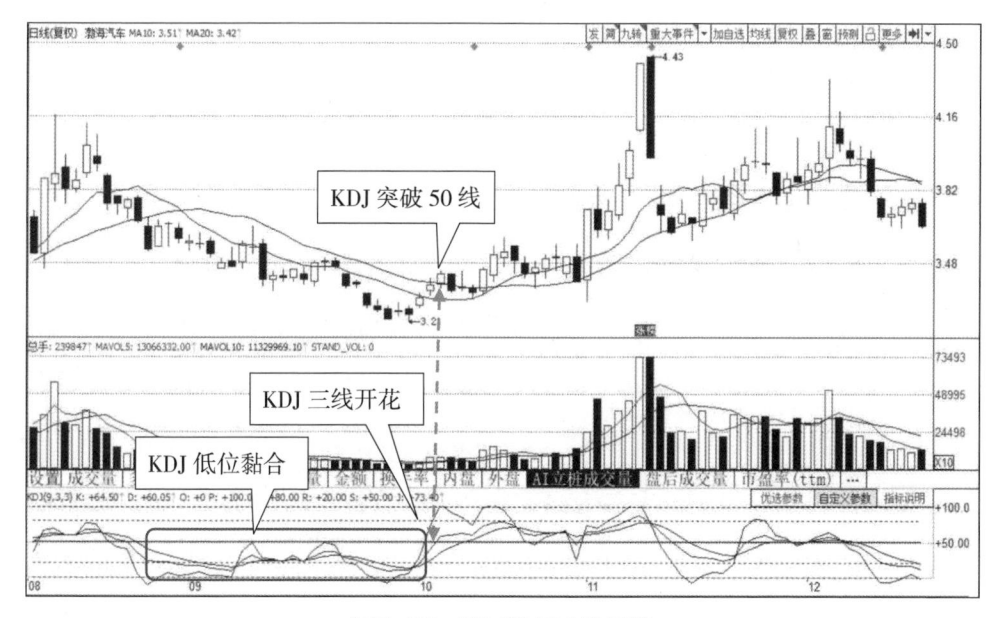

图6-57 KDJ指标三线开花

如图6-57所示,股价经过一波下行后,KDJ指标在低位区域形成黏合形态,这是股价单边下行趋势的典型特征。此后,该股股价出现了止跌反弹迹象，KDJ指标随即出现低位金叉，并向上突破了50线，这说明该股下行趋势有终结的可能。

📈【战术解读】

KDJ指标三线开花的具体操作要点包括以下几点。

第一，股价经过一段时间的下跌后，KDJ指标进入低位区域，最好能够进入20线下方区域，且出现黏合状态。

第二，股价重新开始上涨，并向上突破了重要阻力位，包括下降趋势线、重要均线等。此时，KDJ指标出现黄金交叉后，迅速向上突破了50线，表明市场已经进入多方主导的行情。

第三，KDJ指标的低位金叉最好在20线附近（以20线下方为宜），且在金叉出现后迅速向上完成对50线的突破。

📈【实战案例】

下面来看一下数码视讯的案例，如图6-58所示。

从图6-58中可以看出，数码视讯的股价自2022年8月中旬出现振荡下行走势。此后，随着股价的振荡走低，KDJ指标同步进入20线下方区域，且由于股价在下行过程中出现了小幅波动，使得KDJ指标呈现了黏合和频繁交叉的情况，这本身也是股价处于单边下行趋势的典型特征，投资者不宜入场。

10月12日，该股股价突然大幅上攻，并以放量大阳线报收，此时股价已经突破了10日均线并来到20日均线附近。KDJ指标先是在20线下方形成了第一个金叉，此后随着股价反弹，KDJ指标迅速向上突破了50线，这属于典型的看涨信号，投资者可考虑第一次入场建仓。保守型投资者可继续等待股价向上突破20日均线后再行入场。

此后，该股股价出现了一波振荡上升行情。

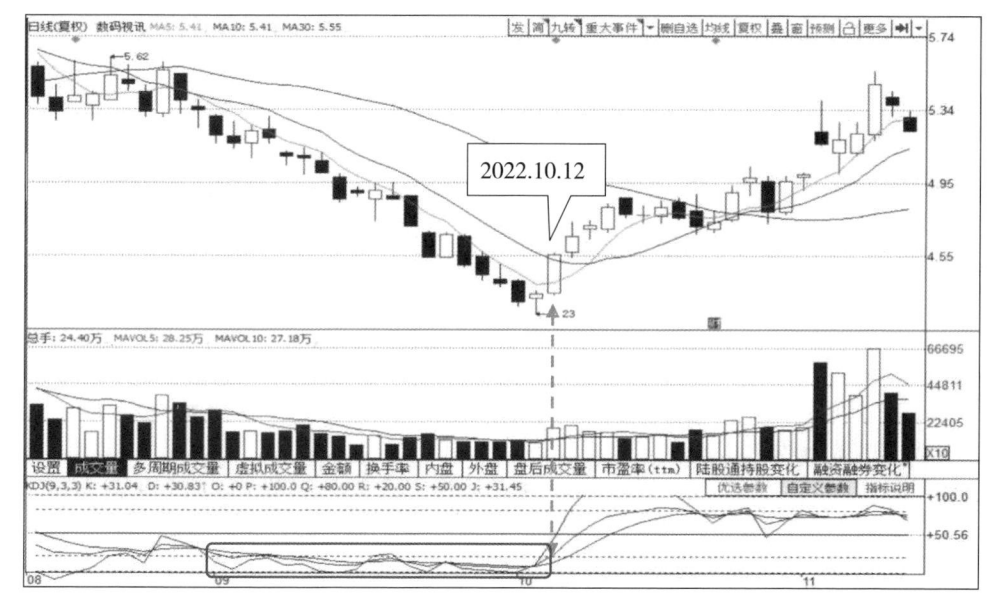

图6-58 数码视讯(300079)KDJ指标走势图

暴利拐点76：KDJ超跌反弹

股价在短期内出现了大幅走低形态（以中到大阴线的出现为显著标志），KDJ指标同步大幅下行，曲线J更是到达了0线，此后股价出现反弹，且曲线J拐头向上，曲线K在20线下方完成对曲线D的穿越，形成了低位金叉。

如图6-59所示，股价经过一波大幅下行后，K线连续收出大阴线，表明空方实力达到极强状态，这也意味着这种状态很难持续太长时间，KDJ指标进入超卖区域，曲线J达到0线下方，这是股价单边下行趋势的典型特征。此后，该股股价出现了止跌反弹迹象。KDJ指标随即出现低位金叉，并向上突破了50线，这说明该股下行趋势有终结的可能。

📈【战术解读】

KDJ指标超跌反弹的具体操作要点包括以下几点。

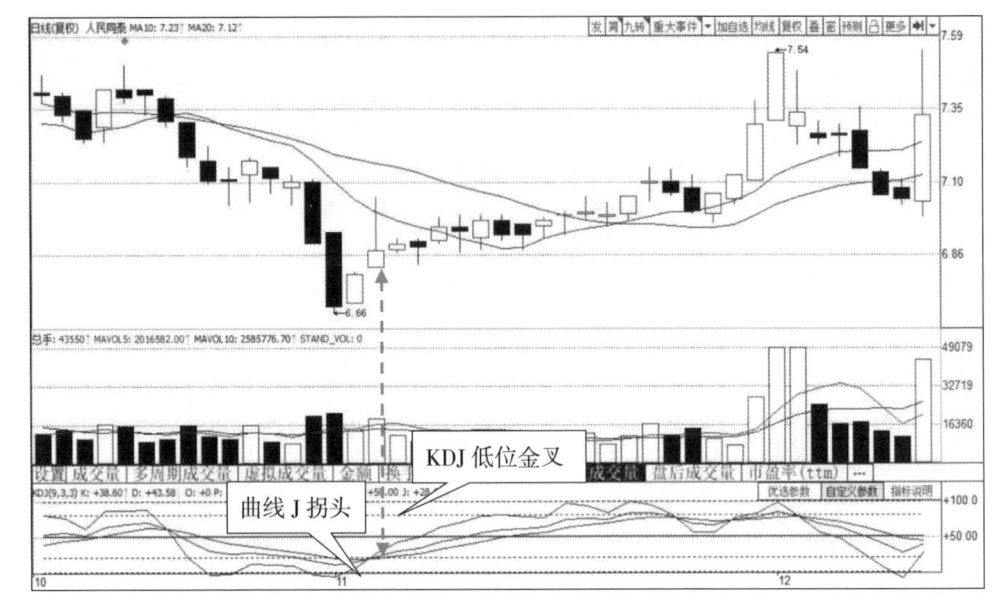

图6-59　KDJ指标超跌反弹

第一，股价经过一段时间的下跌后，股价K线连续收出大阴线，说明空方在做最后一搏，曲线J同步进入0线以外。这种情形一方面说明空方实力较强，另一方面也说明这是一种不可持续的情形，未来股价反弹的概率很大。

第二，随着股价的反弹，曲线K迅速拐头向上与曲线D形成低位黄金交叉，且交叉点在20线下方。

第三，股价K线经历急跌后，特别是放量大跌，则未来企稳反弹的概率相对更高。

📈【实战案例】

下面来看一下中原传媒的案例，如图6-60所示。

从图6-60中可以看出，中原传媒的股价经过一波振荡上升后，在2022年12月12日收出一根大阴线，次日该股股价再度走低，又收出一根小阴线。与此同时，曲线J进入了0线以外。这表明空方实力达到极强状态，也意味着这种状态很难持续太长时间。

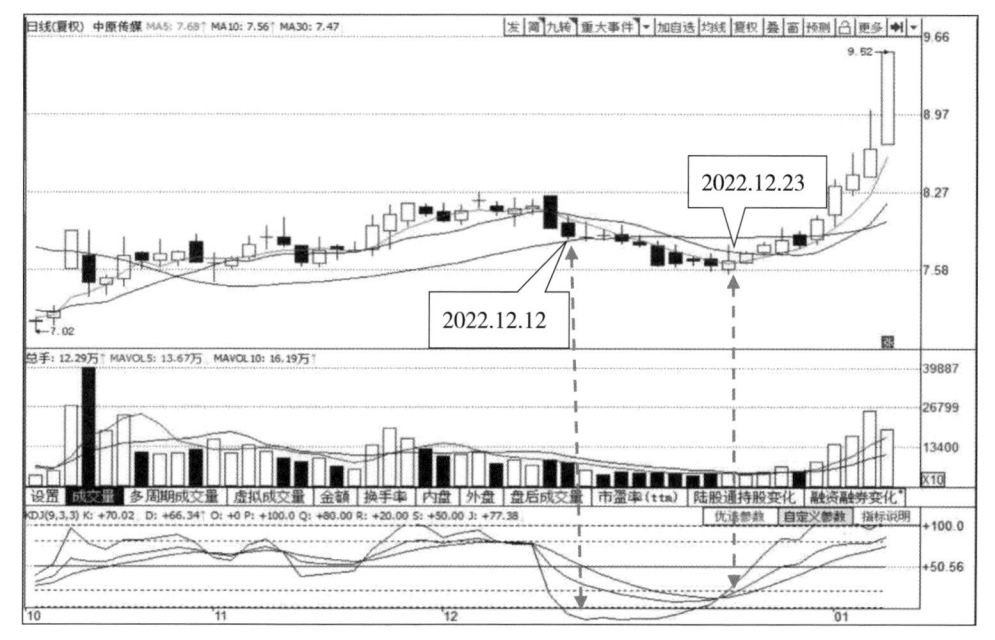

图6-60 中原传媒（000719）KDJ指标走势图

12月23日，该股股价在经过前两个交易日的小幅上升后再度收出一根小阳线，且此时曲线J已经自0线外拐头向上，而KDJ指标则在20线附近位置形成了低位金叉，这属于典型的看涨信号。喜欢抄底反弹的投资者可考虑少量建仓该股。

暴利拐点77：KDJ强势追涨与涨停过顶

涨停过顶是多出现于中位盘整后的一种涨停形态。股价涨停过顶的同时，KDJ指标进入超买区域，且曲线J达到或接近100线，意味着股价继续上升的可能性非常之大，投资者可积极追涨。

如图6-61所示，股价在创出前期高点后出现回调走势，KDJ指标同步出现死叉后回落。其后，当股价重新启动上攻，并以放量涨停突破前期高点位置时，KDJ指标会同步快速进入超买区域，这是股价短线强势的典型特征，也是股价短线暴利拐点出现的时刻。

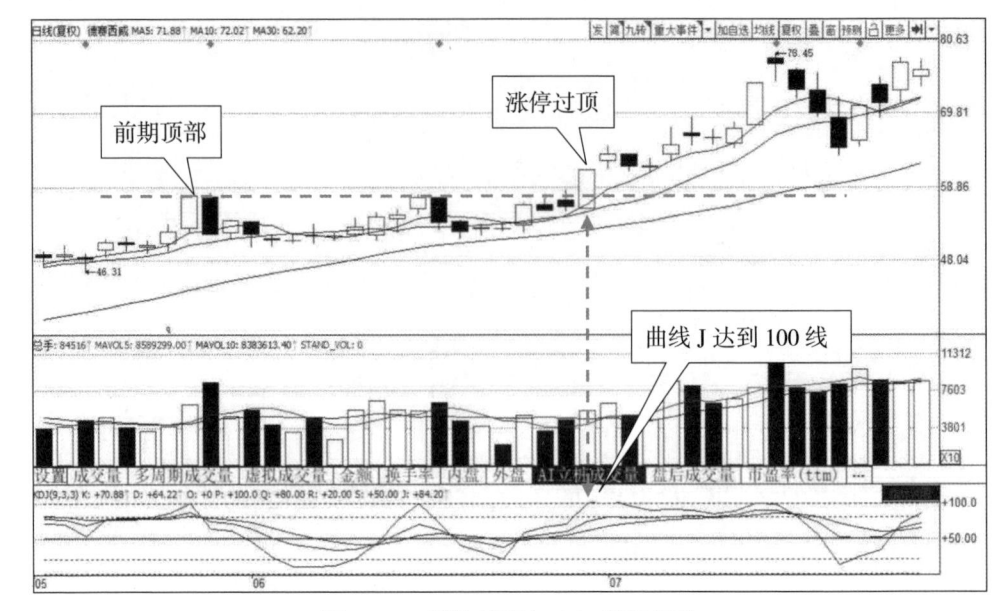

图6-61 涨停过顶与KDJ指标超买

📈【战术解读】

该技巧的操盘要点如下。

第一，股价涨停前已经出现了一波上涨行情，且股价到达前期高点位置时，突然以放量涨停的方式突破前期高点。

第二，股价突破前期高点当日，各条均线呈发散排列。

第三，股价突破前高时，KDJ指标已经进入了超买区域，且曲线J已经越过了100线，表明股价走势极强。

第四，当股价以涨停方式突破前期高点位置之时，就是该股的第一个买点。当股价突破重要阻力位时，就是加仓该股的好时机。

第五，止盈设置。由于本次操作属于追击涨停个股，止盈位可以高一些，如设定10%为止盈位或者曲线J拐头向下。

第六，止损设置。止损位可以设定为5%或者涨停阳线的最低价。

📈【实战案例】

下面来看一下福斯特的案例。如图6-62所示。

图6-62 福斯特（002920）日K线走势图

从图6-62中可以看出，福斯特的股价在2021年1月27日创下阶段高点后出现回调走势，此后股价曾几度反弹，但因前期高点的阻力而再度回调，说明1月27日的高点对股价具有较强的阻力。未来股价一旦能够向上突破1月27日的高点，很可能会迎来新一波的上涨行情。

6月10日，福斯特的股价再度来到1月27日前期高点附近，6月11日，该股股价放量涨停，并完成了对前期高点的突破，各条均线开始呈多头排列。与此同时，KDJ指标同步进入了超买区域，且曲线J到达100线，这说明短期内该股股价进入了强势上升区间，投资者可在次日择机入场买入。

一般来说，投资者可将6月11日涨停阳线的最低价作为止损位，一旦股价跌破该位置即可止损卖出。